"十二五"普通高等教育本科国家级规划教材
21世纪韩国语系列教材
大学出版图书奖优秀教材一等奖
山东省高等教育教学成果奖二等奖

大学韩国语

第三册

（第三版）

主　编　牛林杰　〔韩〕崔博光
编　者　金　哲　王明燕　郑　艳

图书在版编目(CIP)数据

大学韩国语. 第3册/ 牛林杰, (韩) 崔博光主编 —3版.—北京：北京大学出版社，2014.5

(21世纪韩国语系列教材)

ISBN 978-7-301-24081-6

Ⅰ.①大⋯ Ⅱ.①牛⋯ ②崔⋯ Ⅲ.①朝鲜语－高等学校－教材 Ⅳ.H55

中国版本图书馆CIP数据核字(2014)第068297号

书　　　名：大学韩国语　第三册(第三版)
著作责任者：牛林杰　〔韩〕崔博光　主编
责 任 编 辑：刘　虹
标 准 书 号：ISBN 978-7-301-24081-6/H·3500
出 版 发 行：北京大学出版社
地　　　址：北京市海淀区成府路205号　100871
网　　　址：http://www.pup.cn　新浪官方微博:@北京大学出版社
电　　　话：邮购部 62752015　发行部 62750672　编辑部 62759634　出版部 62754962
电 子 邮 箱：编辑部 pupwaiwen@pup.cn　总编室 zpup@pup.cn
印　刷　者：北京虎彩文化传播有限公司
经　销　者：新华书店
　　　　　　787毫米×1092毫米　16开本　16.5印张　393千字
　　　　　　2006年9月第1版　2009年6月第2版
　　　　　　2014年5月第3版　2023年8月第5次印刷
定　　　价：63.00元(配有光盘)

未经许可，不得以任何方式复制或抄袭本书之部分或全部内容。
版权所有，侵权必究
举报电话：010-62752024　电子邮箱：fd@pup.pku.edu.cn

"十二五"普通高等教育本科国家级规划教材

"21世纪韩国语系列教材"专家委员会

主任委员：

安炳浩　北京大学　教授
　　　　中国朝鲜语/韩国语教育研究学会会长
张光军　解放军外国语学院亚非系主任　博导
　　　　教育部外语教学指导委员会委员
　　　　大韩民国国语国文学会海外理事
张　敏　北京大学　教授　博导
牛林杰　山东大学　教授　博导

委　员：

金永寿　延边大学朝鲜韩国学院院长　教授
苗春梅　北京外国语大学亚非学院韩国语系主任　教授
何彤梅　大连外国语大学韩国语系　教授
王　丹　北京大学外国语学院副院长　教授　博导

韩国专家顾问：

闵贤植　韩国首尔大学国语教育系　教授
姜信沆　韩国成均馆大学国语国文系　教授
赵恒禄　韩国祥明大学国语教育系　教授

前言

中韩两国隔海相望，文化交流源远流长。1992年中韩建交以来，两国在政治、经济、文化等各领域的交流日益频繁。在我国，学习韩国语、渴望了解韩国文化的人越来越多，韩国语教育也进入了一个新的历史时期。根据社会的需求，山东大学韩国学院组织编写了这套韩国语基础课教材。本教材是北京大学出版社组织出版的"21世纪韩国语系列教材"之一。教材根据韩国语语法、词汇、词性的难易度、使用频率，以日常生活、韩国文化为主要内容，旨在培养学习者的综合韩国语能力。

本教材遵循由浅入深、循序渐进的原则，语法讲解详细系统，听、说、读、写各方面的训练分布均匀，使学生在获得扎实、坚固基本功的基础上，能够活学活用，快速提高韩国语综合能力。另外，教材还反映了韩国的政治、经济、文化等内容，使学习者在学习韩国语的同时，加深对韩国的了解。

本教材共分6册，可供大学韩国语专业一至三年级作为精读教材使用，也可供广大韩国语爱好者自学。教材第1—4册每册18课，第5—6册每册12课，每课由课文、词汇、语法、练习、课外阅读、补充词汇等组成。课文一般由一段对话和一段简短的说明文组成。对话部分一般使用口语形式，以日常生活内容为题材，便于学习者理解、记忆和使用；说明文字则根据会话的主题设计，一般使用书面语形式。生词部分整理课文中新出现的单词和惯用语。单词表中的汉字词都标出相对应的汉字，便于学习者理解和记忆。语法部分是对课文中重要句型和语法的解释。重点讲解语法的构成，并举例说明其用法。练习部分以加深对课文的理解、词汇的灵活运用、语法的熟练为主要目的，题目多样、新颖。课外阅读由一篇与课文内容相关的短文组成，通过短文阅读，训练学习者的综合阅读能力，扩大词汇量。补充生词部分收录语法和练习、课外阅读中出现的生词。每册的最后附有总词汇表，是全书单词的整理，便于学习者查找。

本教材在编写和出版过程中，得到了山东大学韩国学院和北京大学出版社的大力支持和帮助。韩国学院亚非语言文学专业研究生刘惠莹、贺森、徐静静、王凤玲、尚应朋、方飞等参加了本教材的部分编写和资料整理工作,北京大学出版社的编辑同志为本教材的出版付出了艰辛的努力。在此,我们谨向所有关心和支持本教材编写和出版的有关人士表示衷心的感谢。

由于时间仓促和编者的水平所限,书中难免出现一些错误,真诚地希望国内外韩国语教育界的同行和广大读者对这套教材提出宝贵意见。

牛林杰

2009年3月

제1과	첫 수업	1
제2과	하숙 생활	15
제3과	취미 생활	27
제4과	아르바이트	40
제5과	도서관 활용	53
제6과	일기예보	66
제7과	실수와 사과	80
제8과	편지와 인터넷	93
제9과	예절	105
제10과	결혼식	120
제11과	축하와 위로	132
제12과	물건 교환	149
제13과	분실물 찾기	161
제14과	음식과 요리	173
제15과	제주도 여행	187
제16과	옛이야기[Ⅰ]	200
제17과	직업	213
제18과	영화 감상	226

낱말색인 ······ 241

제1과 첫 수업

重点语法
1. -대로[조사]
2. -자고 하다
3. -아/어/여서 그런지
4. -(으)ㄹ까요?
5. -고 보니

课文

(1)

담　임: 안녕하세요? 여러분, 만나서 반갑습니다. 이번 학기 담임을 맡은 이상희입니다. 앞으로 한 학기 동안 같이 공부할 친구들인데, 서로 알고 지내는 게 좋지 않을까요? 자리순으로 자기소개를 하는 게 어때요? 이쪽 학생부터 시작할까요?

진　홍: 저는 진홍이라고 합니다. 중국에서 왔습니다. 만나서 반갑습니다. 이번 학기에 모두 친하게 지냈으면 좋겠습니다.

담　임: 아주 유창하게 잘했습니다. 다음 학생!

애　딕: 네, 안녕하세요? 저는 애딕이라고 합니다. 러시아에서 왔습니다. 아직까지 한국말이 서투르지만 열심히 공부하겠습니다.
데이비드: 저는 데이비드입니다. 미국에서 오셨습니다. 저의 집은 미국 샌프랜시스코에 있습니다. 저의 취미는 농구와 테니스입니다.
담　임: 데이비드 씨, "오셨습니다." 가 아니고 "왔습니다." 라고 말하는 게 맞아요.
데이비드: 아, 죄송합니다. 실수를 했습니다.
담　임: 괜찮아요. 다음에 틀리지 않으면 돼요.

(2)

　　오늘은 새 학기 첫 수업이 있는 날이다. 나는 설레는 마음으로 아침 일찍 학교에 나갔다. 교실에는 벌써 학생들이 많이 와 있었다. 지난 학기에 같은 반에서 함께 공부했던 친구들도 있었고 낯선 학생들도 있었다.
　　우리반 담임선생님은 이상희 선생님이시다. 선생님께서는 학생들에게 순서대로 자기 소개를 하자고 말씀하셨다. 맨 앞에 앉은 학생부터 자기 소개를 했다.
　　"저는 진홍이라고 합니다. 중국에서 왔습니다. 만나서 반갑습니다. 이번 학기에 모두 친하게 지냈으면 좋겠습니다."
　　키가 크고 머리가 긴 중국 여학생은 한국말을 아주 잘 하는 것 같았다. 그 옆에 있는 남학생도 한국말을 잘 했다.
　　"저는 애딕입니다. 러시아에서 왔습니다. 아직까지 한국말이 서투르지만 열심히 공부하겠습니다."
　　모든 학생들이 차례로 자기소개를 했다. 드디어 내 차례가 되었다. 그런데 조금 긴장해서 그런지 손에서 땀이 났다.
　　"저는 데이비드입니다. 미국에서 오셨습니다. 저의 취미는 농구와 테니스입니다…"
　　내 말이 끝나기도 전에 모두들 웃었다. 선생님께서도 웃으셨다. 알고 보니 내가 존댓말을 잘못 썼던 것이다. 나는 조금 창피했다. 선생님께서는 얼른 친절한 어조로 괜찮으니까 다음부터 주의하면 된다고 말씀하셨다. 곁에 앉은 학생들도 괜찮다면서 나를 따뜻하게 위로를 해 주었다. 모두 착한 것 같아서 다행이다. 이번 학기에 서로 도우면서 열심히 공부할 수 있을 것 같다.

词汇

담임 [擔任]	[名]	班主任
맡다	[动]	承担, 担当
자리순 [-順]	[名]	座位顺序
친하다 [親-]	[形]	亲, 亲密
지내다	[动]	度过; 交友, 交往
유창하다 [流暢-]	[形]	流畅, 流利
러시아 [Russia]	[国家名]	俄罗斯
샌프랜시스코 [San Francisco]	[地名]	旧金山
설레다	[动]	激动, 不安
벌써	[副]	已经
낯설다	[形]	陌生, 面生
소개하다 [紹介-]	[动]	介绍
순서 [順序]	[名]	顺序, 次序
-대로	[助词]	按照……, 照……
맨	[冠]	最
서투르다	[形]	不熟练
드디어	[副]	终于
차례 [次例]	[名]	次序
긴장하다 [緊張-]	[动]	紧张
땀이 나다	[词组]	出汗
실수하다 [失手-]	[动]	失误
창피하다 [猖披-]	[形]	丢脸, 寒碜
얼른	[副]	马上, 快
주의하다 [注意-]	[动]	注意
친절하다 [亲切-]	[形]	亲切

위로 [慰勞]	[名]	安慰,慰劳
따뜻하다	[形]	温暖的
착하다	[形]	善良,善
다행 [多幸]	[名]	幸亏,侥幸,万幸
돕다	[动]	帮助

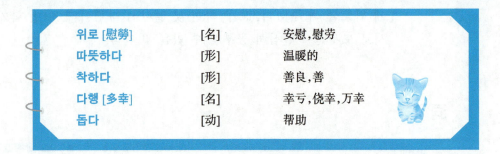

语法

1. -대로[조사]

助词,用在名词后,表示和原有的状态一样或按照行为所形成的情况或按事情所形成的条件,此时一般可以译为"按照……"。此外,还常以"N_1+ 은/는 N_1대로, N_2+ 은/는 N_2대로"的形式出现,表示N_1与N_2各不相同的意思。

* 表示按照前面所接名词的情况、方法、内容,不发生变化。

<보기>

(1) 교수님의 말씀대로 열심히 하겠습니다.
　　我会按照教授的吩咐努力去做。
(2) 네 마음대로 하지 말고 내 말대로 해봐.
　　你不要想怎么干就怎么干,按我说的试一下吧。
(3) 이대로 헤어지자니 아쉽습니다.
　　就这样分手真是非常遗憾。
(4) 이번 행사를 위해서 나는 나 나름대로 애를 썼습니다.
　　为了这次活动,我费了一番心血。

* 表示互相各不相同,各有区别。

<보기>

(1) 가: 고부 사이에 무슨 불화라도 생겼나요? 부인이 화가 난 모양인데요.
　　婆媳之间有什么矛盾吗? 您夫人好像生气了。

나: 네, 아이 때문에 아내는 아내대로 어머니는 어머니대로 화가 나 있어요.
　　　　　是啊,因为孩子的事,我妈妈和我媳妇都在生气呢。
(2) 가: 김밥과 떡볶이 중에서 어떤 음식이 맛있어요?
　　　　　紫菜包饭和炒年糕相比,哪个更好吃?
　　　나: 김밥은 김밥대로 떡볶이는 떡볶이대로 맛이 있어요.
　　　　　紫菜包饭和炒年糕各具特色,都很好吃。
(3) 가: 이사할 때 여자와 남자 중에 누구를 부를까요?
　　　　　搬家的时候是叫男生帮忙呢,还是叫女生帮忙?
　　　나: 모두 부르세요. 남자는 남자대로 여자는 여자대로 할 일이 따로 있어요.
　　　　　都叫上吧。男生有男生做的事,女生有女生做的事。
(4) 가: 한복과 기모노 중에 어느 것이 더 예뻐요?
　　　　　韩服跟和服相比,哪个更漂亮?
　　　나: 한복은 한복대로 기모노는 기모노대로 예뻐요.
　　　　　韩服跟和服各有特色,都很漂亮。
(5) 가: 경복궁과 즈진청(紫禁城)이 어느 것이 더 멋있어요?
　　　　　景福宫和故宫相比,哪个更有风韵?
　　　나: 경복궁은 경복궁대로 즈진청은 즈진청대로 멋있는 것 같아요.
　　　　　景福宫和故宫各有韵味,各具特色。

2. -자고 하다

间接引语语尾,用于动词词干后,表示共动。

<보기>

(1) 선생님께서 "자기소개를 합시다"라고 말씀하셨습니다.
　　老师说:"现在开始做自我介绍吧!"
　　→선생님께서 자기소개를 하자고 말씀하셨습니다.

(2) 공원에 같이 갑시다.
　　我们一起去公园吧!
　　→공원에 같이 가자고 했습니다.

(3) 공부를 열심히 합시다.
　　我们一起努力学习吧!

→공부를 열심히 하자고 했습니다.

(4) 우리 모두 친하게 지냅시다.

愿我们和睦相处。

→우리 모두 친하게 지내자고 했습니다.

(5) 우리 모두 친구처럼 서로를 도와줍시다.

让我们像朋友一样互帮互助吧。

→우리 모두 친구처럼 서로를 도와주자고 했습니다.

3. -아/어/여서 그런지

跟在谓词后面，表示不太确定的原因或者根据，相当于汉语的"可能是因为……""或许是由于……"。名词后用"-(이)라서 그런지"的形式。

<보기>

(1) 나는 조금 긴장해서 그런지 손에서 땀이 났다.

可能是因为我有点儿紧张的缘故，手心都出汗了。

(2) 어제 잠을 못 자서 그런지 하루 종일 졸린다.

可能是因为昨晚没睡觉，所以今天一整天犯困。

(3) 진홍은 감기에 걸려서 그런지 얼굴이 안 좋아 보였다.

陈红或许是感冒了，看起来气色不太好。

(4) 오늘은 피곤해서 그런지 공부할 때 집중이 안 된다.

今天可能太累了，所以不能集中精力学习。

* -(이)라서 그런지

<보기>

(1) 마사미 씨는 일본 사람이라서 그런지 회를 아주 좋아해요.

雅美可能因为是日本人的缘故，非常喜欢吃生鱼片。

(2) 정수 씨는 부산 출신이라서 그런지 사투리가 심합니다.

贞淑可能因为是釜山人的缘故，说话的口音挺重。

(3) 이 책은 6급 책이라서 그런지 너무 어려워요.

可能因为这本书是6级的书，所以挺难。

4. -(으)ㄹ까요?

表示疑问或推测的终结词尾。表示说话者对于还未发生或不知道的事情进行推测或提出疑问, 同时还表示说话者提出建议, 或者听取对方的意见。

<보기>

(1) 이 나무에 꽃이 필까요?
   这棵树会开花吗?
(2) 이 가방을 어디에다 놓을까요?
   把这个书包放哪儿呢?
(3) 이 과자는 내가 먹을까요?
   这块饼干我吃啦?
(4) 부모가 과연 자식을 버릴 수 있을까요?
   父母真的会抛弃自己的子女吗?
(5) 녹차를 줄까요, 주스를 줄까요?
   给你绿茶, 还是果汁?

5. -고 보니

接在动词后, 表示做完前面一个动作后才发现后面的动作或结果。

<보기>

(1) 가: 깨우고 보니 아이가 아픈 것 같아요.
   把孩子叫醒之后发现孩子好像生病了。
   나: 그럼, 오늘은 학교에 보내지 맙시다.
   要不今天别送孩子上学了吧。
(2) 가: 한국어를 배우기가 힘들어요?
   韩国语学习起来很难。
   나: 어려울 줄 알았는데 시작하고 보니 할 만합니다.
   我以前也觉得很难, 但学起来之后觉得还可以。
(3) 가: 어제 만난 사람 어땠어요?
   昨天见的那个人怎么样?
   나: 사진과 달리 만나고 보니 괜찮더라고요.
   和相片不一样, 见面之后觉得还可以。

(4) 가: 우리 옆집 사는 사람은 뭘 하는 사람이야?
　　　　我们隔壁是做什么的?
　　 나: 알고 보니 학원 강사래요.
　　　　听说是培训教师。
(5) 가: 찬우야, 너 지금 생각이 어때?
　　　　灿宇啊,你现在想得怎么样了?
　　 나: 네 말을 듣고 보니 내가 좀 너무했던 것 같구나.
　　　　听了你的话,觉得我好像是有点过分了。

练 习

1. 본문을 읽고 다음의 질문에 대답하십시오.

   (1) 누가 제일 먼저 자기소개를 했습니까?
   (2) 한국말을 잘하는 것 같은 학생은 누구입니까?
   (3) 애딕은 어디에서 온 학생입니까?
   (4) 데이비드는 무엇을 잘못 말했습니까?
   (5) 데이비드는 무엇을 기대합니까?

2. 'N₁+은/는 N₁대로, N₂+은/는 N₂대로'를 이용해서 보기와 같이 다음의 대화를 완성하십시오.

   <보기> 가: 중국어와 한국어 중에서 어느 것이 재미있어요?
   　　　 나: 중국어는 중국어대로 한국어는 한국어대로 재미있어요.

   (1) 가: 소주와 보드카 중에서 어느 술이 맛있어요?
   　　 나: _____.
   (2) 가: 쇼핑하기에 동대문과 남대문 중 어디가 좋아요?
   　　 나: _____.

(3) 가: 반장을 뽑으려고 하는데 여맹이 좋을까요? 알렉스가 좋을까요?
　　나: _____.

(4) 가: 해물파전과 피자 중에 어느 것이 맛있어요?
　　나: _____.

3. <-자고 하다>를 이용해서 간접화법으로 다시 말해 보십시오.

(1) 저쪽에 가서 이야기 좀 나눕시다.(진홍 씨)
　　→ _____

(2) 우리 모두 사이 좋게 지냅시다. (데이비드 씨)
　　→ _____

(3) 어려운 여건일수록 서로를 배려합니다. (박과장)
　　→ _____

(4) 공부를 열심히 합시다. (반장)
　　→ _____

(5) 3급 반 학생 모두 북한산에 등산을 갑시다. (선생님)
　　→ _____

4. 다음 문장을 '-아/어/여서 그런지'를 이용하여 알맞게 쓰십시오.

(1) 나는 조금 _____ 손에서 땀이 많이 났다. (긴장되다)
(2) 어제 잠을 _____ 하루 종일 졸린다. (못 자다)
(3) 진홍은 _____ 얼굴이 안 좋아 보였다. (몸이 불편하다)
(4) 마사미 씨는 _____ 회를 아주 좋아한다. (일본 사람)
(5) 성준은 _____ 벌벌 떨었다. (담이 작다)

5. 보기와 같이 다음의 문장을 바꾸어 보십시오.

<보기> 내일은 비가 옵니다 → 비가 온다고 했습니다
　　　→ 비가 온답니다.

(1) 매주 토요일마다 텔레비전을 봅니다.
　　→ _____
　　→ _____

제1과 **첫 수업**　9

(2) 내일은 친구를 만나서 술을 마십니다.
→ _____
→ _____

(3) 한국의 가을 날씨는 쌀쌀합니다.
→ _____
→ _____

(4) 여자 친구는 영국 사람입니다.
→ _____
→ _____

(5) 다음 주 목요일에는 시험을 보겠습니다.
→ _____
→ _____

6. 다음 문장을 '-(으)ㄹ까(요)?'를 이용하여 알맞게 쓰십시오.

(1) 가: 추운데 창문을 _____? (닫다)
   나: 네, 닫으세요.
(2) 가: 주말에 우리 둘이서 여행이나 _____? (가다)
   나: 그래요. 참 좋은 생각이네요.
(3) 가: 학생들이 이 문제를 틀리지 않고 _____? (풀다)
   나: 다 배운 내용인데 잘 풀 거야.
(4) 가: 오후에 시간이 있으면 같이 축구를 _____? (하다)
   나: 네, 같이 축구를 합시다.

7. (   ) 안의 말과 '-고 보니'를 이용해서 문장을 완성하십시오.

(1) 가: 한국어 배우기가 힘들어요? (시작하다)
   나: 어려울 줄 알았는데 _____ 할 만합니다.
(2) 가: 어제 선 본 사람 어땠어요? (만나다)
   나: _____ 괜찮더라고요.
(3) 가: 이 음악은 남녀의 사랑을 담은 노래라고 해요. (듣다)
   나: _____ 너무 아름답네요.

(4) 가: 결혼하니까 좋아요? (결혼하다)
    나: _____ 연애할 때가 좋았던 것 같아요.

8. 다음의 단어 또는 문법으로 짧은 문장을 만들어 보십시오.

(1) 순서대로
   → _____

(2) 긴장하다
   → _____

(3) 서투르다
   → _____

(4) -면 좋겠다
   → _____

(5) 설레다
   → _____

(6) -면서
   → _____

9. 다음의 중국어를 한국어로 번역하십시오.

(1) 你能替我去民航售票处取机票吗?

_____.

(2) 不知道是不是因为感冒了, 头特别疼。

_____.

(3) —北京大学和清华大学哪个好呢?
    —北京大学和清华大学各具特色, 都很好。

_____.

_____.

(4) 朋友拉着我的手亲切地说: "明天我们一起去吧!" (자고 하다)

_____.

(5) 我刚到机场, 飞机已经起飞了。

_____.

10. 다음의 한국어를 중국어로 번역하십시오.

(1) 선생님께서는 친절한 어조로 괜찮으니까 다음부터 주의하면 된다고 하셨습니다.

(2) 한국정부는 동대문을 원래의 모양대로 복구했습니다.

(3) 너는 교포라서 그런지 한국말을 쉽게 배우는구나.

(4) 미국에 가는 사람들 지금 어디쯤 날아가고 있을까요?

(5) 마구 때리고 보니 아무리 나쁜 사람이라지만 너무했다는 생각이 들었다.

课外阅读

자기 소개

　　자기소개는 타인에게 자신을 알리는 언어 행위로서 대학 생활에서뿐만 아니라 삶의 곳곳에서 일상적으로 이루어지는 언어 활동 중의 하나이다. 처음 만난 사람과의 통성명이나 자신의 소속, 직업과 업무 등을 포함하는 인사로서의 자기소개를 비롯하여 모임이나 단체에서 자신의 성격, 취미, 모임의 일원으로서의 자세 등을 밝히는 자기소개, 그리고 진학이나 취업을 위해서 응시한 기관에 자신의 가치를 전달하여 선발되게 하기 위한 수단으로서의 자기소개 등이 있다.

　　이러한 자기소개는 크게 말하기 활동과 쓰기 활동으로 이루어지는데, 말하기 활동으로서의 자기소개는 대화 유형과 발표 유형으로 나눌 수 있다. 인사로서의 자기소개는 대화 유형에 해당되며 모임 등에서의 자기소개는 청중을 대상으로 하므로 발표 유형에 해당된다. 한편, 진학이나 취업을 목적으로 하는 자기소개는 자기소개서를 작성하여 지면을 통해 자신을 알리는 쓰기 활동과 발표 유형으로 이루어진다.

따라서 자기소개는 글과 말이라는 언어 형식, 대화나 발표와 같은 발화 상황에 따라 소개 내용과 표현 방식이 달라지게 된다. 여기에서는 자기소개의 여러 유형 중 말하기를 통해 이루어지는 청중 대상의 자기소개에 대해 소개하려고 한다. 청중 앞에서 이루어지는 자기소개 역시 발표에 앞서 자신의 전공, 학년 등을 간략히 소개하는 짧은 형태의 자기소개와 모임 등에서 이루어지는 보다 긴 형태의 자기소개로 나눌 수 있다. 어떤 형태이든 발표 효과를 높이려면 이에 대한 준비가 필요하다.

다음으로 자기소개 때 말하게 되는 일반적인 자기소개 내용과 방법을 알아보기로 한다.

자기소개 내용에는 (1)첫인사 및 이름, 또는 국적, 소속 등 소개, (2)태어난 곳, 자란 곳, (3)가족 소개, (4)동기(유학 동기, 입학 동기, 학과목 선택 동기, 모임 가입 동기 등), (5)성격 및 장단점, (6)좋아하는 것, 싫어하는 것, (7)특기와 취미, (8)감명 깊게 읽은 책, (9)존경하는 사람, (10)학교 생활, (11)사회 활동(봉사 활동, 동아리 활동 등), (12)수상 경력, (13)특이한 인생 경험, (14)자기소개 대상 단체에 대한 사전 지식, (15)앞으로의 생활 자세, 계획, 포부 및 당부 또는 부탁의 말, (16)끝인사 등이 포함된다. (844자)

补充词汇

타인 [他人]	[名]	他人, 别人, 外人
언어행위 [言語行為]	[名]	语言行为
삶	[名]	生活, 日子
곳곳	[名]	各个方面
일상적이다 [日常的-]	[词组]	很平常的
통성명 [通姓名]	[名]	互通姓名
소속 [所屬]	[名]	所属机构, 所属部门
포함하다 [包含-]	[动]	包含, 包括
비롯하다	[动]	以及, 以……为首
모임	[名]	聚会, 场面
일원 [一員]	[名]	一员

자세 [姿勢]	[名]	姿势,姿态,架势
밝히다	[动]	阐明,搞清楚
업무 [業務]	[名]	业务
응시하다 [應試-]	[动]	应考,应试
가치 [價値]	[名]	价值,值
전달하다 [傳達-]	[动]	传达,传告
선발되다 [選拔-]	[动]	选拔
수단 [手段]	[名]	方法,手段
유형 [類型]	[名]	类型,模式
청중 [聽衆]	[名]	听众
해당되다 [該當-]	[动]	相当于,属于
진학 [進學]	[名]	升学,升入
발화 [發話]	[名]	发话,开始说话
형태 [形態]	[名]	形态,样子,体形
동기 [動機]	[名]	动机
장단점 [長短點]	[名]	优缺点,长处和短处
감명 깊다 [感銘-]	[名]	感受很深
동아리	[名]	社团
수상경력 [受賞經歷]	[名]	获奖经历
특이하다 [特異-]	[形]	特别,特异
단체 [團體]	[名]	团体
당부 [當付]	[名]	叮嘱,嘱咐
봉사 [奉事]	[名]	侍奉,侍候
포부 [抱負]	[名]	抱负,胸怀
부탁 [付託]	[名]	拜托,请求

제2과 하숙 생활

重点语法
1. -기는 하지만
2. 의문사 + 든지
3. -기만 하면 되다
4. -나요?
5. -(으)ㄴ/는/(으)ㄹ지 알아보다
6. -(으)ㄹ 뻔하다

课文

(1)

진　홍: 성준 씨 미안하지만 오늘 저 좀 도와 줄 수 있어요?

성　준: 물론이죠. 무슨 일이에요?

진　홍: 사실은 하숙집을 옮기고 싶은데 혼자서 방을 구하기가 어려워요.

성　준: 아, 그래요. 어떤 하숙집을 원해요?

진　홍: 아침에 등교하기가 너무 힘들어서 학교 근처로 이사할까 해서요. 그리고 하숙비도 지금보다 싸면 좋겠어요.

성　준: 그래요. 그럼 학교 근처 부동산에 가서 좋은 방이 있는지

　　　　　　알아볼까요?
(부동산 중개소에서)
성　준: 아저씨, 싸고 깨끗한 하숙집 있어요?
아저씨: 네, 싸고 깨끗한 방이 하나 있어요. 하숙집 아주머니도 친절하고 방도 비어 있어요. 언제든지 이사해도 좋아요.
진　홍: 방을 직접 보고 싶은데요. 지금 볼 수 있을까요?
아저씨: 그럼요. 지금 같이 가요.
성　준: 하숙비는 한 달에 얼마예요? 보증금도 따로 내야 하나요?
아저씨: 보증금은 없어요. 한 달에 45만원씩 내기만 하면 돼요.
진　홍: 하숙비가 별로 싸지는 않네요. 하지만 빨리 가서 보고 싶어요.

(2)

　　나는 지금 잠실에 있는 하숙집에서 산다. 지금 사는 하숙집은 깨끗하고 편하기는 하지만 하숙비가 너무 비싸다. 또 학교에서 멀어서 교통도 불편할 뿐더러 교통비가 많이 든다. 출근 시간에는 학교에 가기도 어렵다. 그래서 학교 근처로 이사를 하려고 한다.
　　혼자 방을 구하기 어려워 한국 친구 성준에게 좀 도와 달라고 부탁을 했다. 하루가 지나 성준이한테서 전화가 왔다. 학교 근처의 중개소에서 하숙집을 소개해 준다는 것이었다. 나는 성준이와 약속하고 그 중개소에 가 보기로 했다.
　　수요일 오후 나와 성준이는 함께 집을 보러 부동산 중개소에 갔다. 우리는 부동산 중개소 아저씨께 혼자 살 방을 찾는다고 말씀드렸다. 아저씨는 아주 반가워하면서 하숙집과 자취방이 있다고 하셨다. 성준이와 잠깐 의논한 뒤, 나는 하숙집을 보기로 했다.
　　부동산중개소 아저씨가 소개한 하숙집은 깨끗했다. 학교와 가깝고 주인 아주머니도 친절하셨다. 아주머니는 방이 비어 있으니까 언제든지 들어와도 좋다고 하셨다. 그래서 나는 이번 주 토요일에 이사하기로 했다.
　　토요일 아침 일찍 일어나서 이삿짐을 옮겼다. 성준이도 와서 내 이삿짐 옮기는 것을 도와주었다. 마침 학교에 가지 않는 날이라서 하숙생들이 모두 집에 있었다. 그들도 내 이삿짐 옮기는 것을 열심히 도와주었다. 새로 이사한 방도 마음에 들고 함께 살 하숙생들도 마음에 들어서 정말 기쁘다.

词汇

물론 [勿論]	[名]	当然,不用说
혼자서	[副]	一个人,独自
구하다 [求-]	[动]	求;找
하숙집 [下宿-]	[名]	寄宿房
원하다 [願-]	[动]	想要
등교하다 [登校]	[动]	上学
근처 [近處]	[名]	附近,近处
편하다 [便-]	[形]	方便,便利,舒服
부동산 [不動産]	[名]	房地产,不动产
알선하다 [斡旋-]	[动]	介绍,斡旋,牵线
중개소 [仲介所]	[名]	中介公司
직접 [直接]	[副]	直接,径直
보증금 [保證金]	[名]	押金,保证金
비다	[形]	空
따로	[副]	另外
별로 [別-]	[副]	特别(通常与否定式连用,意为"不怎么""不太")
잠실 [蠶室]	[地名]	蚕室
초대하다 [招待-]	[动]	招待,宴请
이사 [移徙]	[名]	搬家,乔迁
자취방 [自炊房]	[名]	自炊房(房东不提供饮食,由租住者自己做饭的房子)
의논하다 [議論-]	[动]	商量,讨论
마침	[副]	恰好,正巧
이삿짐	[名]	搬家时的行李
옮기다	[动]	搬,移
열심히	[副]	认真地
마음에 들다	[词组]	满意,称心

语 法

1. -기는 하지만

惯用形,是"-기는 하다"与"-지만"的复合形式。接在谓词词干或时制语尾"-았/었/였""겠"后,表示转折,肯定前句的内容,但否定后句的内容,语气比"-지만"委婉。

(1) 감기가 좀 낫기는 했지만 상태를 더 두고 보아야 해요.
感冒虽然好了一点儿,但是还有待观察。

(2) 시간이 늦기는 했지만 급한 일이라서 전화했어요.
虽然有点儿晚,但有急事所以打了电话。

(3) 그냥 쉬어도 되기는 하지만 약을 먹으면 더 빨리 나을 거예요.
虽然休息一阵子也会好,但是吃药会好得更快。

(4) 매일 한국 신문을 읽기는 하지만 한자가 많아서 힘들어요.
虽然每天看韩文报纸,但是因为里面汉字很多,所以看起来有点儿吃力。

2. 의문사 + 든지

"든지"用在"언제""어디""무엇""누구""어떻게""어느+名词"等疑问词之后,表示包括,相当于汉语的"无论……都……"的意思。

(1) 아주머니는 이 방이 비어 있으니까 언제든지 와도 좋다고 말씀하셨다.
阿姨说这房子空着,什么时候搬过来都可以。

(2) 배가 너무 고프니까 무엇이든지(뭐든지) 먹읍시다.
太饿了,先随便吃点儿什么吧。

(3) 지금은 비가 너무 많이 오니까 어디든지 들어갑시다.
现在雨下得很大,先随便找个地方避一下吧。

(4) 김장 때문에 일손이 부족하니까 누구든지 오세요.
腌泡菜,人手不够,不管谁来都行。

(5) 시간이 없으니까 어떻게든지 끝냅시다.
没时间了,不管怎么样先结束吧。

3. -기만 하면 된다

　　用在动词后,将动词名词化之后,与表示单独的"만",以及表示认可某个事物的"면 된다"连接使用,相当于汉语的"只要做……就可以"或者"只做……就行"。

　　<보기>

(1) 이삿짐이 많지 않으니 성준 직접 나를 필요없이 오토바이를 빌려주기만 하면 된다.
搬家行李不是很多,用成俊的摩托车驮走就行。

(2) 여행 준비는 다 했으니까 떠나기만 하면 된다.
旅行的东西都准备好了,只等出发了。

(3) 컵라면의 조리법은 간단해서, 뜨거운 물을 붓기만 하면 된다.
碗面的吃法很简单,用热水一泡就可以了。

(4) 대학에 이미 합격했으니까 이제는 공부만 열심히 하면 된다.
已经考上大学了,现在只要好好学习就行了。

4. -나요?

　　接在动词词干之后的疑问式终结词尾。一般口语中使用,语气较柔和,多用于女性。

　　<보기>

(1) 무슨 일이 생겼나요?
出什么事了?

(2) 언제 귀국하시나요?
什么时候回国?

(3) 백화점에서 그 가방을 구입하셨나요?
那个包是在商场买的吗?

(4) 누가 그런 말을 했나요?
谁那么说的?

(5) 벌써 시간이 이렇게 되었나요?
已经这么晚了?

5. -(으)ㄴ/는/(으)ㄹ지 알아보다

动词词干及时制词缀后用"는지",以"ㄹ"收音的闭音节和开音节形容词词尾及体词的谓词形用"-ㄴ지",闭音节形容词词干用"-은지",表示疑问。"-을지"则表示对未来事情的疑问。后面和动词"알아보다"连用,表示要了解、打听前面所疑问的事情。

<보기>

(1) 어떤 것이 좋을지 알아보세요.
　　请打听一下哪个好。
(2) 저 여자가 한국사람인지 아닌지 알아보세요.
　　你打听一下那位女士到底是不是韩国人。
(3) 선생님께서 말씀하신 그 건물이 어디에 있는지 알아볼까요?
　　要不问一下老师所说的那个建筑在哪儿?
(4) 보고서에 문제가 있는지 알아보자.
　　看一下报告书中有没有问题。

6. -(으)ㄹ 뿐더러

表示动作或状态的递进,相当于汉语的"不仅……而且"前句为肯定句时后句也应是肯定句,前句为否定句时后句也应是否定句。和"-(으)ㄹ 뿐만 아니라"意思相同。

<보기>

(1) 언니는 마음이 고울 뿐더러 얼굴도 예쁘다.
　　姐姐不仅心地善良而且人长得也很漂亮。
(2) 그 선수는 개인 실력이 좋을 뿐더러 정신력도 강합니다.
　　那个选手不但有实力而且意志也很坚强。
(3) 반도체 산업은 전망이 밝을 뿐더러 투자 가치도 있다.
　　半导体产业前景广阔,深具投资价值。
(4) 거리가 멀 뿐더러 길도 복잡합니다.
　　道阻且长。
(5) 하숙집 아주머니는 음식 솜씨가 뛰어났을 뿐 더러 친절합니다.
　　房东阿姨不但菜做得好,而且人也很热情。

练 习

1. **본문을 읽고 다음의 질문에 대답하십시오.**
   (1) 성준이와 나는 어디에 갔습니까?
   (2) 내가 원하는 집은 어떤 집입니까?
   (3) 부동산 소개소 아저씨가 소개한 하숙집은 어떤 집입니까?
   (4) 이사는 언제 했습니까?
   (5) 누가 이삿짐 옮기는 것을 도와주었습니까?

2. **"의문사 + 든지"를 이용해서 보기와 같이 다음의 문장을 완성해 보십시오.**

   > <보기> 가: 이 방을 언제 사용할 수 있나요?
   >   나: 이 방은 늘 비어 있으니까 언제든지 사용하세요.

   (1) 가: 많이 시장하지요?
       나: 네, 배가 고프니까 _____ 먹어요.
   (2) 가: 많이 바쁘지요? 빨리 해야 하나요?
       나: 예, 시간이 없으니까 _____ 빨리 합시다.
   (3) 가: 어디 놀러 갈 수 있어요?
       나: 오늘은 시간이 많으니까 _____ 놀러 갑시다.
   (4) 가: 혼자 하니까 시간이 많이 필요해요.
       나: 같이 하면 빨리 끝낼 수 있으니까 _____ 오라고 합시다.
   (5) 가: 언제 전화해야 하나요?
       나: 집에 계속 있을 거니까 _____ 전화해도 좋아요.

3. 다음 문장을 보기와 같이 바꾸십시오.

   <보기> 이 가방이 예쁘기는 하지만 비싸요. (예쁘다, 비싸다)

   (1) 앞집 아저씨는_____
   _____(운동하다, 살이 안 빠지다)

   (2) 우리 언니는_____
   _____(다이어트하다, 매번 실패하다)

   (3) 그 여자를_____
   _____(사랑하다, 결혼을 할 수 없다)

   (4) 이 옷이_____
   _____(마음에 들다, 비싸서 못 사다)

   (5) 나오코 씨와_____
   _____(친하다, 속사정을 모르다)

4. "-기만 하면 된다"를 이용해서 다음의 문장을 보기와 같이 써 보십시오.

   <보기> 한약을 다 만들어 놓다/이제 먹다
   →한약을 다 만들어 놓았으니 이제 먹기만 하면 된다.

   (1) 이삿짐을 다 싸놓았다. 자동차에 싣다.
   → _____
   (2) 요리 준비는 다 되었다. 이제 술을 사다.
   → _____
   (3) 강의할 내용이 매우 간단하다. 한번 듣다.
   → _____
   (4) 다른 시험은 다 합격했다. 이제는 수학시험만 합격하다.
   → _____
   (5) 어머니께서 맛있는 음식을 많이 장만하셨다. 이제 먹다.
   → _____

5. <보기>와 같이 '-기로 하다'로 문장을 바꾸십시오.

<보기> 한국에서 공부를 할 겁니다.
→ 한국에서 공부를 하기로 했습니다.

(1) 내일 친구를 만날 겁니다.
→ _____

(2) 점심에 도서관에 갈 겁니다.
→ _____

(3) 졸업 후에 영국으로 유학을 갈 겁니다.
→ _____

(4) 수업 후에 영화를 보러 갈 겁니다.
→ _____

(5) 신혼여행을 제주도로 갈 겁니다.
→ _____

6. 짧은 문장을 만들어 보십시오.

(1) -기(가) 어렵다
→ _____

(2) -을/를 데리고(모시고)
→ _____

(3) 언제든지, 뭐든지
→ _____

(4) -(으)ㄹ까요?
→ _____

(5) -(으)ㄴ/는/(으)ㄹ지 알아보다
→ _____

제2과 **하숙 생활**

7. 다음 문장을 한국어로 번역하십시오.

(1) 那件事虽然可笑,但我还是忍住了没有笑。

(2) 万事俱备,只欠东风。

(3) 他决定前去负荆请罪。

(4) 我想了解一下朝鲜朝时期的汉文化。

(5) 无论你做什么,都跟我没关系。

8. 다음 문장을 중국어로 번역하십시오.

(1) 한국생활이 재미있기는 하지만 음식 때문에 고생을 많이 했습니다.

(2) 나는 사람이 똑똑하기만 하면 된다고 생각한다.

(3) 어떻게 하든지 꼭 대학원에 진학하고 말 겁니다.

(4) 학군은 군인일 뿐더러 학생이기도 합니다.

(5) 이번에 시인이자 소설가이신 고은 선생님을 모시고 특강을 듣는 자리를 마련하기로 했습니다.

课外阅读

숙소의 종류

집에서 통학하기 어려운 학생들이나 외국에서 유학 온 학생들에게는 살 집을 구하는 것이 제일 중요한 문제입니다. 운이 좋으면 기숙사에 들어갈 수 있지만, 그렇지 않을 때는 학교 근처에 따로 방을 얻어야 합니다.

기숙사는 학교 안에 위치하고 있기 때문에 학교 내의 여러 시설을 편리하게 이용할 수 있어 좋습니다. 그리고 하숙이나 자취에 비해 생활비도 적게 듭니다. 하지만 방을 여럿이 함께 써야 한다는 것과 음식을 직접 만들어 먹을 수 없다는 것이 불편한 점입니다.

학교 근처에는 하숙집과 자취집, 오피스텔 등이 많이 있습니다. 하숙집은 아침과 저녁을 제공하기 때문에 편하지만, 다소 비싼 것이 흠입니다. 자취는 음식을 만들어 먹을 수도 있고 생활도 자유롭지만, 계획적으로 살기가 쉽지 않습니다. 최근에는 깨끗하고 시설도 좋은 오피스텔을 선호하는 사람들이 늘고 있습니다. 잠깐 동안만 한국에서 지낼 생각이라면 한국 가정에서 민박을 하는 것도 좋습니다. 한국 가정의 참모습을 볼 수 있고, 한국어도 연습할 수 있다는 장점이 있기 때문입니다.

补充词汇

통학 [通學]	[名]	走读
운이 좋다 [運-]	[词组]	运气好
들어가다	[动]	进去,加入
위치하다 [位置-]	[动]	位于,处于……位置
여럿	[名]	许多,不少
자취 [自炊]	[名]	自炊,自己开伙
들다	[动]	花费,需要
오피스텔 [officetel]	[名]	商住两用房,综合办公楼
제공하다 [提供-]	[动]	提供,供给
다소 [多少]	[副]	多少,稍微
흠 [欠]	[名]	瑕疵,毛病
자유롭다 [自由-]	[形]	自由,自在
계획적 [計劃的]	[副]	有计划的
시설 [施設]	[名]	设施,设备
선호하다 [選好-]	[动]	喜欢,偏爱,嗜好
기간 [期間]	[名]	期,期间
늘다	[动]	增加,增长,提高
민박 [民泊]	[名]	民宿
참모습	[名]	真面目
장점 [長點]	[名]	优点,长处

제3과 취미 생활

重点语法
1. 얼마나 -다고요
2. -거든요
3. -더니
4. -(으)ㄴ/는/(으)ㄹ 줄 알았다/몰랐다
5. -(이)라면 누구나 다 -(으)ㄹ 수 있다
6. -는가 하면

课文

(1)

성준: 경호 씨, 몸이 아주 건강해 보이시네요. 무슨 비결이라도 있어요?

경호: 그래요? 요즘 새벽마다 조기 축구회에 나가 축구를 하거든요.

성준: 전에는 수영을 하러 다니더니 수영은 그만두셨어요?

경호: 네, 수영은 일요일에만 하러 가요. 그 대신 새벽에 집 근처 초등학교 운동장에 나가 이웃사람들과 한 시간쯤 축구를 해요. 땀 흘려 뛰고 나면 기분이 얼마나 상쾌하다고요.

성준: 저도 중국에 있을 땐 아침마다 공원에 나가 체조를 했는데,

한국에 온 이후 운동을 거의 못 했어요. 그래서 그런지 체력이 많이 떨어진 것 같아요.

경호: 성준 씨도 축구를 좋아하면 우리 조기 축구회에 나오시지요.

성준: 저도 회원이 될 수 있어요?

경호: 그럼요. 축구를 좋아하는 사람이라면 누구나 다 들어올 수 있어요.

(2)

경호: 은정이는 취미가 뭐야?

은정: 볼링이요.

경호: 그래? 그럼 볼링을 잘 치겠구나.

은정: 아니요, 잘 치지는 못해요. 선배님은 볼링 칠 줄 아세요?

경호: 아니, 보는 건 좋아하지만 아직 한 번도 못 쳐 봤어. 은정인 볼링장에 자주 가니?

은정: 아니요, 가고 싶기는 하지만 요즘은 바빠서 통 못 가요. 그런데 선배님은 뭘 좋아하세요?

경호: 난 바둑이 취미야.

은정: 그러세요? 바둑 두는 거 어렵지 않아요?

경호: 아니, 생각보다 쉽고 재미있어. 은정이도 관심 있으면 한번 배워 봐. 집중력을 키우는 데 아주 좋아.

(3)

대부분의 사람들은 취미를 가지고 있다. 취미는 일상 생활에 지친 사람들에게 즐거움을 주고, 새로운 힘을 준다.

사람에 따라 취미는 다양하다. 어떤 사람들은 취미로 동전이나 우표를 수집하고, 어떤 사람들은 영화나 음악을 감상한다. 그리고 운동이나 여행, 독서를 즐기는 사람도 있다. 요즘 등산이나 자전거 타기가 유행이다. 물론 수영이나 낚시, 골프 같은 것을 즐기는 사람들도 많다. 아무튼 문물이 발달하면서 사람들의 취미도 점점 다양해지고 있다.

하지만 우리 주변에는 돈이나 시간 때문에 취미 생활을 못하는 사람도 있다. 돈은 문제가 없는데 시간이 없어서 취미생활을 못하는 사람이 있는가 하면 시간은 넉넉한데 돈이 없어서 하고 싶은 취미 생활을 못 하는 사람도 있다. 그러나 조금만 더 계획적이고 적극적이면 자기 상황에 알맞은 취미 생활을 즐길 수 있다. 만약 인생을 아무런 취미 생활도 없이 보낸다면 그런 삶은 반은 실패한 삶이라고 할 수밖에 없다.

　사람들은 왜 취미 생활을 하는 것일까? 가장 큰 이유는 취미를 통해 즐거움을 얻기 때문이다. 최소한 자기 공간에서 나름대로의 만족을 느껴 보려는 것은 우리 인간의 본능이라 할 수 있다. 취미 생활은 자신이 좋아서 하는 일이기 때문에 스트레스를 주지 않고 오히려 스트레스를 푸는 데 도움을 준다. 그리고 취미 생활은 우리 삶을 더욱 건강하고 충실하게 만든다. 그러므로 몸과 마음의 건강을 위해서는 여가에 다양한 취미 생활을 하는 것이 좋다.

　현대인에게 있어서 여가는 자기 상황에 알맞게 다양한 취미 생활을 즐기면서 삶의 질을 높이는 것으로서 참으로 의미가 있는 일이라고 생각한다.

词汇

单词	词性	释义
취미 [趣味]	[名]	兴趣, 趣味
비결 [秘訣]	[名]	秘诀
새벽	[名]	黎明, 清晨
그만두다	[动]	停止, 作罢
대신 [代身]	[名]	代替, 代为
흘리다	[动]	流, 掉
뛰다	[动]	跑, 跳
상쾌하다 [爽快-]	[形]	爽快, 清爽
체조 [體操]	[名]	体操
거의	[副]	基本, 几乎
나오다	[动]	出来

회원 [會員]	[名]	会员
조기 축구회 [早起蹴球會]	[名]	足球晨练队
들어오다	[动]	进来
체력 [體力]	[名]	体力
떨어지다	[动]	下降, 低落
볼링 [bowling]	[名]	保龄球
선배 [先輩]	[名]	学长, 学姐
통	[副]	根本, 完全
바둑	[名]	围棋
두다	[动]	下(棋)
집중력 [集中力]	[名]	注意力集中
키우다	[动]	培养
지치다	[动]	累, 乏, 疲倦
즐거움	[名]	乐趣, 乐事
동전 [銅錢]	[名]	硬币
수집하다 [收集-]	[动]	收集
감상하다 [鑑賞-]	[动]	欣赏
낚시	[名]	钓鱼, 垂钓
골프 [golf]	[名]	高尔夫
아무튼	[副]	反正, 总归
문물 [文物]	[名]	文明
다양하다 [多樣-]	[形]	多样, 花哨
주변 [周邊]	[名]	周边, 周围
넉넉하다	[形]	充足
적극적 [積極的]	[副]	积极地
알맞다	[形]	适当, 适合
과언 [過言]	[名]	过分, 说得过火
자기 공간 [自己空間]	[名]	自我空间
나름대로	[副]	各有各的
오히려	[副]	反倒, 却, 反而
스트레스 (stress)	[名]	压力, 疲劳
건강하다 [健康-]	[形]	健康, 硬朗
풀다	[动]	解, 解开

느끼다	[动]	感觉,感到
충실하다[充實-]	[形]	充实,结实
즐기다	[动]	喜爱,享受,取乐
참으로	[副]	实在,真的,的确

语 法

1. 얼마나 -다고요

接在动词、形容词后,表示"非常……""太……"的一种感叹用法,是非常口语化的表达方式。如果将"얼마나"用作"很""非常""特别"的意思的话,后面必须接有"-다고요"或"-ㄴ지"。

<보기>
- 얼마나 예쁘다고요.
- 얼마나 예쁜지 몰라요.
- 얼마나 예뻐요(×)
- 얼마나 예뻐서 사람들이 다 좋아해요(×)

(1) 가: 설악산이 아름다워요?
　　　雪岳山美吗?
　　나: 그럼요. 얼마나 아름답다고요.
　　　当然了,那里不知道有多美呢。

(2) 가: 저 영화가 그렇게 재미있다면서요?
　　　那部电影那么有意思吗?
　　나: 얼마나 재미있다고요. 그러니까 꼭 보세요.
　　　不知道多有意思呢,你可一定要看看。

(3) 가: 여보, 선희가 용돈이 다 떨어진 것 같은데 좀 줘요.
　　　老婆,善熙零花钱都用光了,再给她点儿吧。
　　나: 걔가 용돈을 얼마나 많이 쓴다고요. 달라는 대로 다 줄 수는 없어요.
　　　不知道她都花了多少零花钱了,不能她一要钱就给。

(4) 가: 진홍 씨 한국말 잘하지요?

　　　陈红韩国语说得很好吧。

　　나: 그럼요. 실력이 얼마나 많이 늘었다고요.

　　　是啊,不知她水平提高了多少呢。

(5) 가: 지난 여름에 서울에 비가 많이 왔었다면서요?

　　　去年夏天首尔雨下得很大吧?

　　나: 얼마나 많이 왔다고요. 잠수교가 다섯 번이나 물에 잠겼어요.

　　　不知道下得有多大呢,潜水桥被大水淹了五次。

2. -거든요

终结词尾,用在谓词词干或时制词尾"-았/었/였""-겠"后,强调事发的原因、理由。

<보기>

(1) 왕홍 씨, 그 발음을 다시 한 번 해 보세요. 좀 어색하거든요.

　　王红,那个音再发一遍好吗? 听起来有点儿别扭。

(2) 그 컴퓨터가 좋겠습니다. 가격이 적당하거든요.

　　那台电脑很好,价格很合适。

(3) 오늘 시험이 걱정입니다. 어제 공부를 안 했거든요.

　　真担心今天的考试,因为昨天没有学习。

(4) 이제 감기가 다 나았습니다. 며칠 푹 쉬었거든요.

　　休息了几天,现在感冒全好了。

(5) 가: 그 사람 왜 자주 만나요?

　　　为什么总是见那个人?

　　나: 서로 좋아하는 사이거든요.

　　　因为彼此喜欢。

3. -더니

用在谓词词干及时制词尾"-았/었/였""-겠"后,表示前面的事实成为后面事实的理由、条件,或者表示两个事实之间的前后关系、对应关系。在这里"-더"有回忆过去的意思。

<보기>

(1) 어릴 때부터 그렇게 똑똑하더니 마침내 판사가 되었군요.
   他从小就很聪明,最终当上了法官。

(2) 두 사람이 유난히 친하더니 결혼을 하는군요.
   两个人感情十分真挚,最终结婚了。

(3) 아까 그렇게 과식을 하더니 체했군요.
   刚才吃得太多了,有点儿噎着了。

(4) 어제 비를 많이 맞더니 감기에 걸렸네요.
   昨天下大雨时被淋了,所以感冒了。

(5) 어제는 많이 아프더니 오늘은 괜찮네요.
   昨天很难受,今天好多了。

(6) 어릴 때는 키가 아주 작더니 이제는 제법 크네요.
   小时候个子很矮,现在却长得很高了。

(7) 아까는 비가 오더니 지금은 개었습니다.
   刚才还下雨,现在天已经晴了。

(8) 작년에는 짧은 치마가 유행하더니 올해는 긴 치마가 유행이네요.
   去年流行短裙,今年却流行长裙。

(9) 어제는 덥더니 오늘은 시원하군요.
   昨天还很热,今天倒是挺凉快的。

(10) 쉬는 동안에 잠깐 운동했더니 땀이 나요.
   休息的时候稍微运动了一小会儿,结果就出汗了。

4. -(으)ㄴ/는/(으)ㄹ 줄 알았다/몰랐다

用于谓词后表示已经预料到(未预料到)某种情况的发生。相当于汉语的"没想到……"或"本以为……"。根据时制和词性具体使用如下：

	动词(包括있다, 없다)	形容词
现在	词干 + 는 줄 알았다	词干 + (으)ㄴ 줄 알았다 + (으)ㄹ 줄 알았다(根据不充分)
过去	词干 + (으)ㄴ 줄 알았다	
将来(推测)	词干 + (으)ㄹ 줄 알았다	

<보기>

(1) 간밤에 눈이 이렇게 올 줄 몰랐네요.
没想到半夜竟然下了这么大的雪。

(2) 성준이가 이렇게 노래를 잘하는 줄 몰랐어요.
没想到成俊唱歌竟然唱得这么好。

(3) 나는 선생님의 아드님이 벌써 결혼한 줄 알았습니다.
我以为老师的儿子已经结婚了。

(4) 무리해서 일하는 것을 보고 아플 줄 알았습니다.
看你那么拼命地工作,我还以为你会生病呢。

(5) 날씨가 좋을 줄 알고 우산을 안 가지고 왔어요.
认为天气会很好,所以没有带雨伞来。

5. -(이)라면 누구나 다 -(으)ㄹ 수 있다

名词接"(이)라면"表示条件,"누구나"表示不加选择的任何人,后接终结词尾"(으)ㄹ 수 있다"表示能够,相当于汉语的"如果是……的话,谁都能……"。

<보기>

(1) 대학생이라면 누구나 신청할 수 있어요.
只要是大学生,不管谁都可以申请。

(2) 운동을 좋아하는 사람이라면 누구나 참가할 수 있어요.
只要是喜欢运动的人,谁都可以参加。

(3) 초등학교를 나온 사람이라면 누구나 다 풀 수 있는 문제이다.
只要是上过小学的人,谁都会做这道题。

(4) 공짜라면 누구나 다 욕심을 낼 수 있다.
如果免费的话谁都会动心的。

(5) 한국 여성이라면 이 정도의 음식을 누구나 쉽게 만들 수 있을 거예요.
只要是韩国女性,这种程度的饭菜谁都能轻松地做出来。

6. -는가 하면

惯用形,由终结词尾"는가"加动词"하다"加连接词尾"면"构成,表示并列关系,强调前后内容的对照。

<보기>

(1) 역사를 위인의 전기라고 말하는 사람이 있는가 하면 계급의 투쟁에 불과하다고 하는 사람도 있다.
    有人说历史是伟人的传记,也有人说历史不过是阶级的斗争而已。
(2) 그들 중에는 배우가 있는가 하면 유명한 운동 선수도 있다.
    他们中既有演员,也有著名的运动员。
(3) 커피에 설탕을 넣는 사람이 있는가 하면 크림만 넣는 사람도 있다.
    喝咖啡时,有人加糖,也有人只加伴侣。
(4) 이렇게 말하는 사람이 있는가 하면, 저렇게 말하는 사람도 있다.
    众说纷纭,莫衷一是。
(5) 영어를 배워야 한다고 주장하는 사람이 있는가 하면 독일어를 배워야 한다고 주장하는 사람도 있다.
    既有人主张学习英语,也有人主张学习德语。

练 习

1. 본문을 읽고 다음 질문을 대답하십시오.

    (1) 성준 씨가 건강한 비결은 무엇입니까?
    (2) 성준 씨는 전에 하던 운동을 그만두었나요?
    (3) 경호 씨는 볼링을 잘 칩니까?
    (4) 사람들은 왜 취미생활을 자주 못합니까?
    (5) 사람들이 취미생활을 하는 이유는 무엇입니까?

2. '얼마나 -다고요'를 사용해 다음에 대해 이야기를 나눠 보십시오.

    (1) 기억에 남는 장소
    (2) 기억에 남는 사람
    (3) 기억에 남는 사건
    (4) 기억에 남는 영화

3. 다음 문장을 보기와 같이 고쳐서 써보십시오.

<보기> 머리가 아파서 학교에 갈 수 없어요.
→ 학교에 갈 수 없어요. 머리가 아프거든요.

(1) 중국에서 여자 친구가 와서 오늘은 만날 시간이 없어요.
→ _____.

(2) 이 옷이 너무 비싸서 살 수 없어요.
→ _____.

(3) 오늘은 너무 바빠서 밥 먹을 시간도 없어요.
→ _____.

(4) 남편을 너무 사랑하기 때문에 남편 따라 한국에까지 왔어요.
→ _____.

(5) 정신이 없어서 약속 시간을 깜빡 잊었어요.
→ _____.

4. '-더니'를 이용하여 문장을 완성하십시오.

(1) 어제는 덥더니_____.
(2) _____올해는 바지가 유행입니다.
(3) 어릴 때는 골목이 넓어 보이더니_____.
(4) 예전에는 열심히 일하더니_____.
(5) 전에 보았을 때는 키가 작더니_____.

5. 알맞은 단어를 보기에서 골라 _____에 써 넣으십시오.

<보기> 마치, 마침, 두말 않고, 훨씬, 무엇보다도

(1) 만나고 싶었는데_____잘 오셨군요.
(2) 오빠는 내가 부탁을 하면 언제나_____들어 줍니다.
(3) _____건강이 가장 중요해요.
(4) 요즘은 날씨가 너무 더워서_____여름 같아요.
(5) 저는 쓰기보다 듣기가_____더 어려워요.

6. '-(으)ㄴ/는/(으)ㄹ 줄 알았다/몰랐다'를 이용해서 다음의 문장을 완성하십시오.

(1) 가: 왜 우산을 갖고 나오셨어요?
　　나: 아, 전 오늘_____(비가 오다)

(2) 가: 요즘 우리 주변에는 어렵게 사는 사람들이 많습니다.
　　나: 그래요, 전_____(많다)

(3) 가: 외국에 나가 돈 번다는 게 어디 그렇게 쉬운 일인가요?
　　나: 아니요. 돈을 모으는 일이 이렇게_____(어렵다)

(4) 가: 성준이가 달리기에서 1등을 했다면서요.
　　나: 네, 전_____(빨리 달리다)

(5) 가: 나오코는 스케이트를 잘 타네요!
　　나: 아, 그렇군요. 난 나오코가 저렇게_____(잘 타다)

7. 다음의 문법 또는 단어로 짧은 문장을 만들어 보십시오.

(1) -는가 하면
　　→ _____.

(2) 오히려
　　→ _____.

(3) 나름대로
　　→ _____.

(4) -(이)라면 누구나 다 -(으)ㄹ 수 있다
　　→ _____.

(5) 참으로
　　→ _____.

8. 다음 문장을 한국어로 번역하십시오.

(1) 那部电影真是太有意思了, 我都快笑破肚皮了。

_____

(2) 上周两个人还好得如胶似漆呢, 现在又分手了?

_____

(3) 还以为真哭了呢,原来是干打雷不下雨啊!

(4) 就这点儿小事,谁都能胜任。

(5) 世界上有美也有丑,这很正常。

9. 다음 문장을 중국어로 번역하십시오.

　　하지만 우리 주변에는 돈이나 시간 때문에 취미 생활을 못하는 사람도 있다. 돈은 문제가 없는데 시간이 없어서 취미생활을 못하는 사람이 있는가 하면 시간은 넉넉한데 돈이 없어서 하고 싶은 취미생활을 못하는 사람도 있다. 그러나 조금만 계획적이고 적극적이면 자기 상황에 알맞은 취미 생활을 즐길 수 있다. 만약 인생을 아무런 취미 생활도 없이 보낸다면 그런 삶은 반은 실패한 삶이라고 할 수밖에 없다.

课外阅读

나의 취미

　　내 취미는 영화 감상이다. 영화 감상은 흔한 취미이지만, 내가 영화를 좋아하게 된 데에는 좀 특별한 사연이 있다.

　　나는 초등학교 때부터 영화를 좋아하기 시작했다. 그것은 우리 아버지 덕분이었다. 우리 아버지는 텔레비전 프로그램 중에서 '주말의 명화'를 제일 좋아하셨다. '주말의 명화'는 좋은 옛날 영화만 뽑아서 보여 주는 프로그램이었다. 나는 다른 프로그램을 보고 싶었지만, 아버지 때문에 할 수 없이 '주말의 명화'를 봐야 했다. 아버지는 영화를 보면서 젊었을 때 이야기를 해 주셨다. 지금 생각해 보니까, 아버지는 기억력이 좋은 분이셨다. 아버지는 언제, 어디에서 누구와 함께 그 영화를 보았는지 정확하게 기억하고 계셨다. 처음에는 나는 영화 보는 것을 별로 좋아하지 않았다. 왜냐하면 내가 이해하기에는 영화가 좀 어려웠기 때문이다. 하지만 시간이 지나면서 나는 영화보다 아버지의 이야기에 재미를 느꼈다. 그러다 보니 어느새 영화도 좋아하게 되었다.

요즘은 바빠서 영화를 잘 보지 못 한다. 하지만 가끔 텔레비전에서 오래된 영화가 나오면 아버지 생각이 나서 꼭 보게 된다.

补充词汇

감상[鑑賞]	[名]	欣赏,观赏
흔하다	[形]	多的是,有的是
특별하다[特別-]	[形]	特别
사연[事緣]	[名]	事情的原委,来龙去脉
덕분[德分]	[名]	多亏,托……的福
프로그램[program]	[名]	节目;程序
주말[週末]	[名]	周末
뽑다	[动]	抽,拔,摘取
명화[名畫]	[名]	有名的电影
할 수 없이	[惯]	没办法
젊다	[形]	年青,年轻
기억력[記憶力]	[名]	记忆力
정확하다[正確-]	[形]	正确;准确
어렵다	[形]	难,困难,吃力
어느새	[副]	不知不觉,一晃
가끔	[副]	不时,有时,时而
오래다	[形]	久,老,古老
왜냐하면	[副]	因为

제4과 아르바이트

重点语法
1. -느라(고)
2. -(으)니
3. -어/아/여 달래
4. -말이다
5. -(으)ㄹ 테니(까)
6. -뭐니뭐니 해도

课 文

(1)

오늘 성준이는 한 대학선배로부터 아르바이트 자리를 하나 소개 받게 되었다.

성준: 안녕하세요? 선배님, 저 성준이에요.
선배: 오, 어서 와. 요즘 뭘하고 지내지?
성준: 그냥 도서관에 다니고 있어요.
선배: 그래? 혹시 너 아르바이트 경험이 있어?
성준: 아니요, 하지만 잘 할 수 있어요.
선배: 알았어. 학원에 다니는 초등학교 4학년 학생들인데 월, 수, 금으로 매주 3번 수학하고 영어를 가르쳐 달래, 하루에 두 시

간씩 말이야. 너 할 수 있겠어?
성준: 그럼요, 저 수학, 영어는 잘해요. 그리고 이번 학기는 수업도 많지 않아서 여유가 있어요.
선배: 그래. 잘 됐네. 그런데 그 학원이 학교에서 좀 멀어서 어떻게 하지?
성준: 괜찮아요. 지하철을 타면 될 듯한데…
선배: 맞아, 지하철을 한 번만 갈아타면 돼. 내일 같이 가서 원장님을 만나뵐 테니까 복장 단정히 하고 나와.
성준: 네, 몇 시에 어디에서 만날까요?
선배: 내일 아침 9시에 학교 정문쪽에 있는 지하철역 3번 입구에서 만나.
성준: 네, 알겠어요. 내일 만나요!

(2)

많은 학생들이 여름 방학을 기다린다. 왜냐하면 방학 기간이 길어서 평소에 학교에 다니느라 못 했던 일들을 할 수 있고, 또 자유롭게 시간을 활용할 수 있기 때문이다. 작년까지는 여름 방학에 고향으로 돌아가는 학생들이 많았다. 그러나 올해부터는 가지 않는 학생들이 많아졌다. 자기에게 부족한 부분을 보충하기 위한 공부를 하거나, 한국 회사, 또는 중국 회사에서 아르바이트를 하거나, 아니면 사회 봉사 활동에 나가기도 한다. 또 일부 학생들은 해외 여행을 떠나기도 한다.

그렇지만 뭐니뭐니 해도 그중엔 아르바이트를 하는 학생들이 가장 많다. 내 주변에도 아르바이트를 하는 학생들이 꽤나 많다. 내 룸메이트도 다음 달부터 작은 식당에서 아르바이트를 하게 되었다며 돈을 좀 모아 가지고 다음 여름 방학 때 여행을 갈 예정이라고 했다.

나도 이번 방학에는 고향에 돌아가지 않고 아르바이트를 하기로 했다. 하지만 아르바이트를 구하는 일도 쉽지는 않다. 다행히 아는 대학 선배가 있어서 부탁을 했다. 얼마 후, 선배는 완구 만드는 한국 회사를 하나 소개해 주었다. 선배님은 만나자마자 내게 그 한국 회사를 칭찬을 했다. 선배님으로부터 한국 회사는 문화적인 면에서 중국 회사와 차이가 적지 않다는 말을 들으니 좀 걱정이 된다. 여러 모로 많이 힘들 거라고 생각되었지만 그래도 한번 도전해 보기로 하고 응낙했다. 아르바이트를 하면 적은 돈이지만 부모님의 부담도 덜어드릴 수 있고, 또 졸업 전에 다양한 경험도 쌓을 수 있어 여러 면에서 좋은 점이 있을 것 같다. 더욱이 한국 회사에서 한국인들의 친절한 예의와 습성을 직접 몸으로 익힐 수 있어 나중에 취업할 때도 도움이 되는 좋은 경험이 될 것 같다.

기회가 있으면 다음 방학에도 아르바이트를 할 예정이다.

词汇

아르바이트 [arbeit]	[名]	小时工,打工
경험 [經驗]	[名]	经验,经历
갈아타다	[动]	换乘
복장 [服裝]	[名]	服装,着装,衣着
단정히 [端正-]	[副]	端庄的
정문 [正門]	[名]	正门,大门
입구 [入口]	[名]	入口
다니다	[动]	来往,过往,上(学、班)
자유롭게 [自由-]	[副]	自由地
활용하다 [活用-]	[动]	活用,利用,运用
부족하다 [不足-]	[形]	不足
보충하다 [補充-]	[动]	补充
룸메이트 [roommate]	[名]	同屋,室友
떠나다	[动]	离开,去,动身
다행히 [多幸-]	[副]	幸亏,多亏
완구 [玩具]	[名]	玩具
자랑하다	[动]	夸耀,炫耀
면 [面]	[名]	侧面,层面
도전하다 [挑戰-]	[动]	挑战,挑衅

꽤	[副]	相当
덜다	[动]	减,减少,省
쌓다	[动]	积累
부담 [負擔]	[名]	负担,负累
더욱이	[副]	尤,尤其
익히다	[动]	使熟练,使(成)熟
습성 [習性]	[名]	习性,习惯
장래 [將來]	[名]	将来,未来
보람 있다	[词组]	有意义,有价值
사회경험 [社會經驗]	[名]	社会经验
책임감 [責任感]	[名]	责任感

语 法

1. -느라(고)

连接词尾,表示正在进行中的一个行动是下一个行动的原因、目的。只用于动词现在时。

<보기>

(1) 시험 공부하느라 정신없이 바빴어요.
准备考试,所以忙得不可开交。

(2) 점심을 먹느라 늦었어요.
因为吃午饭,而迟到了。

(3) 그 동안 손님을 모시느라 고생 많았지?
那段时间陪客人,很辛苦吧?

(4) 아들 학비를 내느라 아버지는 시골 땅을 다 팔았다.
为了给儿子交学费,父亲把乡下的地都卖了。

(5) 영업을 하느라 여기저기 뛰어다닌다.
做生意,所以整天四处奔波。

2. -(으)니

用于谓词后,表示原因、理由、根据和说明。开音节以及以"ㄹ"结尾的闭音节加"니",其他闭音节加"으니"。

<보기>

(1) 몸이 아프니 가족과 고향이 더욱 그립다.
　　身体不舒服,所以更想念亲人和家乡。
(2) 마음이 급하니 일을 할 때 실수가 많아진다.
　　太着急了,做事就更容易出错。
(3) 잘 어울리는 커플을 보니 나도 연애하고 싶다.
　　看着那些情投意合的情侣,我也想恋爱。
(4) 산에 오르니 세상이 모두 내 것 같다.
　　登上山顶,好像拥有了全世界。

3. -어/아/여 달래

惯用形,动词"달라"和基本阶语尾"-래"结合的形式。"-래"是"-라고 해"的缩略形式。间接转述时,表示请求别人帮忙的"-을/를 주십시오, -어/아/여 주십시오"要变为"-어/아/여 달라고 하다"的形式。

<보기>

(1) 서울대에서 공부하고 있는 내 친구가 내일 이사가는데 도와 달래.
　　在首尔大学上学的朋友让我明天帮他搬家。
(2) 미안하지만 오늘 오후에 공항에 마중나와 달래.
　　不好意思,(他)请你今天下午到机场接他。
(3) 자기는 가만히 앉아 있으면서 나보고 먹여 달래.
　　自己坐那儿一动不动,让我喂他。
(4) 내 친구가 그 여자를 만날 수 있게 해 달래.
　　朋友拜托我让他见到那位女士。
(5) 좀 힘들더라도 참아 달래.
　　让我即便辛苦些也要坚持下去。

4. -말이다

惯用形,表示进一步强调,以引起对方注意。前面可加-은/는,也可省略。

<보기>

(1) 가: 이 옷 작으면 말이에요, 바꿔 줄 수 있나요?
   我是说如果这件衣服小的话,能不能换一件?

   나: 물론이죠. 언제든지 바꿔 드릴 수 있습니다.
   当然可以,不管什么时候都可以换。

(2) 가: 왜 짐을 싸고 계세요?
   好端端的为什么将行李打包呢?

   나: 저는 말이에요, 내일 중국으로 돌아가요.
   我啊,我明天回中国。

(3) 가: 요즘 재미있는 영화가 있나요?
   最近有什么有意思的电影吗?

   나: <쉬리>라는 영화를 봤는데 말이에요, 참 재미있었어요.
   我看过了《쉬리》这部电影,非常有意思。

(4) 가: 박 선생님의 부인을 뵌 적 있나요?
   你见过朴老师的夫人吗?

   나: 그럼요. 박 선생님 부인은 말이에요, 아주 미인이세요.
   当然了,朴老师的夫人,真是非常美。

(5) 가: 방학에는 어디에 가고 싶으세요?
   放假期间你想去哪儿呢?

   나: 방학에는 말이에요. 지리산에 가 보고 싶어요.
   放假啊,我想去智异山看看。

5. -(으)ㄹ 테니(까)

接在动词或形容词后,作为后面事实的条件,表示说话者的某种行为或对某件事的强烈意志。一般后接共动或命令句。

<보기>
(1) 가: 제가 영화표를 살까요?
　　　我买电影票吧？
　　나: 아니에요. 제가 표를 살 테니 왕훙 씨는 커피를 사세요.
　　　不，电影票我来买，王红你买咖啡吧。
(2) 가: 내가 뭘 도와줄까?
　　　我能帮忙干点儿什么呢？
　　나: 내가 청소를 할 테니 너는 세탁기 좀 돌려라.
　　　我打扫卫生，你帮着洗衣服吧。
(3) 가: 저도 아르바이트를 할까 해요.
　　　我也想打工。
　　나: 돈은 내가 벌 테니까 너는 열심히 공부나 해라.
　　　我来挣钱，你努力学习就行了。
(4) 가: 지금 뭐 하세요?
　　　现在要做什么？
　　나: 제가 작곡한 음악을 들려 드릴 테니까 잘 듣고 감상을 이야기해 보세요.
　　　听听我作曲的音乐，然后说说你的感想。
(5) 가: 엄마! 배 고파요.
　　　妈妈！我饿了。
　　나: 엄마가 금방 밥을 해 줄 테니까 조금만 기다려라.
　　　我马上就给你做饭，稍等一会儿。

6. -뭐니뭐니 해도

惯用形，表示"이러쿵 저러쿵 말해 보아도"或"누가 뭐라고 해도"的意思，即"不论人们怎么说长道短"，或"无论怎么说"。

<보기>
(1) 뭐니뭐니 해도 겨울에는 스키가 최고예요.
　　不管怎么说，在冬天滑雪是最好的。
(2) 뭐니뭐니 해도 생활수준이 많이 향상되긴 했어요.
　　无论怎么说，生活水平有了很大提高。

(3) 해장에는 뭐니뭐니 해도 콩나물이 최고예요.
   要醒酒,什么都比不上豆芽。

(4) 뭐니뭐니 해도 사람은 마음씨가 좋아야 해요.
   无论怎样,人应该心地善良。

(5) 뭐니뭐니 해도 동료 간의 화목이 제일이에요.
   无论怎么说,同事之间应该以和为贵。

练 习

1. '-(으)니/(이)니'를 활용하여 다음의 문장을 완성하십시오.

    (1) _____ 시간을 내서 얼른 갖다 먹어라.(반찬을 만들다)

    (2) _____ 금방 두통이 사라져 버렸다.(두통약을 먹다)

    (3) 넌 아직_____ 공부만 열심히 하거라.(학생이다)

    (4) 현장에 와서_____ 기내했던 바와 같이 너 잘 이해가 되네요.(강의를 듣다)

    (5) 어머님께 미리_____ 걱정 말고 출근하세요.(말씀드리다)

2. _____에 알맞은 말을 넣으십시오.

    (1) 요즘은 사과가 너무 싸서 1,000원에 3개_____ 판다.

    (2) 6명_____ 한 조가 되어 연극 연습을 했다.

    (3) 라면을 아주 좋아해서 한 달에 한 박스 _____ 산다.

    (4) 계란은 10개_____ 판다.

3. '-(으)ㄹ 테니까'를 이용해서 두 문장을 연결해 보십시오.

    (1) 나는 요리를 할 것이다. 너는 설거지를 하거라.
       → _____

    (2) 선생님이 자세히 설명할 거예요. 여러분은 잘 들으세요.
       → _____

(3) 제가 점심을 사겠어요. 그러면 당신은 커피를 사세요.
   → _____

(4) 그 일이 잘 될 것이다. 너무 고민하지 마세요.
   → _____

(5) 나는 도서관에 가서 공부를 할 것이다. 심심하면 찾아와.
   → _____

4. 다음 중에 '-말이다'의 의미가 다른 것은 무엇입니까?

(1) 엄마는 말이에요, 자주 집을 비우세요.
(2) 벌써요, 이렇게 일찍 떠나자는 말이에요.
(3) 어제 친구를 만났는데 말이에요, 결혼을 한대요.
(4) 사람은 말이에요, 착하게 살아야 한대요.
(5) 이번 학기에는 말이에요, 열심히 공부하고 싶어요.

5. 보기에서 알맞은 말을 골라 (   )안에 적절하게 써 넣으십시요.

<보기> 과외   모자라다   벌다   책임감   피곤하다   사회경험

(1) 그 사람은 (   ) 강해서 무슨 일이든지 열심히 한다.
(2) 생활비를 (   ) 일은 중요하다.
(3) 요즘 대학생들은 아르바이트로 (   )을/를 많이 한다.
(4) 주말에 등산을 했더니 너무 (   ).
(5) 책을 사려고 했는데 돈이 조금 (   ).
(6) 학생들은 아직 (   )이/가 부족하다.

6. '-뭐니 뭐니 해도'를 이용해서 다음의 문장을 완성해 보십시오.

(1) 가: 한국 사람들이 가장 좋아하는 음식은 뭐예요?
   나: _____.

(2) 가: 나이가 들어서 가장 필요한 게 뭘까요?
　　나: _____.

(3) 가: 세계 여러 나라 중에서 어느 나라를 여행하고 싶어요?
　　나: _____.

(4) 가: 어떤 아이스크림이 맛이 있어요?
　　나: _____.

7. '-아/어/여 달래'를 이용하여 다음의 대화를 완성하십시오.

<보기> 교수님/다음 주 목요일까지 과제를 마무리해 주십시오.
→ 교수님께서 다음 주 목요일까지 과제를 마무리해 달라셔.

(1) 빌리 씨/비가 올 것 같으니 우산을 가져다 주십시오.
　　→ _____

(2) 친구/고속터미널까지 나와 주십시오.
　　→ _____

(3) 어머님/퇴근하는 길에 약 좀 사다 다오.
　　→ _____

(4) 아이/아이스크림을 사다 주세요.
　　→ _____

(5) 사장님/오늘 중으로 하던 일들을 다 끝내 주십시오.
　　→ _____

8. 다음의 문장을 한국어로 번역하십시오.

(1) 您远道而来,辛苦了!

(2) 有朋自远方来,不亦乐乎?

(3) 京剧才是中国真正的艺术瑰宝。

(4) 不要那么愁眉苦脸的,请老师帮你解决吧。(-아/어 달라고 하다)

(5) 不管怎么说, 中国是美国最大的贸易伙伴。

9. 다음의 문장을 중국어로 번역하십시오.

많은 학생들이 여름 방학을 기다린다. 왜냐하면 방학 기간이 길어서 평소에 학교에 다니느라 못 했던 일들을 할 수 있고, 또 자유롭게 시간을 활용할 수 있기 때문이다. 작년까지 여름 방학에 고향으로 돌아가는 학생들이 많았다. 그러나 올해부터는 가지 않는 학생들이 많아졌다. 자기에게 부족한 부분을 보충하기 위한 공부를 하거나, 한국 회사, 또는 중국 회사에서 아르바이트를 하거나, 아니면 사회 봉사 활동에 나가기도 한다. 또 일부 학생들은 해외 여행을 떠나기도 한다.

课外阅读

통역 아르바이트 모집 안내

회원 여러분께 한 가지 소식을 전해 드리겠습니다. 베를린 무역관에서 통역할 수 있는 학생들을 소개해 달라는 요청이 왔습니다.

전화상으로도 처리할 수 있는 일이었으나 담당자 분이 학생회 사람도 한번 보았으면 하셨고 저 역시 그러는 것이 좋겠다 생각되어 어제(2월 27일) 베를린 무역관을 방문하여 담당자 분과 이야기를 나누었습니다.

관련 상황에 대한 담당 무역관의 설명을 들은 후, 학생회에서 홈페이지를 이용한 회원 관련 데이터베이스를 구축하여, 지금과 같이 외부에서 학생들의 아르바이트를 필요로 하는 경우, 또는 기업, 연구소 등에서 채용을 희망하는 경우에 미리 요구사항에 맞게 준비되어 있는 학생들을 추천해 줄 수 있다는 점을 말씀드렸습니다. 아르바이트를 원하는 측과 필요로 하는 측 간에 빠르면서도 만족스러운 정보를 제공할 수 있는 시스템을 구성하고자 한다는 계획을 설명드렸습니다. 아울러 상호 협조할 수 있는 부분들에 대해서도 이야기를 나누고 저희 총회에 대한 무역관 측의 지원도 부탁드렸습니다. 아마 향후엔 아르바이트 기회가 더 많아질 것으로 보입니다.
　앞으로도 저희는 아르바이트를 원하시는 회원님들을 적극 도와 드리겠습니다.

통역할 행사소개

명칭 : 제1회 한독 산업기술협력포럼 및 기술협력(투자)
목적 : 한·독 양국의 첨단기술분야 기술혁신현황 및 향후 비전을 상호 제시, 이해함으로써 민간차원기술, 자본협력활성화의 장을 마련
주제 : 지식기반사회에서의 한독기술협력의 새 지평
기간 : 2008. 3. 11(화) 15:00 - 19:00 (4시간)
장소 : 독일 베를린, BDI 본부(Haus der Deutschen Wirtschaft, Breitestr. 29, 10178 Berlin)

베를린 지역 유학생총회

补充词汇

통역 [通譯]	[名]	翻译, 口译
독일 [獨逸]	[名]	德国
베를린 [Berlin]	[地名]	柏林
요청 [要請]	[名]	请求
담당하다 [擔當-]	[动]	担任, 负责
무역관 [貿易官]	[名]	贸易官
홈페이지 [homepage]	[名]	主页
데이터베이스 [database]	[名]	数据库, 资料库
구축하다 [構築-]	[动]	构筑, 建筑
채용 [採用]	[名]	录用, 录取
희망하다 [希望-]	[动]	希望, 愿望
추천하다 [推薦-]	[动]	推荐, 推举
요구사항 [要求事項]	[名]	要求事项

만족스럽다 [滿足-]	[形]	满足,满意
정보 [情報]	[名]	信息,消息,资讯
시스템 [system]	[名]	系统,制度,体系
구성하다 [構成-]	[动]	构成,组成
아울러	[副]	同时,并且
상호 [相互]	[名]	相互
협조하다 [協助-]	[动]	协助,帮助
총회 [總會]	[名]	总会,大会
지원 [支援]	[名]	支援,援助
향후 [向後]	[名]	往后,向后
포럼 [forum]	[名]	论坛,讨论会
기술협력 [技術協力]	[名]	技术合作
첨단기술 [尖端技術]	[名]	尖端技术,高科技
기술혁신 [技術革新]	[名]	技术革新
현황 [現況]	[名]	现况,近况
비전 [vision]	[名]	前途,前景
제시 [提示]	[名]	提示,出示
차원 [次元]	[名]	立场,角度
분야 [分野]	[名]	方面,领域
자본협력 [資本協力]	[名]	资本合作
활성화 [活性化]	[名]	激活
장 [章]	[名]	篇章
마련하다	[动]	准备,张罗
기반 [基盤]	[名]	基础,基点
본부 [本部]	[名]	本部

제5과 도서관 활용

重点语法
1. -ㄹ까 해서(요)
2. -(이)야[보조사]
3. -치고(는)
4. -덕분에, -(으)ㄴ 덕분에
5. 사동사

课文

(1)

성 준: 진홍 씨, 수업이 끝나면 어디로 갈 겁니까?

진 홍: 도서관에 가려고 해요.

성 준: 책을 빌리러 가나요? 아니면 공부하러 가나요?

진 홍: 네, 공부도 하고 책도 빌릴까 해서요.

성 준: 무슨 책을 보고 싶은데요?

진 홍: 선생님께서 한국 음식 이름을 조사해 오라고 하셔서 한국 음식에 관한 책들을 볼 거예요.

성 준: 그렇군요. 우리 대학 도서관에는 한국 음식에 관한 책들이 많아요.

진 홍: 그런데 저는 처음이라서 아직 도서관에서 책을 어떻게 대출

받는지 잘 몰라요.
성준: 그래요? 너무 걱정하지 마세요. 그럼 이따가 점심 식사 후에, 같이 도서관에 갑시다. 제가 도와 드릴께요.
진흥: 진짜예요? 고마워요. 어디서 만나지요?
성준: 1시에 대학원… 기숙사 앞에서 만나요.

(2)

오늘 오전 수업시간에 우리는 한국의 음식에 대해 공부했다. 수업이 끝난 다음, 선생님께서는 숙제로 한국 음식 이름들을 조사해 오라고 하셨다. 그래서 나는 오후에 성준 씨와 같이 도서관에 가기로 약속했다. 점심을 먹은 뒤, 우리는 바로 도서관에 갔다.

나는 처음 도서관에 왔기 때문에 책을 어디서 어떻게 찾는지 잘 몰랐다. 성준 씨가 이것저것 자세히 가르쳐 주었다. 우리는 책을 찾기 위해서 먼저 컴퓨터로 책 목록을 검색하기로 했다. 그런데 컴퓨터는 여러 대가 있었지만 도서 검색을 하거나 이메일 보내는 학생들이 너무 많아서 순서대로 한참을 기다린 후에야, 검색할 수 있었다.

내가 컴퓨터에 '한국 음식'을 치니까, 대번에 12권이 나왔다. 너무 어려워서 제일 위에 있는 『한국 음식과 문화』라는 책만을 클릭했다. 그러니까 <김은실… 한국 음식과 문화, 641.5951 ㄱ814ㅎ>이 나왔다. 나는 잘 몰라서 성준씨에게 물어 보았다. 성준 씨가 말하기를 그것이 책 번호라고 했다. 그래서 나는 겨우 그 책을 찾을 수 있었다.

나는 책에 있는 사진들을 보면서 숙제를 했다. 사진 속의 음식들은 다 맛있어 보였다. 그리고 신선로 등 처음 보는 음식들이 많았다.

오늘은 성준 씨 덕분에 생각보다 순조롭게 숙제를 마쳐서 기분이 좋았다. 앞으로는 한국어를 더 열심히 공부해서 한국어로 된 책을 많이 읽어 보고 싶다.

词汇

빌리다	[动]	借,借给,出租
이따가	[副]	一会儿
조사하다 [調査-]	[动]	调查
처음	[副]	初次,首次
대출받다 [貸出-]	[词组]	接受贷款,获得贷款
진짜	[名/副]	真的,真正的
어려워하다	[动]	感到困难;介意
학생증 [學生證]	[名]	学生证
이것저것	[代]	这个那个,各种
자세히 [仔細-]	[副]	仔细地
가르쳐 주다	[动]	教授,教给
책목록 [冊目錄]	[名]	书的目录
도서검색 [圖書檢索]	[词组]	检索图书
이메일 보내기 [E-mail-]	[词组]	发电子邮件
한참	[名]	好一阵子,好一会儿
치다	[动]	打,打(字)
대번에	[副]	一下子
클릭하다 [click-]	[动]	点击
겨우	[副]	勉强
신선로 [神仙爐]	[名]	火锅
순조롭다 [順調-]	[形]	顺利
마치다	[动]	结束
기분이 좋다	[词组]	心情好

语 法

1. -ㄹ까 해서(요)

"ㄹ까"表示疑问或推测,"해서"表示原因。常以"-도 하고 -도 할까 해서"的形

式出现,意为"因为想……也想……"。

<보기>

(1) 가: 시장에 왜 가요?
　　　为什么去市场呢?
　　나: 산책도 하고 야채도 살까 해서요.
　　　因为我想出去散散步,也想买点儿蔬菜。
(2) 가: 사무실에 왜 가요?
　　　为什么要去办公室呢?
　　나: 선생님도 만나고 책도 빌릴까 해서요.
　　　因为我想去见老师,也顺便借本书。
(3) 가: 왜 중국집에서 점심을 먹어요?
　　　为什么要在中餐馆里吃午饭?
　　나: 짜장면도 먹고 당수육도 먹을까 해서요.
　　　因为我想吃炸酱面,也想吃糖醋里脊。
(4) 가: 바닷가에 왜 가요?
　　　为什么要去海边?
　　나: 수영도 하고 신선한 회도 먹을까 해서요.
　　　因为我想去游泳,也想吃新鲜的生鱼片。
(5) 가: 왜 중국 유학생하고 같이 놀아요?
　　　为什么和中国留学生一起玩儿?
　　나: 중국말도 배우고 중국인 친구도 사귈까 해서요.
　　　因为我想学习汉语,也想交中国朋友。

2. -(이)야[보조사]

表示强调,有"当然""才"的意思。开音节后用"야",闭音节后用"이야"。

<보기>

(1) 그 사람이야 나도 인정하는 사람이다.
　　我当然也欣赏他呀。
(2) 철수야 공부를 잘하니 걱정하지 않는데 영수가 걱정이다.
　　哲秀学习很好不用担心,真正担心的是英洙呀。

(3) 청소야 이따가 하면 되지.
　　过一会儿打扫就行。

(4) 이제야 널 만나는구나.
　　现在终于见到你了。

(5) 집에 편지야 안 쓰지만 전화는 자주 해요.
　　虽然不给家里写信,但经常打电话。

3. -치고(는)

用在名词后,表示算作基准的对象相当不错,相当于汉语的"作为……算是""论起……算是";或者表示其整体不例外,后面常加否定形式的句子。

<보기>

(1) 그래도 도서관에 처음 간 것치고는 책을 빨리 찾았다.
　　不管怎样,第一次去图书馆,找书算是挺快的了。

(2) 이 차는 중고차치고는 너무 깨끗하고 좋네요.
　　这辆车作为二手车,算是非常干净非常好的了。

(3) 이번 시험은 버락지기 한 것치고는 잘 보았어요.
　　由于是考前突击学习,这样看来考试算考得不错的了。

(4) 이 하숙집은 월 30만 원치고는 꽤 시설이 좋습니다.
　　这间出租房月租30万韩元,就这个价格来说设施算是很好的了。

(5) 부부치고 안 싸우는 사람이 어디 있어요?
　　夫妻哪有不打架的呢?

(6) 중고등학교를 나온 사람치고 영어를 못하는 사람이 어디 있습니까?
　　初中、高中毕业的人哪有不会英语的啊?

4. -덕분에, -(으)ㄴ 덕분에

"-덕분에"用于名词之后,"-(으)ㄴ 덕분에"用在动词词干后。表示"托……的福""承蒙……"。

<보기>

(1) 민호 씨 덕분에 일이 잘 끝났습니다.
　　由于民浩先生的帮助,工作完成得很顺利。

제5과 도서관 활용　57

(2) 선생님 덕분에 한국어 실력이 많이 늘었습니다.
　　承蒙老师的帮助，他的韩国语水平得到了很大的提高。
(3) 걱정해 주신 덕분에 잘 지내고 있습니다.
　　承蒙您的关心，过得很好。
(4) 한국어를 공부한 덕분에 쉽게 취직할 수 있었습니다.
　　多亏学习了韩国语，可以很容易地找到工作。
(5) 컴퓨터 덕분에 일을 빨리 했어요.
　　幸亏有电脑，可以很快地做事。

5. 사동사

韩国语中的部分他动词和自动词词根，接"-이-""-히-""-리-""-기-""-우-""-구-""-추-"等后缀，构成含有使、令或致使等含义的使动词。每个动词所连接的后缀各不相同，下表列举的是比较常用的动词的使动形式。

이: 먹이다, 보이다, 죽이다, 속이다, 줄이다, 녹이다, 붙이다, 높이다
히: 넓히다, 밝히다, 좁히다, 앉히다, 익히다, 묻히다, 얽히다, 입히다
리: 돌리다, 놀리다, 살리다, 얼리다, 울리다, 들리다, 알리다
기: 남기다, 숨기다, 웃기다, 감기다, 맡기다, 벗기다
우: 깨우다, 비우다, 세우다, 재우다, 채우다, 새우다, 지우다
구: 돋구다
추: 낮추다, 늦추다, 맞추다

(1) 어머니는 아기에게 우유를 먹였다.
　　妈妈给孩子喂牛奶。
(2) 도서관 입구에서 어학원 학생증을 보이고 들어갔다.
　　在图书馆入口处出示语言学院学生证后进去了。
(3) 샤오징은 겁이 많아서 벌레도 못 죽인다.
　　小晶因为胆小，连只虫子都不敢杀。
(4) 어제 산 치마가 너무 길어서 세탁소에 맡겨 조금 줄였다.
　　昨天买的裙子太长了，拿到洗衣店里让他们给稍裁短了一些。

(5) 착한 형은 동생을 의자에 먼저 앉혔다.
善良的哥哥让弟弟先坐在了椅子上。

(6) 고기를 많이 익히면 질겨서 씹기 힘들다.
肉烤得太熟的话就会老了，嚼起来很费劲儿。

(7) 내 조카는 무엇을 입혀도 예뻐 보인다.
我的侄女不管穿什么都漂亮。

(8) 수업 시간에 연필을 돌리면 안 됩니다.
上课时间不能摆弄铅笔。

(9) 의사 선생님이 응급조치를 해서 죽어가는 환자를 살렸습니다.
医生采取了紧急救助措施，挽救了生命垂危的患者。

(10) 결혼 날짜가 정해지면 저에게 꼭 알려 주세요.
结婚的日子定下来的话一定要告诉我。

(11) 다음 모임을 위해 회비를 다 쓰지 않고 조금 남겼습니다.
为了下一次聚会，没有把会费全部用完，留下了一些。

(12) 맞벌이 부부는 아이를 유치원에 맡깁니다.
双职工夫妇把孩子托给幼儿园。

(13) 저는 아침마다 동생을 깨워서 학교에 보냅니다.
我每天早晨叫醒弟弟，送他去上学。

(14) 진홍 씨, 8시까지는 무리입니다. 9시로 늦추면 어떨까요?
陈红，截止到8点有点儿太早了，推迟到9点怎么样？

练 习

1. 본문을 읽고 다음의 질문에 대답하십시오.

(1) 진홍 씨는 도서관에 왜 갑니까?
(2) 진홍 씨는 무슨 책을 볼 겁니까?
(3) 진홍 씨와 성준 씨는 왜 만납니까?
(4) 두 사람은 도서관에 어떻게 들어갔습니까?

(5) 학생들은 컴퓨터로 무엇을 했습니까?

2. '-ㄹ까 해서(요)'를 이용해 문장을 만들어 보십시오.

(1) 가: 마트에 왜 나왔어요?
    나: _____. (주스를 산다)
(2) 가: 왜 이렇게 일찍 일어났어요?
    나: _____. (운동을 하다)
(3) 가: 왜 이렇게 늦게 자요?
    나: _____. (시험기간이라서 공부한다)
(4) 가: 가루비누는 왜 이렇게 많이 사지요?
    나: _____. (빨래하다)
(5) 가: 김밥 왜 이렇게 많이 싸요?
    나: _____. (내일 소풍가다)

3. (   )안의 내용에 '-야'를 넣어서 대답해 보십시오.

(1) 가: 내일 졸업식에 가실 거예요. (나는 형이니까 가야 한다)
    나: _____.
(2) 가: 지난번에는 시험을 잘 못 보았어요. (이번에는 잘 볼 거다)
    나: _____.
(3) 가: 아이가 머리가 좋은가 봐요. (머리는 좋지만 노력은 안 한다)
    나: _____.
(4) 가: 동생이 키도 크고 얼굴도 예쁘게 생겼네요. (키는 크지만 얼굴은 그렇게 예쁘지는 않다)
    나: _____.
(5) 가: 부모님을 잘 모셔야 해요. (그래야 되는데 요즘 안 그러는 사람도 않아요.)
    나: _____.

4. '-치고(는)'을 이용하여 다음 대화를 완성해 보십시오.

   (1) 가: 이번에 오신 한국 교수님은 노래 솜씨가 대단하던데요.
       나: _____(한국사람)
   (2) 가: 동생이 참 똑똑하네요.
       나: 그럼요. _____(초등학교 학생)
   (3) 가: 어제 백화점에서 이 가방을 10만원이나 주고 샀어요.
       나: _____싼 편이지요.(백화점 물건)
   (4) 가: 성준이는 참 인정스럽고 성실하지요.
       나: 그럼요, _____점잖은 편이지요.(젊은이)
   (5) 가: 맏아들만 각별하게 사랑하네요.
       나: _____사랑스럽지 않은 자식이 어디 있겠어요. (자식)

5. '-덕분에 / -ㄴ 덕분에'를 이용해 다음의 대화를 완성해 보십시오.

   (1) 가: _____퇴직금도 받게 되었어요.
       나: 좋으시겠어요. 그 돈으로 뭘 하실 거예요?
   (2) 가: 병이 많이 나으셨네요?
       나: _____병이 빨리 나았어요.
   (3) 가: _____살아날 수 있었어요.
       나: 하마터면 물에 빠져 죽을 뻔했군요.
   (4) 가: 요즘 잘 지내고 계신 가요?
       나: _____잘 지내고 있습니다.
   (5) 가: 한국어 실력이 많이 늘었네요.
       나: _____많이 늘었습니다.

6. 보기에서 알맞은 사동사를 골라 빈칸에 써 넣으십시오.

> \<보기\> -이- : 먹이다, 보이다, 붙이다, 죽이다, 속이다, 높이다, 줄이다, 녹이다
> -히- : 읽히다, 앉히다, 익히다, 넓히다, 좁히다, 밝히다, 입히다, 식히다
> -리- : 알리다, 울리다, 돌리다, 살리다, 놀리다,
> -기- : 맡기다, 웃기다, 숨기다, 남기다, 벗기다, 감기다
> -우- : 깨우다, 재우다, 세우다, 비우다, 채우다, 돋우다, 씌우다
> -구- : 떨구다
> -추- : 맞추다, 낮추다, 늦추다

(1) 아기에게 밥을＿＿＿＿＿＿＿도 됩니까?
(2) 사진을＿＿＿＿＿＿＿＿＿주세요.
(3) 우리 남편은 마음이 너무 약해서 벌레도 못＿＿＿＿＿＿＿＿.
(4) 만우절이니까 친구들을＿＿＿＿＿＿＿＿.
(5) 이 옷이 너무 크니까 세탁소에서＿＿＿＿＿＿＿.
(6) 얼음을＿＿＿＿＿＿＿물이 됩니다.
(7) 벽에 종이를＿＿＿＿＿＿＿
(8) 천장이 너무 낮으니 더＿＿＿＿＿＿＿.
(9) 방이 작아서 답답하니까 조금＿＿＿＿＿＿＿.
(10) 밤까지 불을＿＿＿＿＿＿＿공부를 했습니다.
(11) 이 바지는 통이 너무 넓어서 좀＿＿＿＿＿＿＿.
(12) 아기가 이젠 많이 컸군요. 의자에＿＿＿＿＿＿.
(13) 여름에는 음식을＿＿＿＿＿＿＿먹어야 됩니다.
(14) 천장이 너무 높아서 난방비가 많이 나옵니다.
　　　천장을 좀＿＿＿＿＿＿＿면 어떨까?
(15) 이 옷이 너무 예뻐서 아기에게＿＿＿＿＿＿＿싶다.
(16) 수업 시간에 연필을＿＿＿＿＿＿＿면 안 됩니다.
(17) 의사 선생님은 죽어가는 환자를＿＿＿＿＿＿＿.
(18) 누가 내 동생을＿＿＿＿＿＿＿?

(19) 용돈을 다 쓰면 안 돼요. 좀＿＿＿＿＿＿＿＿＿.
(20) 무엇을＿＿＿＿＿＿＿＿＿? 빨리 보여 주세요.
(21) 기분은 너무 안 좋아. 우리 어디 가서 물건을＿＿＿＿＿＿영화나 보자.
(22) 나는 지금도 아침마다 어머니가＿＿＿＿＿＿＿＿주십니다.
(23) 아기를＿＿＿＿＿＿＿때 부르는 노래는 자장가입니다.
(24) 칠판을 똑바로＿＿＿＿＿＿＿＿＿.
(25) 오늘 약속 2시는 안 되겠어. 우리 4시로＿＿＿＿＿＿면 어떨까?
(26) 언제 국수 먹는지＿＿＿＿＿＿＿＿＿.
(27) 우리는 맞벌이 부부라서 아기를 시댁에＿＿＿＿＿＿＿＿.

7. 다음의 문장을 중국어로 번역하십시오.

좋은 책은 사람을 현명하고 지혜롭게 해 줍니다. 책을 통해 사람들은 높은 정신적 경지에 이르게 되고 또 흥미와 교훈을 얻기도 합니다. 그래서 책을 많이 읽는 사람은 어리석은 판단을 하지도 않고 성급하게 어떤 일을 결정하지도 않습니다.

지금은 컴퓨터와 인터넷이 발달해서 많은 지식과 정보를 컴퓨터에서 얻고 있습니다. 컴퓨터로 읽는 책은 종이로 된 책보다 편리한 점이 많아서 많은 사람들이 선호하고 있습니다.

8. 다음의 중국어문장을 한국어로 번역하십시오.

(1) —放假怎么不回家呢?
—因为我想在韩国餐馆里打打工,还想和同学们一起出去旅行。(-ㄹ까 해서요)
(2) 作为韩国语专业二年级的学生来说,韩国语说到这个水平,已经算是不错的了。(-치고)
(3) 我不知道已经跟他说了多少遍了,结果他现在才送来。(야/이야)
(4) 多亏有了互联网,我们才能足不出户了解世界。(-덕분에)
(5) 他滑稽的动作让我们笑得肚子疼。(사동사)

课外阅读

도서관에서

　도서관을 이용하는 목적에는 여러 가지가 있으며, 이에 따라 이용하는 시설도 달라진다. 공부를 하기 위해서라면 열람실을 이용해야 하고, 신문이나 잡지 등을 찾아 읽으려면 정기 간행물실을 이용해야 한다. 또한 인터넷을 하기 위해서는 전산실을, 비디오를 보기 위해서라면 시청각실을 이용할 수 있다.

　하지만 도서관에 가는 주된 목적은 필요한 책을 찾기 위해서이다. 도서관에서 자기가 원하는 책을 신속하고 정확하게 찾으려면 어떻게 해야 할까? 요즘은 거의 모든 도서관에서 소장 도서에 대한 정보를 전산화해 놓고 있다. 도서 검색용 컴퓨터에서 서명, 저자명, 키워드, 출판사 중 하나를 선택하여 검색어를 입력하면, 책이 있는 위치와 도서 상태를 알 수 있다. 도서 상태는 그 책이 현재 대출중인지 아닌지를 말해주는 것으로, 대출 가능이라고 씌어진 책은 빌릴 수 있다. 대출중인 책을 빨리 보고 싶은 경우, 예약을 해 두면 책이 반납되는 대로 빌려 볼 수 있다.

　국회도서관이나 국립중앙도서관 등 사람들이 많이 이용하는 도서관에 갈 때는 미리 인터넷으로 검색한 후에 가면 시간을 절약할 수 있다. 만약 직접 방문할 시간이 없다면 인터넷이나 전화로 원하는 자료를 신청하여 우편으로 받을 수 있다.

补充词汇

이용하다 [利用-]	[名]	利用, 使用
자료실 [資料室]	[名]	资料室
전산실 [電算室]	[名]	计算机室
비디오 [video]	[名]	录像
시청각실 [視聽覺室]	[名]	视听室
서명 [書名]	[名]	书名
키워드 [keyword]	[名]	关键词, 核心词

검색어 [檢索語]	[名]	检索词
입력하다 [入力-]	[动]	录入, 输入
대출 [貸出]	[名]	借出
반납하다 [返納-]	[动]	返还, 归还
검색하다 [檢索-]	[动]	检索
미리	[副]	预先, 事先
절약하다 [節約-]	[动]	节约
신청하다 [申請-]	[动]	申请
우편 [郵便]	[名]	邮件, 邮政

제6과 일기예보

重点语法
1. -는 길에
2. 하도 -아/어/여서
3. -(으)ㄹ까 봐
4. -보다
5. -에 따라

课文

(1)

아침에 학교 가는 길에 이병우 씨와 진홍 씨가 만났습니다.

진홍: 날씨가 너무 덥지요?
병우: 네, 무슨 날씨가 이렇게 더운지 모르겠어요. 그렇지만 어제보다는 낫네요. 어제는 하도 더워서 에어컨을 틀어놓고 하루 종일 집에만 있었어요. 중국도 여름에 이렇게 더워요?
진홍: 네, 더운 편이에요. 그렇지만 나라가 크니까 전국이 다 더운 건 아니에요.
병우: 저는 여름이 없는 곳에서 살았으면 좋겠어요. 장마철도 싫고 무더운 날씨도 싫어요.

진홍: 그래요? 저는 여름에는 바다에서 수영도 할 수 있고 좋아하는 과일도 많이 나니까 좋은데요.

병우: 말도 말아요. 날씨가 너무 더우니까 지치고 힘들고 짜증나서 귀찮아요.

진홍: 그런데 병우 씨, 비도 안 오는데 우산을 왜 들고 나왔어요?

병우: 오전에 구름이 잔뜩 껴서 비가 올까 봐 가지고 나왔는데 비가 안 오네요.

진홍: 아침에 일기예보를 들었는데 오늘은 비가 안 온대요. 오전에만 좀 흐리다가 차츰 맑아진다고 했어요.

(2)

    날씨입니다. 오늘 밤은 전국적으로 구름이 많이 끼겠고, 제주도와 영동 지방은 비가 오겠습니다.

    휴일인 내일은 제주와 남부, 영동 지방에 비가 내리겠습니다. 중부 지방은 대체로 구름이 많이 끼고 한때 소나기가 오는 곳도 있겠습니다. 예상 강우량은 남부 지방이 10~30밀리미터, 제주와 영동 지방이 5~10밀리미터 가량 되겠습니다. 밤부터는 약간 강한 서풍이 불면서 점차 개겠습니다.

    내일 아침 기온은 서울 22도, 대전은 20도, 부산은 24도 등으로 오늘보다 조금 낮겠고, 낮 기온도 서울 30도, 대전 29도, 부산 32도 등으로 조금 떨어지겠습니다.

    바다의 물결은 동해남부 앞바다에서 2.0~4.0m, 먼 바다에서 2.0~5.0m로 일겠습니다.

(3)

    내일은 시베리아 지방에서 발달한 고기압의 영향으로 전국이 대체로 맑겠습니다. 그러나 서울 중부 지방과 영동 지방은 오후부터 흐려져서 밤부터는 곳에 따라 눈이 오는 곳도 있겠습니다. 특히 강원 산간 지방에는 100밀리미터 이상의 눈이 내리는 곳도 있겠으니 이 곳을 운행하시는 차량은 주의하시기 바랍니다. 이 눈은 모레 오후부터 그치겠습니다. 오늘 밤 서울 중부 지방의 최저기온은 영하 8도, 내일 낮 최고 기온은 영상 7도가 되겠습니다.
　　남부 지방과 제주 지방은 내일과 모레 맑은 날씨가 계속되겠습니다. 그러나 내일은 바람이 많이 불고 기온이 오늘보다 5도 정도 떨어져 몹시 추운 날씨가 되겠습니다.

词汇

일기예보 [日氣豫報]	[名]	天气预报
에어컨 [air conditioner]	[名]	空调
틀다	[动]	扭, 拧, 打开
하루 종일 [-終日]	[词组]	一整天
무덥다	[形]	闷热
전국 [全國]	[名]	全国
장마철	[名]	雨季
짜증나다	[动]	心烦, 烦心
귀찮다	[形]	麻烦, 不耐烦
잔뜩	[副]	满满地
끼다	[动]	夹, 插, 塞
차츰	[副]	逐渐
들다	[动]	提, 进入
대체로 [大體-]	[副]	大致, 大体
영동 지방 [嶺東地方]	[词组]	岭东地区
한때	[名]	某一时段
소나기	[名]	阵雨, 骤雨
예상 [豫想]	[名]	预测, 预料
가량 [假量]	[名]	左右, 上下
개다	[动]	晴, 转晴
강우량 [降雨量]	[名]	降雨量
점차 [漸次]	[副]	逐渐, 渐渐
기온 [氣溫]	[名]	气温
낮다	[形]	低; 矮

물결	[名]	波浪,水波
발달하다 [發達-]	[动]	发达
고기압 [高氣壓]	[名]	高压,高气压
운행하다 [運行-]	[动]	运行,运转
차량 [車輛]	[名]	车辆
그치다	[动]	停,停止
최저기온 [最低氣溫]	[名]	最低气温
최고기온 [最高氣溫]	[名]	最高气温
일다	[动]	起,掀起
영상 [零上]	[名]	零上
몹시	[副]	非常

语 法

1. -는 길에

　　冠形词"-는"与 名词"길"组成的惯用形。"길"既有道路的意思,也表示时间上或者空间中的过程。"-는 길"表示在向目的地移动的过程中发生了后一行为。接在动词词干后,但不能接表示瞬间性动作的动词,如"먹다""목격하다"。表示"趁……机会""趁……顺便"。

　　영화 보는 길에 팝콘을 먹었다. (×)
　　시내에서 운전을 하는 길에 교통사고를 목격했다(×)

* 表示前一行为进行的过程中发生了后一行为。与"-는 김에"的意思差不多。
<보기>
(1) 지나가는 길에 들렀습니다. 잘 지내셨어요?
　　我是顺便过来的,你最近过得好吗?
(2) 시내에 가는 길에 주걸윤[周杰伦]의 CD를 하나 사다 주세요.
　　去市里的路上请顺便买一张周杰伦的CD。
(3) 퇴근하는 길에 포장마차에 들려 한잔 했어요.
　　下班的路上在路边小摊儿喝了一杯。

(4) 회사에 가는 길에 아이를 유치원까지 데려다 줬어요.
　　去公司的路上顺便把孩子送到幼儿园。

* 和"이다"连用,以"-는 길이다"的形式出现。表示动作正在进行中。
<보기>
(1) 친구를 만나러 가는 길이에요.
　　在去见朋友的路上。
(2) 공항으로 손님 마중 가는 길입니다.
　　在去机场接客人的路上。
(3) 전 지금 우체국에 가는 길이에요.
　　我现在正在去邮局的路上。
(4) 농구를 하러 가는 길이에요.
　　在去打篮球的路上。

2. 하도 -아/어/여서

"하도"表示"太""过于"的意思,只能在表示原因的句子里使用。与"-아/어/여서"连用,表示"因为太……所以……"。

딸기가 하도 비싸다. (×)

딸기가 하도 비싸서 안 샀다.

<보기>
(1) 가: 지난 일요일에 뭐 했어요?
　　　上个周日做什么了?
　　나: 날씨가 하도 추워서 안 나가고 집에만 있었어요.
　　　因天气太冷了,所以就一直在家没有出去。
(2) 가: 그 소설 다 읽었어요?
　　　那本小说都读完了吗?
　　나: 하도 재미있어서 밤을 새워 읽었어요.
　　　小说太有意思了,就熬了个通宵读完了。
(3) 가: 점심 먹으러 갑시다.
　　　一起去吃午饭吧。

나: 아까 하도 배가 고파서 빵을 먹었더니 지금은 별로 먹고 싶지 않네요.
刚才太饿就吃了些面包,所以现在不怎么想吃东西。

(4) 가: 안색이 안 좋아요. 어디 아파요?
脸色不好,哪里不舒服吗?

나: 어제 술을 하도 많이 마셨더니 어지럽고 속이 쓰려요.
昨天酒喝得太多了,现在感觉头也晕、胃也难受。

(5) 가: 동생이 키가 아주 크다면서요?
听说弟弟个子很高?

나: 네, 키가 하도 커서 택시를 못 타요.
是啊,个子太高了,都没法坐出租车。

3. -(으)ㄹ까 봐

接在动词和形容词之后,表示担心可能会发生某事的意思。常以"-ㄹ까 봐 걱정하다"或"-ㄹ까 봐(걱정해서) 어떤 행동을 하다"的形式使用。

<보기>

(1) 가: 성준 씨, 여기예요. 늦을 줄 알았는데 안 늦었네요.
成俊,在这里。我还以为你会迟到,原来没晚啊。

나: 늦을까 봐 퇴근 시간 10분 전에 나왔어요.
怕迟到,所以我提前十分钟下班了。

(2) 가: 체육대회를 하는 날 날씨가 좋았습니까?
开运动会那天天气好吗?

나: 비가 올까 봐 걱정을 했는데, 날씨가 아주 맑았습니다.
我还担心会下雨呢,没想到天气非常好。

(3) 가: 눈길에 미끄러질까 봐 다리에 잔뜩 힘을 주고 걸었더니 다리가 아파요.
怕雪天路滑,走路的时候腿上就特别用力,所以腿有点儿疼。

나: 저는 학교에 오다가 세 번이나 넘어졌습니다.
我在来学校的路上跌倒了三次。

(4) 가: 왜 이렇게 늦었니?
怎么这么晚?

나: 미안해. 너희들이 나를 두고 출발했을까 봐 얼마나 걱정했는지 몰라.
怕你们会丢下我出发了,不知道有多担心呢。

(5) 가: 웬 일로 전화하셨습니까?

　　　打电话有什么事?

　　나: 오늘 오후 약속을 잊어버리셨을까 봐 전화했습니다.

　　　怕您忘了今天下午的约会，所以给您打电话。

4. -보다

助词，用于名词或者数词之后，表示比较。

<보기>

(1) 가: 귤이 오렌지보다 작지요?

　　　橘子比橙子小吧?

　　나: 크기는 오렌지보다 작지만 맛은 오렌지보다 좋아요.

　　　大小是比橙子小，但味道比橙子好。

(2) 가: 형이 동생보다 공부를 잘한다고 들었어요.

　　　听说哥哥比弟弟学习好。

　　나: 공부는 형이 동생보다 잘하지만 운동은 동생이 더 잘해요.

　　　学习方面哥哥比弟弟好，但是运动方面弟弟比哥哥强。

(3) 가: 여자가 남자보다 요리를 잘하지요?

　　　女人比男人更会做饭吧?

　　나: 요리는 여자가 남자보다 잘하지만 힘쓰는 일은 남자가 더 잘해요.

　　　女人虽然比男人更会做饭，但是男人更擅长干力气活。

(4) 가: 저는 친구보다 노래를 못해요.

　　　我唱歌没有朋友好听。

　　나: 노래는 친구보다 못하지만 그림은 더 잘 그리잖아요.

　　　你唱歌虽然不如朋友，但是画画比朋友画得好不是嘛!

(5) 가: 수연이가 미진이보다 더 예쁘죠?

　　　秀妍比美珍更漂亮是吧?

　　나: 얼굴은 수연이가 미진이보다 예쁘지만 머리는 미진이가 더 똑똑해요.

　　　秀妍虽然比美珍漂亮，但是美珍更聪明。

5. -에 따라

惯用形，接在名词后，表示根据前一名词的不同，后面的内容也会不同，相当于汉语"根据……不同"。

<보기>

(1) 국가에 따라 음주 운전에 대한 처벌이 다릅니다.
　　不同国家对于酒后驾车有不同处罚。

(2) 스위스에서는 지역에 따라 다른 언어를 사용합니다.
　　在瑞士，不同地区使用不同的语言。

(3) 비자 발급에 필요한 서류는 나라에 따라 다릅니다.
　　发放签证时需要的材料每个国家都不一样。

(4) 병원에 따라 신난 결과가 달라서 어느 것을 믿어야 할지 모르겠어요.
　　不同的医院诊断结果也不同，所以不知道该相信哪一个。

(5) 같은 옷도 입는 사람에 따라 달라 보입니다.
　　即使是同样的衣服，穿的人不同看上去也不一样。

(6) 입맛에 따라 파나 계란을 곁들여 드십시오.
　　根据您的口味搭配着葱或鸡蛋吃吧。

练 习

1. 본문을 읽고 다음 질문을 대답하십시오.

(1) 병우 씨는 왜 우산을 들고 나왔습니까?
(2) 회화1 중의 일기예보에서 무엇이라고 했습니까?
(3) 병우 씨는 어떤 곳에서 살고 싶어합니까?
(4) 진홍 씨는 왜 여름을 좋아합니까?
(5) 어떤 영향으로 내일은 전국이 대체로 맑겠습니까?

2. '-는 길에' 을 이용하여 다음 문장을 연결하십시오.

<보기> 민경이는 퇴근했다/ 그리고 친구를 만났다
→ 민경이는 퇴근하는 길에 친구를 만났어요.

(1) 진홍이는 가게에 갔다/ 그리고 우체국에 잠시 들러 편지를 부쳤다
→ _____.

(2) 성준이는 시내에 갔다/ 그리고 새로 나온 책을 사왔다
→ _____.

(3) 내일 친구들과 지방에 내려갈 것이다/ 그리고 농장에 들러 맛있는 사과를 사올 것이다
→ _____.

(4) 영희는 엄마의 심부름으로 시장에 갔다/ 그리고 사탕을 사먹었다
→ _____.

3. 왜 다음과 같은 일을 했는지 '하도 -아/어서'를 이용하여 대답하십시오

(1) 참외를 왜 이렇게 많이 샀어요?
(2) 왜 일주일씩이나 학교에 안 나왔어요?
(3) 왜 갑자기 서울에 다녀오셨지요?
(4) 영화를 보러 간다고 했잖아요. 그런데 왜 이렇게 일찍 들어왔어요?
(5) 시험 잘 보셨어요?

4. '-(으)ㄹ까 봐'를 사용하여 다음 대화를 완성하십시오.

(1) 가: 비도 안 오는데 왜 우산을 가져왔어요?
    나: _____.
(2) 가: 뛰어왔어요?
    나: 네, _____ 숨이 차요.
(3) 가: _____.
    나: 걱정하지 마세요. 이렇게 열심히 공부했는데 시험에 떨어질 리가 없어요.

(4) 가: 어제 영화 봤어요?
   나: 네, 주말이라서 _____표가 남아 있었어요.
(5) 가: 손님이 예상보다 많이 왔다면서요? 음식이 모자라지 않았어요?
   나: _____. 다행이 모자라지 않았어요.

● 5. ( )에 있는 말과 '-에 따라'를 이용해서 물음에 답하십시오.

(1) 가: 남자들은 어떤 여자를 좋아합니까? (사람)
   나: _____.
(2) 가: 오늘 전국 날씨가 어떻다고 합니까? (지역)
   나: _____.
(3) 가: 여기에 있는 가방 모두 5천 원싸리예요? (종류)
   나: _____.
(4) 가: 한국에서 신발은 무척 비싼 것 같아요. 보통 얼마예요? (메이커)
   나: _____.

● 6. 일기예보에 대한 글입니다. 알맞은 말을 써 넣으십시오.

내일의 날씨를 전해 드리겠습니다.
내일은 (   )가 올 것 같습니다.
(   )은 80%입니다.
(   )은 27℃, (   )은 21℃가 되겠습니다.
다음 주부터는 (   )가 질 것 같습니다.
당분간은 (   )한 날씨가 계속 될 것 같습니다.
이상 내일의 날씨였습니다.

● 7. 다음의 문장을 한국어로 번역하십시오.

(1) 不同的国家传统风俗不一样。

(2) 我昨天去办公室的时候, 顺便问了问明天春游的有关事项。

(3) 虽然王浩的韩国语水平比不上刘丽,但在我们班也算是不错的了。(-보다)

(4) 怕赶不上今早的飞机,昨天晚上连觉都没敢睡。

(5) 这个礼物包装得实在是太漂亮了,我都舍不得拆开。

8. 다음의 문장을 중국어로 번역하십시오.

(1) 만리장성은 하도 규모가 크고 웅장해서 인력으로 만들었다는 얘기가 믿어지지 않는다.

(2) 진찰 결과에 따르면 그 사람은 암에 걸렸습니다.

(3) 중요한 사람을 만나기로 했는데 혹시 실수할까 봐 걱정이에요.

(4) 우리 아이는 집에서보다 학교에서 더 밥을 잘 먹어요.

(5) 국력이 신장됨에 따라 우리 나라의 국제적 지위가 많이 향상되었다.

9. 다음의 문장을 읽고 빈칸에 알맞은 내용을 써 넣은 다음 질문에 답하십시오.

한국의 계절

한국에는 사계절이 있다. 봄은 3월부터 5월까지로 따뜻하며, 개나리와 진달래 등 많은 꽃들이 핀다. 3월은 새 학기가 시작되는 달이기도 하다. 건조해서 산불이 잘 나고, 대륙으로부터 황사가 불어오는 날도 많다.

6월부터 8월까지는 여름이다. 장마철이 있어서 비가 많이 오고, 장마가 끝나면 본격적으로 무더위가 찾아온다. 무더위를 피하기 위해 사람들은 산과 바다로 피서를 떠난다.

늦여름부터 초가을까지는 태풍이 와서 많은 피해를 입히는 경우도 있다. 더위가 지나면 시원한 가을이 찾아오는데, 1년 중 가장 쾌적한 날씨가 된다. 그래서 가을을 독서의 계절이라고도 한다.

한국의 겨울은 12월부터 이듬해 2월까지이다. 심한 추위와 건조한 날씨가 이어지기 때문에 감기에 걸리지 않게 조심해야 한다. 서울은 눈이 많이 오지 않지만, 강원도 지역에는 눈이 많이 내린다. 이 지역에는 스키장도 많이 있어서 사람들이 이곳으로 스키 여행을 떠나기도 한다.

(1) 빈칸에 써넣기

계절	기간	날씨	특징
봄			
여름			
가을			
겨울			

(2) 여러분이 제일 좋아하는 계절은 어느 계절입니까? 그 이유를 말해 보십시오.

课外阅读

생활과 날씨

오늘날에는 개개인의 생활 영역이 많이 넓어졌다. 뿐만 아니라, 얼마 전만 해도 직장을 중심으로 옹기종기 모여 살던 주거 생활에서 이제는 주거지와 사회생활 근거지가 구별되어 있어서 집과 직장의 거리가 멀어졌다. 혹시 급한 일이 있어도 쉽게 집에 다녀올 수 없는 경우가 많다. 그러므로 하루 생활의 준비는 아침에 하지 않으면 안 된다. 그 가운데에서도 날씨 변화에 대한 준비는 가장 중요한 것이라 할 수 있다.

우리가 평소에 날씨의 변화에 신경을 많이 쓰게 되는 것은 날씨가 우리 생활과 매우 밀접한 관계가 있기 때문이다. 직장에 나가는 사람들이나 학교에 가는 학생들은 습관상 매일 매일 일기예보에 귀를 기울인다. 그런데 실제 생활에서 보면 이들보다도 일기예보에 더 큰 관심을 갖고 있는 사람들이 있다. 이를테면 일기 변동에 영향을 많이 받는 사람, 즉 자주 비행기를 타거나 배를 타는 사람들, 수산업이나 농사일을 하는 사람들은 일기예보에 더욱 민감하지 않을 수가 없다. 일기예보를 미리 듣고 대비한다면 불필요한 손실을 줄일 수 있기 때문이다.

요즘은 모처럼 소풍을 갔다가 비를 맞고 돌아오는 일은 별로 없다. 사전에 일기예보를 통해 날씨를 정확하게 예측할 수 있게 된 것이다. 현재 일기예보는 인공위성을 이용한 구름 사진 등 많은 참고자료들을 근거로 하여 예측하기 때문에 비교적 정확하다. 그 덕분에 하루 앞의 날씨만이 아니라 일주일의 날씨도 예보할 만큼 장기예보가 가능하게 되었다.

补充词汇

개개인 [個個人]	[名]	每个人
영역 [領域]	[名]	领域,方面
옹기종기	[副]	大小不一,参差不齐
주거지 [住居地]	[名]	居住,居住地
근거지 [根據地]	[名]	根据地
구별되다 [區別-]	[动]	区别,分辨,分别
다녀오다	[动]	去了一趟,去过
습관상 [習慣上]	[名]	习惯上
귀를 기울이다	[词组]	倾听
실제 [實際]	[名]	实际
이를테면	[副]	比如说,换句话说
직장 [職場]	[名]	职场,工作单位
변동 [變動]	[名]	变动,变更
수산업 [水産業]	[名]	水产业
민감하다 [敏感-]	[形]	敏感,灵敏

미리	[副]	先,预先
대비하다 [對比-]	[动]	对比,比较,对照
불필요하다 [不必要-]	[形]	不必要,不需要
손실 [損失]	[名]	损失,损伤
모처럼	[副]	特地,难得
소풍 [消風]	[名]	郊游,兜风
예측하다 [豫測-]	[动]	预测,预料
인공위성 [人工衛星]	[名]	人造卫星
가능하다 [可能-]	[形]	可能,可以,可行
장기예보 [長期豫報]	[词组]	远期预报

제7과 실수와 사과

重点语法
1. -니까 말인데
2. -ㄴ/는다고 해도 과언이 아니다
3. -(으)ㄴ/는 척하다
4. -은/는커녕
5. -더라고(요)
6. -더라

课文

(1)

빌   리: 모두 인사하세요. 이번에 한국어를 배우러 온 친구 라우라 예요.

라우라: 안녕하세요? '라우라' 라고 합니다.

진   홍: 라우라는 한국어를 배운 지 얼마나 되었지요?

라우라: 넉 달이 되었어요. 하지만 아직 잘하지는 못 해요.

나오코: 넉 달 배운 것치고는 잘하는데요, 뭘.

빌   리: 맞아. 지금이니까 말인데, 나도 처음에는 한국어가 영어와 어순이 달라서 이상한 문장을 많이 만들었어요.

라우라: 그렇지 않아도 얼마 전에 선생님하고 식사하러 갔다가 실

수를 했어요.

진　홍: 무슨 실수를 했어요?

라우라: 주문할 때 '선생님, 무슨 식사를 먹을 거예요?'라고 했거든요.

빌　리: 하하하! 그랬더니 선생님이 뭐라고 하셨어요?

라우라: 선생님이 웃으시면서 '저는 김치찌개를 먹고 싶은데, 학생님께서는 뭘 드시겠습니까?'라고 하셨어요. 저는 '무엇이 잘못되었구나' 하고 생각했어요.

빌　리: 하하, 선생님께서 유머 감각이 있으시네요. 맞아요, 상황에 맞게 높임법을 쓰기가 어렵지요. 나오코는 한국어를 처음 배울 때 어땠어요?

나오코: 나는 발음이 어려워서 고생을 좀 했어요. 받침을 발음하는 게 좀 어렵더라고요.

라우라: 진홍 씨는 무엇이 제일 어려웠어요?

진　홍: 정확하게 쓰기가 어려웠어요. 소리 나는 대로 쓰면 된다고 생각했는데 그게 아니었어요.

빌　리: 나도 처음에는 쓰기가 어려웠는데 틈나는 대로 틀린 글자를 다시 고쳐 써 보는 연습을 했더니 조금 나아지더라고요.

진　홍: 그렇죠, 열심히 연습하는 수밖에는 다른 방법이 없어요.

(2)

　　사람들은 누구나 실수를 한다. 실수는 대개 부주의, 착각, 오해, 건망증 때문에 생기는 경우가 많다. 어떤 때는 사고 방식이 다르고 생활습관이 달라서 실수를 하게 되는 때도 있다.

　　우리는 가끔 실수로 버스나 지하철을 잘못 타고, 모르는 사람을 아는 사람인 줄 알고 반갑게 인사를 하거나, 또는 중요한 약속을 깜빡 잊고 쩔쩔매는 일들을 경험한다.

　　뭐니 뭐니 해도 실수 중에서 제일 많은 실수는 말 실수일 것이다. 나는 재미있는 농담을 했는데 상대방은 모욕으로 생각하고, 칭찬을 했다고 생각했는데 기분 나빠하는 일도 있다.

　　사람들은 누구나 실수를 할 수 있다. 알고 하는 실수도 있고 모르고 하는 실수도 있다. 우리는 실수를 통해서 성숙해진다고 해도 과언이 아니다. 문제는 실수가 아니고 그것을 반성하고 사과하는 태도이다.

  '제가 실수를 했군요. 죄송합니다.'
  '미안합니다. 용서하세요.'
  '제가 사과할게요.'

  실수를 했을 때 곧 이런 말로 사과를 하는 사람이 있다. 그러나 큰 실수를 하고도 사과는 커녕 오히려 화를 내거나 모르는 척하는 사람도 있다. 이는 바람직하지 못한 태도이다.

  우리는 상대방의 실수를 너그럽게 대해줄 수 있는 아량이 있어야 한다. 반면에 실수를 자주 하는 사람들은 열심히 자기의 실수를 고치도록 노력해야 한다.

  실수를 하고 몹시 미안해 하는 사람을 보고도 마음이 풀리지 않는 사람이 있을까?

词汇

어순 [語順]	[名]	语序
이상하다 [異常-]	[形]	奇怪
실수 [失手]	[名]	失误
김치찌개	[名]	泡菜汤
유머 [humor]	[名]	幽默
높임법	[名]	敬语法
받침	[名]	收音
정확하다 [正確-]	[形]	正确;准确
틈나다	[动]	有空
틀리다	[动]	错误
나아지다	[词组]	变好
부주의 [不注意]	[名]	不慎,疏忽

착각 [錯覺]	[名]	错觉
건망증 [健忘症]	[名]	健忘症
사고 방식 [思考方式]	[词组]	思考方式
쩔쩔매다	[动]	束手无策
경험하다 [經驗-]	[动]	经历,经过
농담 [弄談]	[名]	玩笑,戏言
모욕 [侮辱]	[名]	侮辱
칭찬 [稱贊]	[名]	称赞
반성하다 [反省-]	[动]	反省
바람직하다	[形]	所期望的
너그럽다	[形]	宽厚,宽大,宽容
반면 [反面]	[名]	反面
고치다	[动]	改正,修改
아량 [雅量]	[名]	心胸,度量
마음이 풀리다	[词组]	消气

语 法

1. -니까 말인데

接在谓词词干后,表示因为前面的事实所以要特别强调或提示后面的内容。

<보기>

(1) 가: 내일은 우리 어학원에서 청와대에 가기로 했어요.
　　　明天我们语言学院决定去青瓦台。
　　나: 청와대에 간다니까 말인데, 청와대는 쉽게 들어갈 수 있는 데가 아니에요.
　　　青瓦台呀,那可不是谁都能进的地方呢。

(2) 가: 이번 주 토요일에 샐리 결혼식이 있어. 모두 가서 축하해 주자.
　　　这周六有萨莉的结婚典礼。我们都去道喜吧。
　　나: 샐리가 결혼한다니까 말인데, 샐리는 눈이 높아서 시집을 못 갈 줄 알았는데요.
　　　萨莉啊,她眼光那么高,还以为嫁不出去了呢。

제7과 실수와 사과　83

(3) 가: 요즘은 눈코 뜰 새 없이 바빠요. 밥 먹을 시간도 없다니까요.
　　　最近实在太忙了，连吃饭的时间也没有了。
　　나: 아니, 바쁘다니까 말인데, 그럴 수록 건강을 생각해야죠.
　　　听说您很忙呢，越是这种时候越要注意身体啊。
(4) 가: 성준 씨, 무슨 좋은 일이 있어요? 얼굴이 싱글벙글하네요.
　　　成俊，有什么好事吗？看起来这么春风得意。
　　나: 좋은 일이 있어 보인다니까 말인데, 우리 동생이 대학 시험에서 수석으로 합격했단 말입니다.
　　　我们家里确实有喜事，我弟弟在大学入学考试中考了第一名呢。
(5) 가: 이번 소풍을 바다로 간대요.
　　　说是这次去海边兜风。
　　나: 바다로 가니까 말인데, 일교차가 심해서 두꺼운 옷을 가져야 돼요.
　　　去海边？温差太大了，应该带点儿厚衣服。

2. -ㄴ/는다고 해도 과언이 아니다

相当于汉语的"说……也不过分"。接在动词词干后用"-니는다고 해도 과언이 아니다"，接在名词后面用"(이)라고 해도 과언이 아니다"，形容词后用"다고 해도 과언이 아니다"。

〈보기〉

(1) 중국음식이 다양해서 식탁만 빼고 다 먹는다고 해도 과언이 아닙니다.
　　中餐如此品类繁多，就算说除了餐桌什么都吃也不过分。
(2) 그 유학생이 한국말을 너무 잘해서 한국 사람이라고 해도 과언이 아닙니다.
　　那位留学生的韩语说得非常好，就算说他是韩国人也不过分。
(3) 그 여자는 너무 착해서 천사라고 해도 과언이 아닙니다.
　　那个女人非常善良，说她是天使也不过分。
(4) 기숙사의 형광등의 빛이 너무 밝아서 완전히 대낮같다고 해도 과언이 아닙니다.
　　宿舍的日光灯亮得像白天。
(5) 점심을 하도 많이 먹어서 삼일 정도 밥을 안 먹어도 괜찮다고 해도 과언이 아닙니다.
　　午饭吃得太多了，就是三天不吃饭都没关系了。

3. -(으)ㄴ/는 척하다

接在谓词词干后,表示明明知道事实的真相,但假装不知道。相当于汉语的"假装……""装作……"。

<보기>

(1) 샤오징의 얼굴을 보니까 아픈 척하는 것은 아니었다.
看小晶的表情,她不是在装痛。

(2) 내 동생은 공주병이 심해서 항상 예쁜 척을 한다.
我妹妹的公主病非常严重,所以常常自己美得不得了。

(3) 어머니께서 부르셨지만, 나는 심부름하기 싫어서 자는 척했다.
妈妈虽然叫我了,但是我讨厌跑腿儿所以就假装在睡觉。

(4) 그 선물이 마음에 안 들었지만 좋은 척했다.
虽然不是很喜欢那件礼物,但还是假装喜欢。

* -인 척하다

<보기>

(1) 그는 가난했지만 친구들에게는 부자인 척했다.
他虽然很穷,但在朋友面前装富人。

(2) 나오코의 여동생은 키가 커서 대학생인 척하고 다녀도 사람들이 다 믿는다.
直子的妹妹个子很高,所以装作是大学生人们也都会相信。

(3) 버스 요금을 조금 내려고 고등 학생인 척했지만 잘 안 되었다.
假装成高中生打算少交公交车费,但行不通。

4. -은/는커녕

用在名词或者谓词的名词形式后,表示在否定前半句表述的同时进一步强调后半句所表达的内容,相当于汉语的"不用说……,就连……也……"。名词有收音后面用"은커녕",名词无收音后面用"는커녕",谓词后面用"기는커녕"。

제7과 실수와 사과   85

<보기>

(1) 지금 제 주머니에는 10만원은커녕 1000원도 없습니다.
현在我口袋里不要说10万韩元,就连1千韩元也没有。

(2) 동생은 하루종일 공부는커녕 게임만 합니다.
弟弟整天不学习,只玩游戏。

(3) 목이 너무 쉬어서 노래는커녕 목소리도 나오지 않잖아.
嗓子干得厉害,不用说唱歌了,连声音都发不出。

(4) 그 사람은 부자가 아니었습니다. 돈이 많기는커녕 한 푼도 없는 빈털터리였습니다.
那个人过去不是有钱人,不要说有钱了,简直就是个不名一文的穷光蛋。

(5) 이 꼴로 일하다가는 밥은 커녕 죽도 못 얻어 먹겠어요.
这样工作下去,别说吃饭了,连粥都喝不上。

(6) 감기가 너무 심해서 밥은커녕 물도 마시지 못합니다.
得了重感冒,别说吃饭了,连水都喝不下。

5. -더라고(요)

接在动词或形容词后,通常只用在非敬语形态口语中,表示向对方传达自己直接经历或已知事实。

<보기>

(1) 가: 요즘 여자들은 자기가 뚱뚱하다고 생각하는 사람이 많더라고.
最近很多女性认为自己很胖。

나: 마른 사람을 미인이라고 생각하기 때문인 것 같아.
好像是因为觉得瘦才是美女的缘故。

(2) 가: 어제 결혼식에서 신부가 어땠어요?
昨天结婚典礼上新娘怎么样?

나: 신부가 아주 예쁘더라고요.
新娘非常漂亮。

(3) 가: 왜 화가 나셨어요?
为什么生气?

나: 제가 한 일이 아니라는데도 안 믿어 주더라고요.
我说不是我干的，但他就是不相信我。

(4) 가: 허리가 많이 아프다며 병원에 안 가 봐도 돼요?
你不是说腰很疼嘛，不去医院能行吗？

나: 괜찮아요. 하룻밤 자고 나면 나아지더라고요.
没事。睡一觉就会好的。

(5) 가: 시험 때만 되면 왜 그렇게 화장실에 자주 가요?
为什么一到考试时去厕所去得那么频繁呢？

나: 긴장하면 설사를 하더라고요.
因为一紧张就拉肚子。

6. -더라

终结词尾。表示说话者回想过去的事情然后加以评论。作为非敬语，相当于"해라"体。有时也表示感叹。

* 单纯的叙述型终结语尾，陈述自己耳闻目睹过的事情。

<보기>

(1) 그 학생이 자전거를 잘 타더라.　　那个学生自行车骑得很好啊。
(2) 이 식당 냉면이 맛있더라.　　这家的冷面很好吃的。
(3) 그 회사의 제품이 품질이 좋더라.　　那家公司的产品质量很好啊。
(4) 그 교수님 부인이 정말 미인이시더라.　那位教授的夫人真的很漂亮啊。
(5) 그 친구 참 좋더라.　　那个朋友人真好啊。
(6) 너 노래 잘 부르더라.　　你歌唱得不错啊。
(7) 그 친구 요즘 기분이 안 좋아 보이더라.
　　那个人最近心情好像不太好啊。

* 与疑问代词一起使用。(也用做自言自语以唤起记忆。)

<보기>

(1) 어제 만났던 그 애 이름이 뭐더라?　昨天见过的那个学生叫什么来着？
(2) 그 친구 생일이 언제더라?　　那个朋友的生日是什么时候来着？
(3) 그 사람이 뭘 부탁했더라?　　那个人拜托什么来着？
(4) 내 지갑을 어디다가 두었더라?　我的钱包放在哪里来着？

练 习

1. 본문을 읽고 다음의 질문에 대답하십시오.

    (1) 라우라는 한국어를 배운 지 얼마나 되었습니까?
    (2) 라우라는 선생님하고 식사했을 때 무슨 실수를 했습니까?
    (3) 나오코는 한국어를 처음 배울 때 어떠했습니까?
    (4) 사람들은 뭐 때문에 실수를 합니까?
    (5) 실수 중에서 제일 많은 실수는 무엇입니까?

2. '-다고/라고 해도 과언이 아니다'를 이용하여 다음 문장을 완성해 보십시오.

    (1) 오늘 기온이 39도까지 올라왔습니다. 완전히＿＿＿＿＿＿＿＿(찜통더위).
    (2) 그분이 퇴직할 때까지 책을 20권이나 써내었습니다. ＿＿＿＿＿＿＿＿
        ＿＿＿＿＿＿(학문의 대가).
    (3) 고모가 너무 잘해 주셔서 ＿＿＿＿＿＿＿＿＿＿(엄마).
    (4) 그의 방이 하도 지저분해서＿＿＿＿＿＿＿＿＿＿(쓰레기장).
    (5) 그 집이 너무 으리으리해서＿＿＿＿＿＿＿＿＿＿(궁전).

3. '-은/는 척하다'을 이용하여 다음의 문장을 완성하십시오.

    (1) 나는 심부름하기가 싫어서＿＿＿＿＿＿＿＿＿＿(책을 보다)
    (2) 나는 그를 만나기가 싫어서＿＿＿＿＿＿＿＿＿＿(잠이 들다)
    (3) 쥐꼬리만한 지식을 가지고＿＿＿＿＿＿＿＿＿＿(알다)
    (4) 기분이 굉장히 나빴지만 겉으로는＿＿＿＿＿＿＿＿＿＿(안 그렇다)
    (5) 가난했지만 친구들 앞에서는 늘＿＿＿＿＿＿＿＿＿＿(부자이다)

4. '-은/는커녕'이나 '-기는커녕'을 이용하여 답하십시오.

   (1) 가: 욕심쟁이 혹부리 영감에게 도깨비들은 어떻게 했나요?
       나: _____.
   (2) 가: 시험 공부 많이 했나요?
       나: _____.
   (3) 가: 점심 드셨어요?
       나: _____.
   (4) 가: 알프스에 가 보셨어요?
       나: _____.
   (5) 가: 요즘 건강이 많이 좋아지셨나요?
       나: _____.

5. ( ) 안의 말과 '-더라고(요)'를 이용해서 다음의 대화를 완성하십시오.

   (1) 가: 어제 결혼식에 가 보니 신부가 어땠어요? (신부가 예쁘다)
       나: _____.
   (2) 가: 왜 화가 나셨어요? (안 믿어 주다)
       나: _____.
   (3) 가: 언제부터 머리가 아프셨습니까? (어제 저녁 식사를 마친 후부터 아프다)
       나: _____.
   (4) 가: 물을 왜 그렇게 많이 마셔요? (잠깐 등산을 했더니 갈증이 나다)
       나: _____.
   (5) 가: 시험 봤는데 어땠어요? (많이 어렵다)
       나: 시험 문제가 쉬울 줄 알았는데 생각보다 _____

6. '-더라'를 활용하여 다음의 대화를 완성하십시오.

   (1) 가: 그 여잔 키가 너무 작은데다 인물도 없어서 싫어요.
       나: 난 그래도 그 처녀가 _____. (마음에 들다)

제7과 실수와 사과   89

(2) 가: 사장님께 내 인사 말씀 전했드렸어?

　　　나: 그럼, 네 얘기 하니까 사장님께서_____. (굉장히 기뻐하다)

(3) 가: 지난번에 갔던 식당 갈비찜이_____. (아주 맛있다)

　　　나: 그래, 그럼 그 집에서 저녁 먹자.

(4) 가: 어제 영화가 불쑥 나를_____. (찾아오다)

　　　나: 웬일로 널 찾아왔다니?

(5) 가: 야, 그 애가 한국말_____.(잘 하다)

　　　나: 거야 두말하면 잔수리지, 한국에 온지 3년이 다 되었거든.

7. 다음의 문장을 중국말로 번역해 보십시오.

　　한국 사람들은 옛날부터 웃어른을 공경하였다. 그래서 말을 할 때에도 높임말을 써서 어른에게 예의를 갖춘다. 아랫사람에게 말할 때에나 친구들에게 말을 할 때에는 반말을 한다. 그러나 한국어를 처음 배우는 사람에게는 높임말이 하기가 어렵다. 높임말을 어떻게 쓰는지, 어떤 상황에서 쓰는지 잘 모른다. 그래서 높임말 때문에 실수를 많이 한다.

8. 다음의 문장을 한국말로 번역해 보십시오.

(1) —你老公在家帮你做饭吗?

　　　—别说做饭了,连碗也不帮我刷。(-는 커녕)

(2) 她衣柜里的衣服太多了,说是开服装店的都不过分。

　　　(-다고 해도 과언이 아니다)

(3) —下周我想去叙利亚旅游。

　　　—叙利亚呀,还是等局势安定一些再去吧。(-니까 말인데)

(4) —看起来心情好像不太好啊?

　　　—最近孩子不太听话,刚才又跟我顶了嘴跑出去了。(더라고요)

(5) —听说昨天同学聚会了,怎么样啊?

　　　—还不错,就是有一个同学老在我们面前显摆自己。(-ㄴ 척하다)

9. 이야기 해보십시오.

　　친구하고 같이 시내에 가자고 약속했다. 나는 별로 할 일이 없는지라 좀 일찍 약속 장소에 갔다. 약속 시간이 다 되었지만 친구가 나타나지 않았다. 10분이 지났다. 그래도 친구는 그림자도 보이지 않았다. 나는 친구한테 전화를 했다. 공교롭게도 친구의 휴대폰이 꺼져 있었다. 그런대로 30분을 더 기다렸지만 친구는 끝내 나타나지 않았다. 하는 수 없이 집으로 돌아가기로 했다. 그런데 뜻밖에도 집에 가는 길에 친구를 만났다.

　　당신이 그 친구라면 어떻게 사과하겠습니까? 한 번 이야기 해 봅시다.

课外阅读

실수를 통해서 배운다

　　성인 학습자들은 흔히 외국어를 배울 때, 자신이 한 말이 틀려서 창피할까 봐 말을 잘 하지 않는 경우가 많다. 읽기와 듣기는 어느 정도 하는데 말하기를 잘 못하는 사람들은 대부분 이런 경우에 해당한다. 그러나 세상에 실수를 하지 않는 사람은 없다. 때문에 외국어를 배우려면 실수를 두려워 하지 말아야 한다. 실제로 실수를 통해서 우리는 더 많은 것들을 배울 수 있는 것이다. 어떤 학습자들은 실수를 피하기 위해 쉬운 것만 말하는가 하면 최소한의 것만 이야기하기도 한다. 이런 방법은 취할 바가 아니다. 외국어는 직접 해 보아야 자신이 무엇을 모르는지 알 수 있다. 또, 실수를 통해서 배운 표현은 잘 잊혀지지 않는다. 자꾸 틀려 봐야 무엇을 잘 못하는지 알게 되는 것이다. 그러니 조금 쑥스럽더라도 다른 사람과 말하는 기회를 자주 갖는 것이 좋다.

그러나 단순히 실수를 두려워하지 않는 것만으로는 충분하지 않다. 실수를 인정하고 그 원인을 꼼꼼히 찾아보아야 한다. 어쩌면 잘못된 발음이, 부정확한 문법이, 불확실한 단어 선택이 원인이 될 수 있는 것이다. 그 원인을 확실하게 알아내고 실수를 고쳐야 한다. 그리고 방법에도 주의를 기울여야 한다. 성인 학습자들이라도 분명한 목표의식으로 사소한 실수에 좌절하지 않고 열심히 노력한다면 분명히 자신의 외국어능력을 향상시킬 수 있다.

补充词汇

성인 [成人]	[名]	成人
해당하다 [該當-]	[动]	相当
피하다 [避-]	[动]	避开,躲避
두려워하다	[动]	害怕
충분하다 [充分-]	[形]	充分
최소한 [最小限]	[名]	至少,最少
취하다 [取-]	[动]	采取,采用
잊다	[动]	忘记
자꾸	[副]	经常,总是
쑥스럽다	[形]	不好意思,难为情
단순히 [單純-]	[副]	单纯地
인정하다 [認定-]	[动]	认定,承认
꼼꼼히	[副]	仔细地
불확실하다 [不確實-]	[形]	不确定
분명하다 [分明-]	[形]	分明,明确
목표의식 [目標意識]	[名]	目标意识
사소하다 [些少-]	[形]	琐碎,细微
좌절 [挫折]	[名]	挫折
향상 [向上]	[名]	向上,提高

제8과 편지와 인터넷

重点语法
1. 얼마나 -(으)ㄴ/는지 알다/모르다
2. -았/었던 것 같다
3. -았/었더라면 + -을 텐데
4. -곤 하다
5. -니?
6. -(으)ㄹ래?

课文

(1)

김성민: 진홍 씨, 지금 뭐 하고 있어요?

진　홍: 남동생한테 이메일을 보내고 있어요. 어제 동생한테서 이메일을 받았어요.

김성민: 진홍 씨는 동생하고 이메일을 자주 하세요?

진　홍: 아니요, 일주일에 한 번 정도 해요.

김성민: 요즘에는 인터넷이 있어서 얼마나 편리한지 몰라요.

진　홍: 그럼요. 예전 같으면 손으로 편지를 써서 보내면 오랜 시간을 기다려서 받아보고 또 답장 보내곤 했는데…

김성민: 그렇죠. 서류 작성이나 이메일 보내는 일 외에 인터넷 쇼핑도 할 수 있어 아주 편리하지요.

진　홍: 성민 씨도 이메일을 많이 쓰시죠?

김성민: 네, 이메일도 많이 활용하지만 저는 인터넷 게임을 좋아합니다. 그렇지만 인터넷 게임은 휴식 삼아 짧게 합니다.
진 홍: 평상시 자료 검색이나 외국어 공부 같은 건 안 하세요?
김성민: 물론 하지요. 여러 가지로 공부하는데 많은 도움이 되니까요.

(2)

　　진홍은 며칠 전에 남자 친구 성준이와 싸웠다. 성준이가 진홍에게 너무 무관심하기 때문이다. 샤오징의 남자 친구는 자주 이메일도 보내고 하루에도 몇 번씩 문자 메시지도 보낸다. 그렇지만 성준이는 무뚝뚝한 성격이라서 진홍에게 자주 연락하지도 않고 메일도 잘 보내지 않는다. 진홍은 성준이의 이런 성격이 마음에 들지 않는다. 그래서 두 사람은 가끔 싸웠다 화해했다를 계속한다.
　　오늘 진홍은 이메일을 보내 자신의 생각을 전하기로 했다.

성준에게:
　　성준아, 요즘 잘 지냈니? 하도 소식이 없길래 이메일 전한다. 많이 화가 났지? 며칠 전 너와 싸우고 나서 나도 기분이 좋지 않아. 사소한 일로 우리 사이가 멀어지는 것 같아서 슬프고. T.T 너무 내 기분만 생각했던 것 같아서 너에게 많이 미안해. 내가 조금만 참았더라면 싸우지 않았을 텐데.^^
　　성준아, 가끔은 내게 이메일도 보내고 문자 메시지도 보내 주겠니? 너는 할 말도 없는데 자주 연락할 필요는 없다고 말하곤 했지, 좋아하는 마음을 항상 표현할 필요는 없다고 하면서.
　　그런데 성준아, 나에 대한 네 마음을 가끔은 확인하고 싶어. 네가 무엇을 하고 있는지 어디에 있는지 알고 싶고, 내가 어디서 무얼 하는지도 이야기 하고 싶어.
　　내 마음을 이해한다면 이제 니 마음을 말로 표현해 줄래? 그러면 우리가 사소한 오해로 싸우는 일도 줄어들 것 같아.
　　앞으로는 내가 먼저 마음을 표현할게. 이제 우리 화해하고 다시 잘 지내자. ^*^

진홍 보냄

词汇

정도 [程度]	[名]	程度,限度
답장 [答狀]	[名]	回信
평상시 [平常時]	[名]	平常,平时,平素
보내다	[动]	送,发送
받다	[动]	接受,收到
서류작성 [書類作成]	[词组]	编写文件
인터넷 쇼핑 [internet shopping]	[名]	网上购物
인터넷 게임 [internet game]	[名]	网络游戏
무관심하다 [無關心-]	[动]	不关心
문자 [文字]	[名]	文字
메시지 [message]	[名]	短信
무뚝뚝하다	[形]	冷漠,生硬
화해하다 [和解-]	[动]	和解
다투다	[动]	争吵,争辩
전하다 [傳-]	[动]	传递,转达
화가 나다	[词组]	生气
참다	[动]	忍耐
슬프다	[形]	悲伤
오해 [誤解]	[名]	误解,误会
멀어지다	[动]	变远,越来越远
필요하다 [必要-]	[动]	必要,需要
표현하다 [表現-]	[动]	表现,表达
확인하다 [確認-]	[动]	确认
싸우다	[动]	吵架

语 法

1. 얼마나 -(으)ㄴ/는지 알다/모르다

惯用句型,表示强调程度。带有感叹色彩,相当于汉语的"知道有多么……?"(疑问句),"不知有多么……"(陈述句)。

<보기>

(1) 가: 우리가 음식 쓰레기를 얼마나 버리는지 아니?
　　　你知道我们扔多少食物垃圾吗?
　　나: 잘 모르겠는데요.
　　　不太清楚。

(2) 가: 한 달 용돈으로 얼마나 쓰는지 알아요?
　　　一个月花多少零用钱知道吗?
　　나: 아마 40만원 정도 쓰는 것 같아요.
　　　好像花40万韩元左右吧。

(3) 가: 생활비가 얼마나 드는지 몰라요?
　　　不知道生活费是多少吗?
　　나: 아내가 관리하기 때문에 저는 잘 몰라요.
　　　是妻子在管理,所以我不太清楚。

(4) 가: 자동차가 얼마나 비싼지 아십니까?
　　　你知道车有多贵吗?
　　나: 천만 원 정도면 살 수 있지 않을까요.
　　　1000万韩元左右的话应该能买得到吧。

(5) 가: 사람이 얼마나 오래 살 수 있는지 모르죠?
　　　人的寿命是多长不知道吧?
　　나: 사람에 따라 다른 것 아니에요.
　　　因人而异吧。

* '얼마나 -ㄴ지 몰라요' = 아주 그렇다

<보기>

(1) 우리 선생님은 얼마나 예쁜지 몰라요.
　　我们老师非常漂亮。

(2) 제 친구는 얼마나 착한지 몰라요.
　　我的朋友非常善良。
(3) 10년만에 누님을 만나니 얼마나 기쁜지 몰라요.
　　有10年没见到姐姐了，见到她不知道有多高兴。
(4) 이 영화를 보고 얼마나 감동했는지 몰라요.
　　看了这部电影感动得不得了。
(5) 적은 돈이지만 나에게 얼마나 큰 도움이 되었는지 몰라요.
　　钱虽然不多，但帮了我很大的忙。

2. -았/었던 것 같다

"-았/었던"表示行为已经过去，"것 같다"表示"好像……"，合在一起表示"过去好像……"。

<보기>

(1) 이번 학기 초에 교수님께서 이미 한 번 말씀하셨던 것 같아요.
　　好像在学期一开始教授就已经讲过一次了。
(2) 그 분은 옛날 할아버지가 계셨을 때, 우리집에 한 두 번 다녀오셨던 것 같아요.
　　我爷爷在世的时候，那个人好像来过我家一两次。
(3) 어제 저녁엔 약을 안 먹었던 것 같아요.
　　昨天晚上好像没有吃药。
(4) 어디선가 만나뵈었던 분 같아서 다시 눈여겨 보았다.
　　感觉好像在哪里见过那个人，于是又仔细看了一眼。
(5) 그 때에는 중국에 50위안짜리 지폐가 없었던 것 같습니다.
　　那时候中国好像还没有面额50元的纸币。

3. -았/었더라면 + -을 텐데

"았/었 더라면"表示回想已经不可能实现的过去的事情，并进行假设；"을 텐데"表示推测、估计。二者连用可表示惋惜、后悔的语气，相当于汉语的"如果当时……也许会……"。

* -았/었더라면

<보기>

(1) 네가 안 왔더라면 큰 일 날 뻔했다.
　　要是你没来的话就出大事了。
(2) 조금만 더 노력했더라면 성공했을 거야!
　　如果稍微再努力一点儿的话就成功了。
(3) 비가 내리지 않았더라면 우리가 이겼을 거야!
　　如果当时不下雨的话，我们就赢了。

* -았/었더라면 + -을 텐데

<보기>

(1) 가 : 어젯밤에 사고가 크게 났어요?
　　　　昨晚发生重大事故了吗?
　　나 : 네, 자동차와 트럭이 부딪쳤습니다. 좀 더 조심했더라면 사고가 나지 않았을 텐데요.
　　　　嗯，汽车和卡车相撞了。如果当时再小心一点儿的话也许就不会发生事故了。
(2) 가 : 뭘 그렇게 열심히 보고 있어요?
　　　　看什么看得那么认真啊?
　　나 : 이 탤런트 정말 멋있지?
　　　　这个演员真的很帅是吧?
　　　　내가 조금만 더 잘 생겼더라면 탤런트가 되었을 텐데.
　　　　如果我长得再帅一点儿的话，也许我也当演员了。
(3) 가 : 성준 씨 집에 있어요?
　　　　成俊在家吗?
　　나 : 없는데요, 10분 정도만 일찍 왔더라면 만날 수 있었을 텐데요.
　　　　不在呢，您要是早来10分钟说不定就能见到他了。
(4) 가 : 어제는 제 생일이었어요.
　　　　昨天是我的生日。
　　나 : 미리 알았더라면 선물을 준비했을 텐데. 정말 미안해요.
　　　　如果提前知道的话就准备礼物了。真是抱歉。

(5) 가 : 살이 많이 찌셨네요.
　　　 您发福了啊！
　 나 : 네, 20kg이나 쪘어요. 운동을 했더라면 살이 많이 찌지 않았을 텐데.
　　　 是啊,胖了足足20公斤呢。如果当时做运动的话,也许就不会这么胖了。

4. -곤 하다

用在动词词干后,表示动作的周期性反复,相当于汉语的"经常……"。

<보기>

(1) 친구들이 서로 아르바이트에 대해서 이야기를 하곤 한다.
　　朋友们经常在一起讨论有关打工的事情。
(2) 나는 소화가 안 될 때는 공원을 산책하곤 합니다.
　　我消化不好的时候经常去公园散步。
(3) 동생은 기분이 안 좋으면 쇼핑을 하곤 합니다.
　　妹妹心情不好的时候经常去购物。
(4) 잠이 안 올 때는 채팅을 하곤 합니다.
　　失眠的时候经常聊天。
(5) 기분이 좋을 때는 맛있는 음식을 먹곤 합니다.
　　心情好的时候经常吃好吃的。

5. -니?

用于谓词词干后,表示疑问。属于基本阶称,语气亲切、柔和。一般只用于口语中。

<보기>

(1) 대회는 서울에서 하니?　　　　　大会在首尔召开吗?
(2) 제주도에도 다리가 연결되어 있니?　济州岛也有桥连接吗?
(3) 어디 아프지 않았니?　　　　　　是不是哪儿不舒服了?
(4) 이거 네 가방이니?　　　　　　　这是你的包吗?
(5) 너는 요즘 어떻니?　　　　　　　你最近怎么样?

6. -(으)ㄹ래?

"-(으)ㄹ래요?"的非尊敬阶。用于谓词后,表示询问对方的意见。

<보기>

(1) 점심 뭐 먹을래?
    午饭吃什么呀?
(2) 우리는 영화 보러 갈 건데 같이 안 갈래?
    我们要去看电影,一起去吗?
(3) 한식을 먹을래? 아니면 중식을 먹을래?
    吃韩餐,还是吃中餐?
(4) 내일부터 방학인데 여행가지 않을래?
    明天开始放假,不去旅游吗?
(5) 우리 학교에 중국학생이 많은데 중국어를 배우지 않을래?
    我们学校的中国学生很多,不想学汉语吗?

练 习

1. 본문을 읽고 다음의 질문에 대답하십시오.

    (1) 진홍 씨는 무엇을 하고 있습니까?
    (2) 진홍 씨는 동생한테 이메일을 자주 씁니까?
    (3) 인터넷으로 뭘 할 수 있습니까?
    (4) 진홍 씨는 남자 친구와 왜 싸웠습니까?
    (5) 진홍 씨는 남자 친구한테 왜 말로 마음을 표현해 달라고 했습니까?

2. '얼마나 -(으)ㄴ/는지 알다/모르다'를 이용해서 대화를 완성하십시오.

    (1) 가: 한 달 용돈으로_____?
        나: 아마 40만 원 정도 쓰는 것 같아요.
    (2) 가: 생활비가_____?
        나: 아내가 관리하기 때문에 저는 잘 몰라요.

(3) 가: 카메라가 _____ ?
    나: 백만 원 정도면 살 수 있지 않을까요.
(4) 가: 휴대전화는 _____ ?
    나: 3년 정도가 되지 않을까요.
(5) 가: 설악산에 가봤다면서요. 어땠어요?
    나: _____ .

3. '-았/었던 것 같다'를 이용해 문장을 완성하십시오.

(1) 저 분은 내가 전에 _____. (만나다)
(2) 아무래도 누가 어제 밤중에 _____. (훔쳐먹다)
(3) 그때 여동생의 나이가 _____. (두 살)
(4) 지금 생각해 보니 형은 그 여자한테 너무 _____. (반하다)
(5) 이 노래는 초등학교 졸업식 때에 _____. (부르다)

4. '-았/었더라면 -을 텐데'를 이용해 문장을 완성하십시오.

(1) 가: 나오코 집에 없어요?
    나: 방금 나갔어. _____ .
                                    (일찍 오다, 만나다)
(2) 가: 어제가 제 생일이었어요.
    나: _____ .
                              (미리 알다, 선물을 준비하다)
(3) 가: 기차가 떠났습니까?
    나: 10분 전에 떠났습니다. _____ .
                                    (일찍 오다, 탈 수 있다)
(4) 가: 아버님께서 차사고로 병원에 입원하셨다면서요?
    나: 네, 좀만 _____ .
                                           (조심하다)
(5) 가: 길을 가다가 넘어졌어요?
    나: _____ .
                              (조심하다, 넘어지지 않다)

(6) 가: 꽃병을 깨뜨렸어요.
　　나: _____.
　　　　(주의하다, 깨뜨리지 않다)

● 5. '-곤 하다'를 이용해서 문장을 써 보십시오.

(1) 우리는 아르바이트에 대해 _____.
(2) 소화가 안 될 때, 나는 공원에 _____.
(3) 나는 기분이 안 좋을 때면 _____.
(4) 잠이 안 올 때는 _____.
(5) 기분이 우울할 때는 _____.

● 6. 보기와 같이 다음 문장을 고쳐 보십시오.

<보기> 집에 아무도 없어요?
　　　→ 집에 아무도 없니?

(1) 약속 시간은 언제예요?
　　→ _____.
(2) 매일 도서관에 가요?
　　→ _____.
(3) 날마다 지각하면 어떻게 해요?
　　→ _____.
(4) 한국에 대한 인상이 어땠어요?
　　→ _____.
(5) 선생님께서 같이 가시지 않아도 되겠어요?
　　→ _____.

● 7. (　)안에 표현을 적절하게 이용하여 문장을 연결하고 번역하십시오.

컴퓨터는 우리의 생활을 편리하게 해 주고 있다. 컴퓨터로는 아무리 먼 곳(-라고/-이라도) 빠른 시간내에 연락이 가능하다. 예전에 우리는 영화표를 사거나 쇼핑을 하려면 직접 영화관(-나/이나) 백화점에 가서 사야 했었다. 그러나 집 밖으로 나가지 않고도 컴퓨터로 원하는 것을 살 수 있(-게 되다)다. 컴퓨터로 할 수 있는 일은 점점 많아지고 있다. 컴퓨터가 우리의 일상 생활과 밀접해지면서 컴퓨터(-와 관련되다) 서적들이 서점을 가득 메우고 있다.

8. 다음의 문장을 한국말로 번역해 보십시오.

(1) 你知道父母为了让我们上大学吃了多少苦吗?(얼마나 –는지 모르다)
(2) 他上小学的时候好像个子很矮,所以总是坐在第一排。(-았/었던 것 같다)
(3) 如果那时再稍微努力一下的话,也许我也能进那个公司。(-았더라면 + 을 텐데)
(4) 人们总是在失去之后才懂得珍惜。(-곤 하나)
(5) 你有时间吗? 不想和我一起去海边散步吗?(-니? -ㄹ래?)

课外阅读

편지의 미래

컴퓨터와 인터넷 환경의 발달로 옛날에는 상상도 못했던 통신 수단이 속속 등장하고 있다. 이메일의 등장은 정보 통신의 일대 혁신이라 할 수 있다. 이제 이메일을 보내는 것은 우리 삶의 일상사가 되었다. 인터넷은 다른 매체에 비해 새로운 소식을 빠르게 전달한다. 그리고 자유롭게 언제든지 홈페이지 게시판에 글을 올려서 자신의 생각을 많은 사람들에게 알릴 수도 있어서 좋다. 더욱이 현재는 화상 채팅을 통해 상대방의 얼굴을 보면서 이야기를 나누는 시대다.

하지만 우리는 요즘도 편지를 쓰고 편지를 보낸다. 또한 전화나 이메일을 받을 때보다 편지를 받을 때 더욱 기뻐한다. 그 이유는 한 글자 한 글자 쓰여진 편지를 보면 글을 쓴 사람의 생각이나 느낌을 잘 알 수 있기 때문이다. 그러므로 사랑을 고백할 때, 용서를 구할 때, 오해를 풀고 싶을 때 우리는 전화나 이메일보다 편지를 쓰게 된다. 한 통의 편지를 받고 나서 기쁨과

고마움을 느끼는 사람들이 있는 한 그 어떤 통신 매체가 개발되더라도 편지는 계속 사랑 받을 것이다.

补充词汇

상상 [想像]	[名]	想象
발달 [發達]	[名]	发达,发展
통신수단 [通信手段]	[名]	通讯工具
속속 [續續]	[副]	陆续
등장하다 [登場-]	[动]	登场,出现
일대 혁신 [一大革新]	[词组]	一大革新
일상사 [日常事]	[名]	常事
매체 [媒體]	[名]	媒体
게시판 [揭示板]	[名]	布告牌,信息牌
화상 [畫相]	[名]	画像;画面
채팅 [chating]	[名]	聊天
상대방 [相對方]	[名]	对方
글을 올리다	[动]	上传帖子
고백하다 [告白-]	[动]	告白
오해를 풀다	[词组]	消除误会
용서 [容恕]	[名]	原谅
개발되다 [開發-]	[动]	开发

제9과 예절

重点语法
1. -(으)ㄹ 지경이다
2. -(으)ㄴ/는/(으)ㄹ 모양이다
3. -거나
4. -에 대해서
5. -(으)ㄴ/ㄹ 만큼
6. -ㄴ/는 게 제일이다.
7. -어/아/여 달라고 부탁하다

课文

(1)

지　　은: 데이비드 씨, 차린 건 없지만 많이 드세요.

데이비드: 차린 게 없기는요. 진수성찬인데요. 상다리가 부러질 지경이에요. 잘 먹겠습니다.

지　　은: 맛이 어때요? 식당에서 먹는 것하고 다르지요?

데이비드: 그래요. 아주 맛있어요. 그런데 한국에서는 음식을 이렇게 많이 준비하고도 왜 '차린 것이 없다'고 말하지요?

지　　은: 그게 초대한 사람의 예의예요. 겸손하게 표현하는 거죠. 아마 서양 사람들에게는 조금 낯설 거예요. 또 아주 좋은 집에 살면서도 자기 집을 방문한 손님에게는 '누추한 곳을 찾아 주셔서 감사합니다'라고 이야기하기도 해요.

데이비드: 그렇군요. 하긴 예절도 생활 습관에 따라 나라마다 다르겠지요. 우리 나라에서는 지나치게 겸손하게 표현하는 것은 예의가 아니에요. 한국에서는 또 손님에게 많이 먹으라고 권하는 관습이 있다지요?

지 은: 네, 그래요. 차린 음식을 손님이 맛있게 먹으면 그것만큼 기분이 좋은 일도 없죠.

데이비드: 그건 우리 나라도 마찬가지예요. 그런데 손님이 먹기 싫은데 억지로 권하는 것은 실례가 될 수 있어요. 맛있는 음식을 즐겁게 먹을 수 있어야지 부담이 되어서는 안 되거든요.

지 은: 그건 어디나 똑같은 것 같아요. 즐겁게 먹는 게 제일 중요하죠.

(2)

한국인의 식사예절

유교문화권인 한국에서는 식탁에서도 예절을 매우 중요시한다. 음식의 맛을 음미하기보다는 여러 사람과 함께 즐길 때의 절제와 규율을 중시했던 것이다. 글로벌 시대에 어울리지 않는 측면도 있으나 전통적인 예의가 담겨 있기 때문에 소홀히 할 수는 없다. 혹시 한국인의 초대를 받게 된다면, 당황하지 말고 다음과 같은 몇 가지 기본 사항만 지킨다면 큰 실수가 없이 무사히 식사를 마칠 수 있게 될 것이다.

우선 윗사람보다 먼저 숟가락을 들지 않도록 하자. 부모님이나 윗분들과 함께 식사할 때에는 윗사람이, 손님을 초대했을 때에는 손님이 먼저 수저를 들고 식사를 시작하면 뒤따라 식사를 하는 것이 예의다.

또한 식사는 바른 자세로 단정히 앉아서 해야한다. 식탁에서 턱을 괴거나, 일어서고 자리를 뜨는 것, 다른 사람과 식사 중에 책, TV, 신문을 보는 것 등은 예의가 아니다. 멀리 떨어진 음식이나 휴지, 간장 등은 옆 사람에게 집어달라고 부탁하고, 자리를 떠야 할 피치 못할 사정이 생겼다면 먼저 양해를 구한 후 일어나도록 한다. 밥과 국물이 있는 김치찌개, 국은 숟가락으로, 반찬은 젓가락으로 먹어야 하고, 또 밥그릇, 국그릇을 손으로 들고 먹지 않는 것이 한국의 식사 예법이다.

　식사 중, 다른 사람에게 불쾌하거나 불결한 느낌을 줄 수 있는 행동은 하지 않도록 한다. 가령 수저로 음식을 뒤적거리거나 양념을 털어내고 음식을 골라가며 먹는다든지, 음식을 손으로 집어 먹지 않도록 한다. 먹는 도중 수저에 음식이 묻어 있지 않도록 하고, 뼈나 가시 등 삼키지 못하는 것은 옆 사람에게 보이지 않게 조용히 휴지에 싸서 버린다. 식사 중에 재채기나 기침이 나오면 고개를 돌리고 입을 가리고 하고, 이쑤시개를 사용할 때에는 한 손으로 가리고 사용하고, 사용 후에는 남에게 보이지 않게 처리한다. 식사를 다 한 후에는 수저를 처음 위치에 가지런히 놓는다.

　식사 중에 큰 소리를 내는 것도 좋지 않다. 큰 소리로 자기 이야기만 한다든지, 국물이나 숭늉을 크게 소리내어 후루룩 마신다면 교양이 없어 보인다. 또 수저가 그릇에 부딪혀 큰 소리가 나지 않도록 조심하고, 음식을 씹을 때는 입을 다물고 씹고 소리를 내지 않는다.

　식사를 시작하기 전 '잘 먹겠습니다' '감사히 먹겠습니다' 등의 인사로 식사를 시작하고, 식사가 다 끝나면 '덕분에 잘 먹었습니다' 또는 '맛있게 잘 먹었습니다' 등의 간단한 인사말로 음식을 준비해 주신 분, 초대해주신 분께 감사를 표시한다.

词汇

차리다	[动]	准备,摆放;置办,张罗
진수성찬 [珍羞盛饌]	[名]	美味佳肴,山珍海味
상다리가 부러지다	[俗语]	桌子腿被压弯了(比喻饭菜非常多)
누추하다 [陋醜-]	[形]	简陋
지나치다	[形]	过度,过分
겸손하다 [謙遜-]	[形]	谦虚
권하다 [勸-]	[动]	劝
마찬가지	[名]	同样,一样
싫다	[动]	讨厌
억지로	[副]	勉强
유교문화권 [儒敎文化圈]	[名]	儒教文化圈
중요시하다	[动]	重视
음미하다	[动]	咀嚼,品尝
절제 [節制]	[动]	节制
규율 [規律]	[动]	规律
글로벌 시대 [global 時代]	[名]	全球化时代
당황하다 [唐慌-]	[动]	慌张,措手不及
기본사항 [基本事項]	[名]	基本事项
무사히 [無事-]	[副]	平安无事地
국물	[名]	汤
국그릇	[名]	汤碗
반찬 [飯饌]	[名]	饭菜,菜肴
집다	[动]	夹
수저	[名]	筷子和勺子
뒤적거리다	[动]	翻,搅拌
도중 [途中]	[名]	途中,过程中
골라내다	[动]	挑出来
양념	[名]	调料
털어내다	[动]	拂去,弄掉

씹다	[动]	嚼
다물다	[动]	闭着嘴
뼈	[名]	骨头
생선 가시	[名]	（海鲜的）刺或鱼刺
삼키다	[动]	咽下去，移交
조용히	[副]	静静地，安静地
싸다	[动]	包起来
버리다	[动]	扔掉
턱	[名]	下巴
괴다	[动]	托
재채기	[名]	喷嚏
기침	[名]	咳嗽
입을 가리다	[词组]	捂着嘴
떨어져 있다	[词组]	掉下来
간장	[名]	酱油
나중에	[副]	以后
비우다	[动]	腾空
숭늉	[名]	锅巴汤
가지런히	[名]	整齐地
이쑤시개	[名]	牙签
냅킨 [napkin]	[名]	餐巾纸
대강	[副]	大体，大概
접다	[动]	叠
처리하다 [處理-]	[动]	处理

语 法

1. -(으)ㄹ 지경이다

惯用形,用于部分动词之后,表示由于前面的原因造成了后面的极端情况。

<보기>

(1) 애가 타서 죽을 지경이다.
  焦虑得要死。
(2) 너무 많이 먹어서 배가 터질 지경입니다.
  吃得太多,肚子快要撑破了。
(3) 어이가 없어서 웃음이 나올 지경입니다.
  太不可理喻,以致于要笑出来。
(4) 답답해서 숨이 막힐 지경입니다.
  郁闷得要死。
(5) 요즘 일이 안 풀리니 미칠 지경이다.
  最近事情解决不了,简直快疯了。

2. -(으)ㄴ/는/(으)ㄹ 모양이다

用于谓词词干后,表示对某种状况的猜测,相当于汉语的"看样子好像……"。

<보기>

(1) 가: 그가 오늘 모임에 왜 안 오지요?
    他今天为什么没来参加聚会啊?
  나: 요즘 회사 일이 많아서 바쁜 모양입니다.
    好像公司事情比较多,有些忙吧。
(2) 가: 비가 온 이후로 많이 추워졌어요. 내일 더 추울까요?
    下雨之后天气变冷了好多。明天会更冷吗?
  나: 아마 내일은 더 추울 모양이에요. 일기예보에서 감기 조심하라고 하더군요.
    看样子明天会更冷。天气预报说要预防感冒。

(3) 가: 나오코가 요즘 우울해 보여요. 왜 그렇지요?
　　　直子最近看起来有些忧郁。她怎么了啊？
　나: 안 좋은 일이 있는 모양이에요.
　　　好像遇到了不好的事。
(4) 가: 데이비드가 어디에 가요?
　　　大卫去哪儿啊？
　나: 내일 시험을 봐서 도서관에 가는 모양이에요.
　　　明天有考试，看样子是去图书馆吧。

3. -거나

用于谓词的词干后，表示在前后内容中选择一个，相当于汉语"或者"的意思。

＜보기＞

(1) 우리는 맞벌이 부부입니다. 그래서 아이를 어린이집에 맡기거나 아이 보는 사람을 고용합니다.
　　我们夫妇是双职工，所以我们得把孩子送去托儿所或者请人照看。
(2) 나는 일요일에 약속이 없으면 책을 읽거나 영화를 봅니다.
　　周日没有约的话我就看书或者看电影。
(3) 아침은 꼭 챙겨 먹어야 합니다. 그래서 일반적으로 밥을 먹거나 빵을 먹어요.
　　早饭一定要好好吃。所以一般吃米饭或者面包。
(4) 왕홍의 친구는 말이 좀 많은 편입니다. 다른 사람이 듣거나 말거나 자기만 말을 합니다.
　　王红的朋友话比较多。不管别人听不听都只顾自己说。
(5) 몸이 아프거나 외로울 때는 부모님 생각이 더 납니다.
　　生病或者孤独的时候会更想念父母。
(6) 날씨가 좋거나 나쁘거나 그 사람은 건강을 위해서 항상 등산을 합니다.
　　无论天气好坏，那个人经常去登山健身。

* N -(이)나

＜보기＞

(1) 우리 학교에서는 제2외국어로 불어나 독일어를 해야 합니다.
　　我们学校的第二外语必须选法语或者德语。

(2) 실용적인 한국어를 배우기 위해서는 영화반이나 노래반에서 공부해 보세요.
요想学习实用的韩国语,请去电影班或者音乐班学习吧。

4. -에 대해서

用在名词后面,表示对象、范围。相当于汉语的"关于……""对于……来说"。
<보기>
(1) 친구들이 서로 아르바이트에 대해서 이야기를 하곤 했다.
朋友们常常讨论关于打工的事情。
(2) 수업 시간에 한국의 역사에 대해서 배웠습니다.
上课时曾学习过关于韩国历史的知识。
(3) 나오코에게 남편에 대한 이야기를 들었어요.
从直子那儿听说了她丈夫的事情。
(4) 나는 그 남자에 대해서 모릅니다.
我不了解那个男人。
(5) 다른 나라에 대해서 알고 싶은 것이 많습니다.
想知道很多其他国家的信息。

5. -(으)ㄴ/ㄹ 만큼

用于体词或谓词的定语形式后,表示达到或接近前半句的数量、程度或标准。
<보기>
(1) 나오코는 우리가 다 못 먹을 만큼 음식을 많이 만들었다.
直子做了很多菜,我们都吃不完了。
(2) 운동은 할 수 있는 만큼만 하는 것이 건강에 좋습니다.
适度运动对健康有益。
(3) 일이 힘든 만큼 월급을 많이 주겠습니다.
做的事情越累,给的薪水也会越多。
(4) 그 물건은 비싼 만큼 가치가 있습니다.
那东西物有所值。

* -만큼

<보기>

(1) 이제는 한국어를 한국 사람만큼 합니다.
现在韩国语说得跟韩国人一样。

(2) 나도 호텔 요리사만큼 요리를 잘할 수 있습니다.
我做菜能做得像酒店厨师一样好。

(3) 부부 생활에서 사랑만큼 중요한 것은 없다.
婚姻生活中最重要的是彼此相爱。

(4) 독서만큼 우리에게 행복을 주는 것이 없다.
读书是最能让我们感到幸福的事情。

6. -ㄴ/는 게 제일이다

提供建议,意为"最好……""首先……"。

<보기>

(1) 빠른 것도 좋겠지만 안전하게 가는 게 제일이다.
快速固然好,但安全是最重要的。

(2) 몸이 피곤할 때는 푹 쉬는 게 제일입니다.
感冒的时候好好休息最重要。

(3) 한국어를 배우려면 한국에 가서 배우는 게 제일입니다.
要想学韩国语的话,最好去韩国学。

(4) 등산할 때는 편한 등산화를 신는 게 제일입니다.
登山的时候最好穿舒服的登山鞋。

(5) 뭐니뭐니 해도 결혼식에는 한복을 입는 게 제일이다.
不管怎么说,结婚仪式上还是穿韩服最合适。

7. - 아/어/여 달라고 부탁하다

惯用形,拜托别人做某事,表示请求。"주세요"的间接引语。

<보기>

(1) 가전제품을 살 때 배달해 달라고 부탁하면 집으로 배달해 줄 수 있습니다.
买家电的时候如果要求送货上门,商家会送货到家。

(2) 어려움이 있으면 선배에게 도와달라고 부탁하면 됩니다.
有困难的时候可以请求前辈帮忙。
(3) 교수님의 논문을 이메일로 보내 달라고 부탁했습니다.
拜托(他)把教授的论文用邮件发给我。
(4) 여행사에 베이징행 항공권 한 장 예약해 달라고 부탁했습니다.
我请旅行社帮我订一张去北京的飞机票。
(5) 한국어를 배우고 싶어서 한국인 친구를 소개시켜 달라고 부탁했습니다.
因为想学韩国语,所以托别人给我介绍个韩国朋友。

练 习

1. 본문을 읽고 다음의 질문에 대답하십시오.

(1) '상다리가 부러지다'는 말은 여기에서 무슨 뜻입니까?
(2) 한국에서 손님에게 많이 드시라고 권하는 관습이 있는 이유는 무엇때문입니까?
(3) 한국에서는 음식을 많이 준비하고도 왜 "차린 것이 없다"고 말합니까?
(4) 한국사람은 왜 식사 예의를 중시합니까?
(5) 한국의 식사 예절에 대해 어떻게 생각합니까?

2. '-(으)ㄹ 지경이다'를 이용하여 다음 문장을 완성해 보십시오.

(1) 너무 힘들어서＿＿＿＿＿＿＿＿. (쓰러지다)
(2) 책은 너무 많이 쌓여 있어서 책상이＿＿＿＿＿＿＿＿. (무너지다)
(3) 목이 너무 아파서 물이라도＿＿＿＿＿＿＿＿. (못 삼키다)
(4) 생활비가 없어서 밥도＿＿＿＿＿＿＿＿. (못 먹다)
(5) 날씨가 너무 추워서＿＿＿＿＿＿＿＿. (얼어 버리다)

3. '-(으)ㄴ/는/(으)ㄹ 모양이다'를 이용해서 문장을 완성하십시오.

   (1) 가: 그가 왜 안 오죠?
       나: 요즘 회사 일이 많아 _____. (바쁘다)
   (2) 가: 성준이가 어디 갔습니까?
       나: _____. (친구를 만나러 가다)
   (3) 가: 나오코가 요즘 우울해 보여요. 왜 그렇지요?
       나: _____. (안 좋은 일이 있다.)
   (4) 가: 시험 결과를 보고 온 데이비드가 말을 안 해요.
       나: _____. (시험에서 떨어지다)
   (5) 가: 수미 씨의 잃어버린 강아지는 찾았나요?
       나: _____. (강아지를 찾다)
   (6) 가: 성준 씨가 큰 집으로 이사를 한대요.
       나: _____. (돈을 많이 벌다)

4. '-거나'를 이용하여 다음의 대화를 완성하십시오.

   (1) 가: 맞벌이 부부는 아이를 어떻게 키웁니까?
       나: _____ (부보님/어린의 집)
   (2) 가: 일요일에는 뭘 하십니까?
       나: _____ (낮잠을 자다/아이들과 놀다)
   (3) 가: 한식집에 가면 보통 뭘 드십니까?
       나: _____ (비빔밥/불고기)
   (4) 가: 일기예보에 내일 날씨가 어떻다고 해요?
       나: _____ (흐리다/비가 오다)
   (5) 가: 외국어를 배워야 하겠는데 어느 나라 말을 배우지요?)
       나: _____ (중국어/영어)

5. '-에 대해서'를 이용하여 다음의 대화를 완성하십시오.

   (1) 가: 친구들이 모이면 무슨 이야기를 합니까?
       나: (아르바이트) _____

(2) 가: 수업 시간에 무엇을 배웠어요?
　　나: (한국 역사) _____
(3) 가: 나오코가 무슨 이야기를 했습니까?
　　나: (남편) _____
(4) 가: 경영학을 가르치는 교수님을 아십니까?
　　나: (이 교수님) _____
(5) 가: (한국) _____ 무엇을 알고 싶습니까?
　　나: 한국의 음식문화를 알고 싶습니다.

6. '-만큼'이나 '-(으)ㄴ/ㄹ 만큼'을 이용하여 다음 문장을 완성하십시오.

(1) 나오코 씨는 노래를 _____ (가수) 잘 할 수 있습니다.
(2) 이 번에 _____ (지난 번) 눈이 많이 내리지 않았습니다.
(3) 슬기는 영어를 _____ (재민) 잘 하지 못합니다.
(4) 친구로서 내가 _____ (하다) 다 했습니다.
(5) 밥을 낭비하지 말고 _____ (먹을 수 있다) 가져와.

7. '-는 게 제일이다'를 이용해서 문장을 완성하십시오.

(1) 한국어 회화를 잘하려면 _____. (많이 연습하다)
(2) 시험 잘 보려면 _____. (열심히 준비하다)
(3) 다이어트를 하려면 _____. (운동을 많이 하다)
(4) 기분 전환을 하려면 _____. (나가서 바람을 쐬다)
(5) 기분이 안 좋을 때 _____. (친구하고 이야기를 하다)

8. 다음 문장을 보기와 같이 바꾸어 보십시오.

<보기> 사전을 좀 빌려 주세요.
→ 사전을 빌려 달라고 부탁했어요.

(1) 집에 도착하면 전화 좀 해 주세요.
→ _____
(2) 문 좀 열어 주세요.
→ _____

(3) 이 문제 좀 설명해 주세요.
    → _____.

(4) 캠퍼스 구경 좀 시켜 주세요.
    → _____.

(5) 국제 전화를 어떻게 하는지 좀 가르쳐 주세요.
    → _____.

9. 다음 문장을 중국어로 번역해 보십시오.

　　오늘은 박 선생님 댁을 방문하기로 했다. 오늘이 선생님 생신이기 때문이다. 선생님 댁에는 벌써 여러 명의 제자들이 와 있었다. 또 거실과 부엌에는 많은 음식들이 차려져 있었다. 사모님께서 미리 준비하신 모양이다. 음식을 먹으면서 술도 조금 마셨다. 선생님께서 직접 술을 권하셨다. 그런데 한국 학생들은 술잔을 들더니 선생님 반대쪽으로 고개를 돌리고 술을 마셨다.

10. 다음 문장을 한국어로 번역해 보십시오.

(1) 太胖了,胖得连自己的脚尖都看不见了。(-ㄹ 지경이다)

(2) —爸爸妈妈吃饭的时候一句话也没说,看样子好像吵架了。(ㄴ/는/ㄹ 모양이다)
　　—别担心,过几天就好了。

(3) 如果感冒了,就请吃药或是去医院吧。(거나)

(4) 不管怎么说,要想减肥,运动是最好的办法。(-ㄴ/는 게 제일이다)

(5) 一次别拿太多了,吃多少拿多少。(-ㄴ/ㄹ 만큼)

(6) 今天特别忙,连晚饭都是拜托同学帮我买的。(-아/어/여 달라고 부탁하다)

课外阅读

주 도(酒道)

　　한국 사람들은 술을 마실 때도 특별히 예절을 중시합니다. 때문에 한국 사람들과 술자리를 같이 할 때면 더욱 조심해야 합니다. 술을 마실 때에 반드시 지켜야 하는 예절을 우리는 '주도(酒道)'라고 합니다. 어른과 함께 술을 마실 때에는 특히 주도를 잘 지켜야 합니다.

　　술자리에서는 어른의 잔에 먼저 술을 따라 드려야 합니다. 술을 따를 때는 한 손으로 술병을 잡고 다른 한 손으로는 가볍게 술병을 받칩니다. 이 때 술이 튀거나 넘치지 않도록 조심해야 합니다. 한국에서는 어른께 물건을 드리거나 받을 때 항상 두 손을 사용하는데, 술을 따를 때에도 마찬가지입니다.

　　술을 받을 때에도 두 손으로 공손하게 받아야 합니다. 술잔에 술이 모두 차면 어른의 제안에 따라 가볍게 술잔을 부딪치고 술을 마십니다. 술을 마실 때는 어른이 계신 방향에서 살짝 얼굴을 돌려 마시는 것이 예의입니다. 또 술잔이 완전히 비기 전에는 다시 술을 따르지 않습니다.

　　술을 잘 못 마시는 사람은 술을 못 한다고 미리 말하는 것이 좋습니다. 그러면 주변 사람들이 억지로 술을 권하지 않을 것입니다.

补充词汇

술자리	[名]	酒席,酒桌
조심하다 [操心-]	[动]	小心
지키다	[动]	守护,看护,把守
주도 [酒道]	[名]	酒道,饮酒的礼仪
따르다	[动]	倒
잡다	[动]	抓住
가볍다	[形]	轻松,轻
받치다	[动]	承托,支撑
튀다	[动]	迸溅;逃走
드리다	[动]	"주다"的尊敬形式,给

항상	[副]	经常
넘치다	[动]	溢出，充沛，洋溢
공손하다 [恭遜-]	[形]	谦恭，恭敬
제안 [提案]	[名]	提案，提议
부딪치다	[动]	冲撞，碰
살짝	[副]	轻轻，暗中
완전히 [完全-]	[副]	完全地

제10과 결혼식

重点语法
1. -(이)라니요?
2. 아무리 -아/어/여도
3. -(이)냐고 묻다/하다
4. -라는 뜻이 되다
5. -(이)라서

课文

(1)

데이비드: 이게 웬 카드예요?

지　　영: 청첩장입니다. 저 다음 달에 결혼하게 되었어요.

데이비드: 그래요? 축하합니다. 그런데 신랑은 어떤 분이세요? 연애결혼이에요, 중매결혼이에요?

성　　준: 중매결혼이라니요? 지영 씨는 대학 때부터 유명한 캠퍼스 커플이었잖아요.

데이비드: 그래요? 저만 모르고 있었나 봐요.

성　　준: 그래서 등잔 밑이 어둡다고 하잖아요. 그런데 언제, 어디서 결혼식을 하세요?

지　　영: 10월 8일 오후 1시예요. 예식장은 종로 2가에 있는 서울 YMCA강당이구요.

데이비드: 주례는 어느 분이 맡으셨어요?
지　　영: 대학 은사님이신 이수성 선생님께 부탁 드렸습니다. 꼭 와서 축하해 주세요.
데이비드: 물론이지요. 아무리 바빠도 시간을 내서 꼭 가겠습니다.

(2)

오늘 우리 반 친구인 지영이가 결혼을 했다. 우리 반 학생들은 모두 지영이 결혼식에 참석하기로 했다. 그래서 어제는 백화점에서 지영이의 결혼 선물을 샀다. 한국에서는 처음 가는 결혼식이라서 기대가 됐다.

나는 모처럼 양복을 세탁소에 맡겨 손질했다. 양복을 찾아서 입고 결혼식장에 갔더니 벌써 하객들이 많이 와 있었다. 그런데 신랑과 부모님들은 예식장 밖에서 손님들과 인사를 하는데 신부가 보이지 않았다. 신부는 대기실에서 결혼식을 시작할 때까지 기다린다고 했다. 우리는 지영이에게 인사하기 위해 신부 대기실에 갔다. 웨딩드레스를 입은 지영이는 정말 예뻤다.

결혼식은 생각보다 빨리 끝났다. 신랑과 신부가 입장을 하고 주례 선생님께서 새로운 부부를 위한 말씀을 해 주셨다. 나는 아직 한국말이 서툴러서 주례사를 잘 이해할 수 없었다. 결혼식이 끝난 뒤, 가족과 친구들은 신랑, 신부와 사진을 찍었다. 사진을 찍고 나서 신랑, 신부는 폐백을 하기 위해 가고 우리는 피로연을 하는 장소로 갔다.

피로연은 간단하게 식사를 하는 자리이다. 그런데 사람들이 유난히 '국수를 먹는다'는 말을 많이 했다. 그래서 성준이에게 그 말이 무슨 뜻이냐고 물었다. 성준이는 한국에서 결혼할 때 전통적으로 손님들에게 국수를 대접한다고 설명했다. 만약 다른 사람에게 '언제 국수 먹어요?'라고 하면 '언제 결혼하세요?'라는 뜻이 된다고 한다. 참 특이하고 재미있는 문화라고 생각했다.

식사를 마치자 폐백을 끝낸 신랑과 신부가 내려왔다. 우리는 지영이와 신랑이 신혼여행을 떠나는 것을 보고 돌아왔다. 두 사람의 행복한 모습을 보니 나도 결혼하고 싶어졌다.

词汇

청첩장 [請帖張]	[名]	请柬
연애결혼 [戀愛結婚]	[名]	恋爱结婚
중매결혼 [仲媒結婚]	[名]	经人介绍结婚
캠퍼스 커플 [campus couple]	[名]	校园情侣
강당 [講堂]	[名]	讲堂,礼堂
등잔 밑이 어둡다	[谚语]	灯下黑(比喻在自己眼皮底下发生的事情自己却全然不知。)
예식장 [禮式場]	[名]	婚礼大厅,礼堂
웬	[冠]	干什么的,哪儿来的
주례 [主禮]	[名]	主婚人,证婚人
은사 [恩師]	[名]	恩师
참석하다 [參席-]	[动]	出席,参加
기대되다 [期待-]	[动]	期待,期望
맡기다	[动]	使承担,托付
손질하다	[动]	修理,整理;动手
양복 [洋服]	[名]	西装
결혼식장 [結婚式場]	[名]	婚礼厅,喜堂
하객 [賀客]	[名]	前来贺喜的客人
신부 [新婦]	[名]	新娘
신랑 [新郞]	[名]	新郎
대기실 [待機室]	[名]	休息室,等候室
웨딩드레스 [wedding dress]	[名]	婚纱
예쁘다	[形]	漂亮
입장하다 [入場-]	[动]	入场
새롭다	[形]	新,崭新
주례사 [主禮辭]	[名]	证婚词,主婚人讲话
폐백 [幣帛]	[名]	结婚时新郎新娘向父母行礼
피로연 [披露宴]	[名]	婚宴;生日宴会

유난히	[副]	特别，格外
국수	[名]	面条
대접하다 [待接-]	[动]	接待，招待
마치다	[动]	完成，结束
국수를 먹다	[词组]	表示要结婚的意思
문화 [文化]	[名]	文化
신혼여행 [新婚旅行]	[名]	新婚旅行

语 法

1. -(이)라니요?

用于名词或"이다"动词的后面，与"-기는요"意思相同，表示否定前面所说的话或者对前面所说的话表示惊讶。谓词词干的后面用"-다니요"。

<보기>

(1) 가: 이 냉장고는 소리가 커서 안 되겠어요.
    这个冰箱声音太大，不行。
    나: 소리가 크다니요? 이 정도 소리가 안 나는 냉장고가 어디 있어요.
    声音不大呀，这声音还算大呀？哪有比这个声音还小的了？

(2) 가: 꽃이 좀 시들었네요.
    花儿都蔫儿啦！
    나: 시들다니요? 오늘 아침에 들여온 건데요.
    蔫儿了？这是今天早上刚送来的。

(3) 가: 성주가 예의 바르네요.
    成柱真有礼貌。
    나: 예의 바르다니요? 매일 말썽만 부리는데요.
    有什么礼貌啊？每天只知道惹麻烦。

(4) 가: 이제 그만합시다.
    今天就做到这儿吧。

나: 그만하자니요? 할 일이 이렇게 많은데.
怎么能就做到这儿呢？还有这么多要做的。

(5) 가: 이희주 씨 총각이지요?
李熙柱还未婚吧?

나: 총각이라니요? 애가 둘이나 있는데요.
什么未婚啊？都有两个孩子了。

2. 아무리 -아/어/여도

惯用形，后接否定句，表示"即使再怎么……也……"。

<보기>

(1) 아무리 공부해도 실력이 늘지 않아.
再怎么学水平也提高不上去。

(2) 그 사람은 아무리 먹어도 살이 찌지 않아요.
那个人再怎么吃也不长肉。

(3) 가: 그 사람은 부자라서 친구도 많을 거야.
那个人挺有钱的，朋友也应该很多吧。

나: 아무리 돈이 많아도 우정을 살 수는 없어.
即使钱再多也买不到友情。

(4) 가: 저는 머리가 나쁜가 봐요. 아무리 노력해도 시험에 자꾸 떨어져요.
我的脑子好像很笨。不管怎么努力都考不上。

나: 아직 때가 되지 않아서 그래요. 나중에 꼭 붙을 거예요.
时候还没到罢了。将来一定会考上的。

(5) 가: 요즘에는 왜 운동을 하지 않으십니까?
最近怎么不运动呢?

나: 아무리 운동을 해도 살이 안 빠져서 다이어트를 포기했어요.
不管怎么运动也不见瘦，所以就放弃减肥了。

(6) 가: 돈이 많으면 무엇이든 할 수 있을 거예요.
只要有钱，什么事情都能够做成。

나: 돈이 아무리 많아도 사랑과 믿음만은 살 수 없어요.
即使钱再多，也买不到爱和信赖。

3. -(이)냐고 묻다/하다

间接引语语尾，表示疑问，不同时制、词性的谓词后使用情况如下表。

词性时态	动词(包括있다/없다/계시다)	形容词	名词
现在	词干 + (느)냐고 하다/묻다	词干 + (으)냐고 하다/묻다	词干 + (이)냐고 하다/묻다
过去	词干 + 았/었(느)냐고 하다/묻다	词干 + 았/었(느)냐고 하다/묻다	词干 + (이)았/었냐고 하다/묻다
将来(推测)	词干 + 겠(느)냐고 하다/묻다	词干 + 겠냐고 하다/묻다	词干 + (이)겠냐고 하다/묻다

* -느냐고 묻다/하다

<보기>

(1) 비가 옵니까 → 비가 오느냐고 물었습니다(했습니다).
   在下雨吗?(→问是不是在下雨。)

(2) 비가 왔습니까? → 비가 왔느냐고 물었습니다.
   下雨了吗?(→问有没有下过雨。)

(3) 비가 오겠습니까? → 비가 오겠느냐고 물었습니다.
   要下雨吗?(→问是不是要下雨。)

(4) 한국 음식은 맛있습니까? → 한국 음식은 맛있느냐고 물었습니다.
   韩国料理好吃吗?(→问韩国料理好不好吃。)

(5) 그 영화는 재미없습니까? → 그 영화는 재미없느냐고 물었습니다.
   那部电影不好看吗?(→问那部电影是不是不好看。)

* -(으)냐고 묻다/하다

(1) 머리가 많이 아픕니까? → 머리가 많이 아프냐고 물었다(했습니다).
   头很疼吗?(→问头是不是很疼。)

(2) 기분이 좋습니까? → 기분이 좋으냐고 물었습니다.
   心情好吗?(→问心情是不是好。)

(3) 하숙집은 깨끗했습니까? → 하숙집은 깨끗했냐고 물었습니다.
   寄宿的家之前干净吗?(→问寄宿的家之前是否干净。)

(4) 몸은 괜찮겠습니까? → 몸은 괜찮겠냐고 물었습니다.
   身体能行吗?(→问身体能不能行。)

(5) 여행을 가고 싶어요? → 여행을 가고 싶으냐고 물었다.
   想去旅行吗?(→问是不是想去旅行。)

* -(이)냐고 묻다/하다

(1) 성균관대학교가 어디입니까? → 성균관대학교가 어디냐고 물었습니다.
   成均馆大学在哪里?(→问成均馆大学在哪里。)

(2) 한국사람입니까? → 한국 사람이냐고 물었습니다.
   是韩国人吗?(→问是不是韩国人。)

(3) 저 꽃이 무궁화입니까? → 저 꽃이 무궁화냐고 물었습니다.
   那种花是木槿花吗?(→问那种花是不是木槿花。)

(4) 그와 친한 친구였어요? → 그와 친한 친구였냐고 했다.
   过去和他是好朋友吗?(→问过去和他是不是好朋友。)

(5) 그분이 이 회사의 사장님이었어요? → 그분이 이 회사의 사장님이었냐고 했다.
   他曾经是这家公司的社长吗?(→问他是否曾经是这家公司的社长。)

4. -라는 뜻이 되다

<보기>
意为"是……的意思"。

(1) '국수를 먹는다' 는 말은 '결혼하다' 라는 뜻이 됩니다.
   说"吃面条"的话就是结婚的意思。

(2) '손이 크다' 는 말은 '씀씀이가 후하고 크다' 라는 뜻이 됩니다.
   说"手大"就是不吝啬的意思。

(3) '일거양득' 은 '한 가지 일을 하여 두 가지 이익을 얻는다' 라는 뜻이 됩니다.
   "一举两得"就是指做了一件事情得到了两份好处的意思。

(4) '설상가상' 은 눈 위에 서리가 덮인다는 뜻으로, 난처한 일이나 불행한 일이 잇따라 일어난다는 뜻이 됩니다.
   "雪上加霜"是雪的上面又盖上霜的意思,比喻为难的事情或者不幸的事情接连发生的意思。

(5) '어부지리'란 말은 '두 사람이 이해관계로 서로 싸우는 사이에 엉뚱한 사람이 애쓰지 않고 이익을 얻는다'란 뜻이 됩니다.
"渔翁得利"是指两个人因为利害关系发生冲突时，毫不相干的人不费力而受益的意思。

5. -(이)라서

用于名词后，表示原因，多用于口语，相当于汉语的"由于是……"。

<보기>

(1) 가: 제주도에는 왜 싱싱한 생선이 많죠?
　　济州岛为什么有那么多新鲜的海鲜呢?
　나: 바닷가라서 싱싱한 생선이 많은가 봅니다.
　　可能由于是海边所以新鲜的海鲜比较多吧。

(2) 가: 수연 씨는 성격이 참 활발합니다.
　　秀妍的性格好活泼啊。
　나: 막내라서 성격이 활발한 것 같아요.
　　由于是家里的老小，所以性格比较活泼吧。

(3) 가: 이 옷이 저에게 잘 어울려요?
　　我穿这件衣服合适吗?
　나: 미인이라서 어느 옷이나 잘 어울려요.
　　因为是美女，所以穿什么衣服都好看。

(4) 가: 새로 이사 간 집은 마음에 들어요?
　　新搬的家合心意吗?
　나: 새집이라서 마음에 들어요.
　　是新房子，所以满意。

(5) 가: 저 친구보다 왜 잘하려고 합니까?
　　为什么要比那个朋友做得好呢?
　나: 저 친구는 제 라이벌이라서 지기 싫어요.
　　他是我的竞争对手，所以我不想输。

제10과 결혼식　127

练 习

1. 본문을 읽고 다음의 질문에 대답하십시오.

    (1) 지영 씨는 중매결혼입니까? 연애결혼입니까?
    (2) '등잔 밑이 어둡다'란 말이 여기서 무슨 뜻입니까?
    (3) 지영 씨의 결혼식 주례는 어느 분이 하실 겁니까?
    (4) 우리는 신부 대기실에 왜 갔습니까?
    (5) '국수를 먹는다'는 말이 무슨 뜻입니까?

2. '-(이)라니요?'를 이용하여 다음 대화를 완성하십시오.

    (1) 가: 김재민 씨가 다음 주말에 결혼해요.
        나: _____? 나이도 많아 보이는데.
    (2) 가: 세라가 내일 여행간대요.
        나: _____? 지난 주말에 갔다왔잖아요?
    (3) 가: 저번 세미나에서 멋진 발표를 하신 분이 우리 대학의 박사생 이라면서요?
        나: _____? 우리 학교의 교수님이세요.
    (4) 가: 점심을 먹으러 갈게요.
        나: _____? 지금 3시인데 무슨 점심을 먹는 거예요?
    (5) 가: 여자 친구가 참 예쁘네요.
        나: _____? 그냥 후배예요. 여자 친구가 아니에요.

3. '아무리-아/어/여도' 이용하여 다음 문장을 완성하십시오.

    (1) 가: 너는 많이 먹는데 살이 찌지는 않는구나!
        나: _____
    (2) 가: 아, 너무 피곤해서 그냥 자고만 싶어요.
        나: _____

(3) 가: 비가 많이 오는데 내일 가세요.
　　나: _____

(4) 가: 한국말이 너무 어렵습니다.
　　나: _____

(5) 가: 회사일이 너무 많아서 영어 학원을 다니는 게 너무 힘들어요.
　　나: _____

4. 보기와 같이 바꾸어 보십시오.

> <보기> 비가 옵니까? → 비가 오느냐고 물었습니다.

(1) 지금 무엇을 합니까?
→ _____

(2) 한국에서의 생활은 어떻습니까?
→ _____

(3) 한국 음식 중에서 어느 음식을 제일 좋아합니까?
→ _____

(4) 저 사람이 누구입니까?
→ _____

(5) 전화 번호가 어떻게 됩니까?
→ _____

5. '-(이)라서'를 이용해서 대답해 보십시오.

(1) 가: 수연 씨는 성격이 참 활발합니다.
　　나: _____ 성격이 활발한가 봅니다.

(2) 가: 새로 이사간 집은 마음에 들어요?
　　나: _____ 마음에 들어요.

(3) 가: 저 옷이 저에게 잘 어울릴까요?
　　나: _____ 잘 어울릴 것 같아요.

(4) 가: 요즘 날씨는 어때요?
　　나: _____

6. 다음의 문장을 중국어로 번역하십시오.

결혼식이 끝나면 신랑 신부는 한복으로 갈아입고 신랑의 가족과 친척들에게 두 사람이 부부가 되었음을 알리는 인사를 올리는데, 이를 폐백이라고 한다. 폐백이 끝나면 신랑 신부는 신혼여행을 떠나는데. 전에는 제주도가 신혼여행지로 가장 각광을 받았으나, 요즘은 하와이 등지로 신혼여행을 떠나는 사람들이 많다.

7. 다음의 문장을 한국어로 번역해 보십시오.

(1) —你要考韩国语中级能力考试吗?
 —是的,即使再难我也要试一试。(아무리-아/어/여도)
(2) —那个人你认识吗?
 —不认识,他问我去景福宫怎么走。(-냐고 묻다)
(3) "耳朵薄"是指很容易轻信别人的话的意思。(-라는 뜻이 되다)
(4) 因为是大一新生,所以对学校还不太了解。(-(이)라서)
(5) —你最近休假了吧?
 —休什么假啊? 连周末都要加班呢。(-(이)라니요?)

课外阅读

한국인의 결혼 절차

한국의 결혼 절차는 꽤 까다롭고 복잡한 편이다. 아직도 결혼식을 하기 전에 약혼식을 하는 사람들이 많고, 결혼 며칠 전에는 신랑 쪽에서 신부 쪽에 함을 보내는 풍습을 지키고 있다.

약혼은 결혼을 약속하는 의미를 갖는 동시에 신랑 가족과 신부 가족이 인사를 하는 의미를 갖는다. 보통 호텔이나 큰 식당에서 약혼식이 열리는데, 이 때는 양쪽의 가족과 가까운 친척, 그리고 친구들이 초대된다. 약혼식 비용은 여자쪽에서 부담한다.

그리고 결혼식을 하기 며칠 전에 신랑 측에서 신부 측에 함을 보낸다. 이 함은 대개 이미 결혼을 하여 행복하게 살고 있는 신랑의 친구들이 지고 가는데, 여기에는 신랑의 사주단자와 신랑 측에서 신부에게 보내는 선물이 들어 있다.

　결혼식은 종교를 가지고 있는 경우에는 교회나 절에서 열리기도 하지만 주로 결혼 식장에서 거행된다. 전통 혼례식을 올리는 사람들도 있지만 결혼식은 대개 서양식으로 거행된다. 결혼식에는 신랑 신부를 아는 많은 사람들이 참석하여 두 사람을 축하한다. 결혼식에 올 때 사람들은 일반적으로 축하하는 의미로 선물이나 축의금을 준비하는데, 신랑 신부와 친한 친구 사이가 아니면 보통 축의금을 준다. 그런데 한국에서는 결혼을 할 때 비용이 많이 든다. 남자 쪽에서 집을 준비하고 여자 쪽에서는 시댁 식구들에게 드릴 예단과 가재도구를 준비한다. 많은 비용을 감당할 수 없으므로 보통 부모님의 도움을 받는다.

补充词汇

까다롭다	[形]	麻烦,复杂
복잡하다 [복잡]	[形]	复杂
약혼식 [約婚式]	[名]	订婚仪式
함	[名]	盒子,箱子(结婚时新郎送到新娘家的柜子,柜子里装有彩礼)
부담하다 [負擔-]	[动]	负担
사주단자 [四柱單子]	[名]	生辰八字
교회 [教會]	[名]	教会
절	[名]	寺庙
거행되다 [擧行-]	[动]	举行
축의금 [祝儀金]	[名]	礼金
시댁 [-宅]	[名]	婆家
식구 [食口]	[名]	家人
예단 [禮單]	[名]	礼单
감당하다 [敢當-]	[动]	承受,担待,胜任

제11과 축하와 위로

重点语法
1. -(으)ㄹ 뻔하다
2. -다니
3. -ㄴ/는 김에
4. -다기에
5. -아/어/여 죽겠다
6. -다(가) 보면
7. 막상 -려니(까)

课文

 (1)

병문안

상호: 이영희 씨 병실입니까?
영희: 어머, 상호 씨, 어서 오세요.
상호: 어떻게 된 거예요? 얼굴이 많이 상해 보여요.
영희: 갑자기 배가 아파서 병원에 왔는데 맹장염이래요. 그래서 바로 수술을 받았어요.
상호: 저런, 수술 받느라 힘들었겠어요. 수술은 잘 됐어요?
영희: 의사 선생님이 잘 됐다고 하셨어요. 조금만 늦었으면 큰일

날 뻔했대요.

상호: 그래도 이만하길 다행이네요. 움직이지도 못하고 밥도 못 먹어서 힘들겠지만, 그래도 다 나을 때까지 조심하세요. 영희 씨가 빨리 나을 수 있도록 제가 기도 많이 할게요.

영희: 고마워요. 저도 빨리 나아서 먹고 싶은 것도 실컷 먹고 막 뛰어다니고 싶어요. 병원에 있으니까 벌써부터 이렇게 갑갑한데 아직도 일 주일 이상 병원 신세를 져야 한다니 정말 속상해요.

상호: 넘어진 김에 쉬어간다는 말도 있잖아요. 이번 기회에 그동안 못 읽은 책도 많이 읽고 푹 쉬세요. 언제 이렇게 쉬어 보겠어요?

영희: 네, 맞아요.

상호: 몸조리 잘 하고, 빨리 완쾌하길 바랄게요.

(2)

친구가 시험에 낙방

상 호: 유우젠, 대학 합격자 발표 났니?

유우젠: 응, 어제 발표했어.

상 호: 어떻게 됐어? 합격했어?

유우젠: 미끄러졌어.

상 호: 정말? 그렇게 열심히 준비했는데, 실망이 크겠다.

유우젠: 응, 많이 준비했는데 이렇게 될 줄 몰랐어. 너무 속상해.

상 호: 너무 속상해하지 말고 기운 내. 기회가 이번만 있는 것도 아니고, 오히려 떨어진 게 잘 됐다고 생각해 봐. 다음 기회까지 열심히 공부해서 한국말 실력을 더 쌓으면 네가 대학에 들어가서 공부하기가 더 편할 거야. 다음에 더 좋은 기회가 오겠지.

유우젠: 그렇겠지. 지금 합격됐으면 한국말 실력이 모자라서 대학 공부하기가 많이 힘들었을 거야.

상 호: 비 온 뒤에 땅이 더 굳어진다고 하잖니. 자, 힘내라는 의미에서 내가 오늘 밥 사 줄게, 가자.

(3)

　　오늘은 경선이가 입대한다고 술자리가 마련되었다. 주인공인 경선이와 친구, 동아리 선배 등이 모이기로 했다. 인호도 그 자리에 참석했다. 한국어를 배우러 한국에 온 토미는 경선이가 군대에 가야 한다는 말이 이해가 안 된다고 했다. 경선이는 한국 군대가 의무제라서 한국 남자라면 보통 스물 한두 살쯤에는 대부분 군대에 가야 한다고 설명했다. 성수 선배는 지난 주에 제대했다. 군대 다녀오더니 더 건강해진 것 같다. 그래도 경선이는 군대 가서 지낼 생각을 하면 갑갑해 죽겠다고 했다. 자유롭게 지내다 통제된 생활을 한다고 생각하면 눈앞이 캄캄하기 때문이다.

　　성수 선배는 자기도 입대할 때 같은 생각을 했지만 실제는 군대 생활이 생각처럼 나쁜 건 아니라고 위로해 주었다. 처음엔 시간 낭비라고 생각했지만 육체적으로 정신적으로 힘든 상황을 참다 보면 지금 누리고 있는 자유의 소중함을 알게 되기 때문이다. 그렇지만 경선이는 막상 군대에 가려니까 여자 친구가 고무신 거꾸로 신을까 봐 걱정도 많이 된다고 했다. 성수 선배는 떨어져 있다고 바뀔 마음이라면 같이 있어도 바뀔 것이고 고무신 거꾸로 신기 전에 군화 거꾸로 신으면 된다고 농담했다. 옆에 있는 토미는 '고무신 거꾸로 신는다'는 말은 마음이 바뀐다는 의미냐고 물어봤다. 인호는 토미에게 한국어 실력이 아주 대단하다고 칭찬했다. 모두 경선의 입대 축하와 토미의 한국어 실력을 위해 건배하자고 했다.

词汇

상하다 [傷-]	[动]	瘦；受伤，变质，变坏
맹장염 [盲腸炎]	[名]	盲肠炎，阑尾炎
수술 받다 [手術-]	[词组]	接受手术，开刀
실컷	[副]	尽情，尽量

뛰어다니다	[动]	奔波,奔忙
갑갑하다	[形]	沉闷,闷得慌,烦得慌
속상하다 [-傷-]	[形]	伤脑筋,伤心,伤情
넘어지다	[动]	跌倒,摔跤
몸조리 [-調理]	[名]	养护,休养,调养
완쾌하다	[动]	痊愈
합격자 [合格者]	[名]	合格者,及格者
발표 [發表]	[名]	发表,宣布
미끄러지다	[动]	滑;落榜,不及格
실망하다	[动]	失望
모자라다	[动]	不足,缺乏
굳어지다	[动]	变硬,硬化
입대하다	[动]	参军,入伍
마련되다	[动]	准备
동아리선배 [-先輩]	[名]	社团前辈
의무제 [義務制]	[名]	义务制,征兵制
군대에 가다	[词组]	当兵,入伍
제대하다 [除隊-]	[动]	退伍,转业,复员
통제되다 [統制-]	[动]	统治,管制,控制
눈앞이 캄캄하다	[词组]	眼前一抹黑
육체적 [肉體的]	[名]	肉体的
정신적 [精神的]	[名]	精神的
위로해 주다 [慰勞-]	[动]	慰劳,慰问
누리다	[动]	享受,享用
소중함 [所重-]	[名]	可贵,珍贵
막상	[副]	实际上,事实上
고무신	[名]	胶鞋
비 온 뒤에 땅이 더 굳어진다	[谚语]	不经历风雨,怎么见彩虹
넘어진 김에 쉬어간다	[谚语]	随遇而安
고무신 거꾸로 신다	[谚语]	倒着穿鞋,喻女人变心
거꾸로	[副]	倒过来,反
농담하다 [弄談-]	[动]	嘲谑,开玩笑
군화 [軍靴]	[名]	军靴,军鞋

| 대단하다 | [形] | 了不起 |
| 건배 [乾杯] | [名] | 干杯 |

语法

1. -(으)ㄹ 뻔하다

用于动词词干后,表示前面所说的情况虽然没有出现,但差点儿出现。动词词干有收音用"-을 뻔하다"("ㄹ"的不规则动词除外),无收音用"-ㄹ 뻔하다",相当于汉语的"差一点儿""险些",通常后接过去时态。

<보기>

(1) 교실에서 넘어질 뻔했어요.
   在教室里差点儿摔倒。
(2) 너무 배가 고파서 죽을 뻔했어요.
   差点儿饿死。
(3) 날씨가 갑자기 추워져서 감기에 걸릴 뻔했어요.
   天气突然变冷,差点儿感冒了。
(4) 아침에 늦게 일어나서 학교에 늦을 뻔했어요.
   早上起得晚差点儿上学迟到了。
(5) 담배꽁초를 버려서 불이 날 뻔했어요.
   扔了烟头差点儿着火。

2. -다니

接在动词或形容词词干后,名词加"-이다"后用"-라니",表示惊讶、感叹或难以置信。表达此意时,动词、形容词后不加"-ㄴ/는"。

<보기>

(1) 가: 건강을 위해 하는 다이어트가 건강을 해치게 되다니.
      为了健康而进行的节食竟然对健康有害。

나: 그러게 말이에요.
　　是啊。

(2) 가: 제가 이번 시험에 붙었어요.
　　我这次考试及格了。

나: 시험 준비를 안 했는데도 붙다니. 별일이군요.
　　没怎么准备就及格了，真是怪事啊。

(3) 가: 아일랜드에서 여성이 대통령이 되었대요.
　　听说在爱尔兰女性当上了总统。

나: 여성이 대통령이 되다니. 놀라운 일이에요.
　　女性当上总统。真是奇事啊。

(4) 가: 어제 옆집에서 살인 사건이 났대요.
　　说是昨天邻居家里发生了命案。

나: 우리 옆집에서 그런 일이 일어났다니. 정말 몰랐어요.
　　我们邻居家居然发生这种事，真想不到啊。

(5) 가: 우리 팀이 7:0으로 상대팀을 이겼어요.
　　我们组以7:0赢了对方。

나: 세상에! 그런 일이 생기다니. 상대팀은 작년 우승팀이잖아요.
　　天啊！竟然有这种事。对手在去年不是优胜组嘛。

3. -ㄴ/는 김에

用于动词后，表示做一件事情时顺便做另一件事。

<보기>

(1) 친구를 만나는 김에 백화점에 들러 옷을 사려고 한다.
　　打算去见朋友的路上顺便到商场买衣服。

(2) 북경으로 여행을 간 김에 천진까지 들러 구경하기로 했습니다.
　　去北京旅行，顺便去天津看看。

(3) 생각난 김에 그 사람에게 전화를 했습니다.
　　想到他了就顺便给他打了个电话。

(4) 말이 나온 김에 제 생각을 말했습니다.
　　既然提起来了，就顺便把我的想法也说了。

(5) 오래만에 친구를 만난 김에 술 한잔 했어요.
　　见到了很久没见的朋友,顺便去喝了一杯。

4. -다기에

用在间接引语后,表示以曾经听到的事情或事实为理由或根据。相当于汉语的"因为……,所以……"。

　　V·A-다기에:"V·A-다고 하기에"的 缩略形式。

　　<보기>

(1) 가: 오늘 왜 술 자리를 마련했어요?
　　　今天为什么准备了酒席呢?
* 나: 친구가 군대에 입대한다기에 마련했어요.
　　　因为朋友要入伍了。
(2) 가: 동생 집에 왜 가요?
　　　你为什么去弟弟家呢?
　　나: 동생이 감기에 걸렸다기에 돌봐 주러 가요.
　　　因为弟弟感冒了,所以要去照顾他。
(3) 가: 웬일로 이렇게 일찍 왔어요?
　　　怎么这么早就来了?
　　나: 반가운 손님이 오신다기에 일찍 왔어요.
　　　听说来了贵客,所以就早早来了。
(4) 가: 미팅은 싫다고 하더니 왜 미팅을 한다고 해?
　　　不是说不想参加相亲聚会的吗? 怎么还是要去呢?
　　나: 이번에는 예쁜 여자가 나온다기에 나가려고 해.
　　　听说这次有漂亮的女孩子来,所以打算去。
(5) 가: 왜 주사를 맞지 않으려고 해요?
　　　为什么不想打针呢?
　　나: 그 주사는 아프다기에 안 맞으려고 해요.
　　　听说很疼,所以不想打。

* -라기에: "-라고 하기에"的缩略形式。
<보기>
　　가: 어떻게 그 사람을 돕게 되었습니까? (도와주세요)
　　　　为什么帮助那个人呢?
　　나: 그 사람이 도와 달라기에 돕게 되었습니다.
　　　　因为他要我帮忙所以就帮了。

* -자기에: "-자고 하기에"的缩略形式。
<보기>
　　가: 남대문 시장에는 왜 갔어요?(남대문 시장에 가자)
　　　　为什么去南大门市场呢?
　　나: 친구가 남대문 시장에 가자기에 갔어요.
　　　　因为朋友叫我一起去所以就去了。

* -냐기에: "-냐고 하기에"的缩략形式。
<보기>
　　가: 친구가 뭐라고 했어요?
　　　　朋友说什么了?
　　나: 집에 가냐기에 집에 간다고 했어요.
　　　　问是不是回家,我说是。

5. -아/어/여 죽겠다

接在形容词后,一种夸张的表述方式,表示程度很高。相当于汉语的"……死了"。

<보기>
(1) 가: 군대에 가서 2년을 지낼 생각을 하니 갑갑해 죽겠다.
　　　　一想到要在军队里度过两个年头就郁闷死了。
　　나: 할 수 없죠. 남자라면 반드시 가야 하니까.
　　　　没办法啊。男人必须得去。
(2) 가: 오늘 아침도 안 먹고 점심도 굶었다면서요?
　　　　你今天早饭、午饭都没吃吗?

나: 네. 배가 고파 죽겠어요.
是的,快饿死了。

(3) 가: 누나가 아기를 낳았다고 들었어요. 아기가 예뻐요?
听说你姐姐生孩子了。孩子漂亮吗?

나: 방긋방긋 웃는 모습이 예뻐 죽겠어요.
笑盈盈的样子可爱极了。

(4) 가: 매일 매일 만나는 걸 보니 그 사람을 많이 좋아하나 봐요?
看你每天都去见那个人,一定很喜欢他吧?

나: 매일 매일 보고 싶어요. 그 사람이 좋아 죽겠어요.
每天都想他,喜欢得要死。

(5) 가: 남편이 집안일을 하나도 안 도와줘요?
丈夫一点儿也不帮着干家务活吗?

나: 네. 그래서 미워 죽겠어요.
是啊,所以恨死他了。

6. -다(가) 보면

接在动词后,表示在做某件事的过程当中,知道了新的事实或发生新情况。

<보기>

(1) 가: 고통스러운 상황을 참다 보면 지금 누리고 있는 자유, 권리의 소중함을 알게 될 거야.
忍过了那一段痛苦的时光,更能感受到现在享受的自由和权利的珍贵。

나: 꼭 군대가 나쁜 면만 있는 건 아니군요.
军队生涯也不是只有不好的一面啊。

(2) 가: 병원에서 근무하기 힘들죠?
在医院工作很累吧?

나: 병원에 있다 보면 이상한 환자들이 많아요.
在医院工作会发现奇怪的患者很多。

(3) 가: 그녀와 헤어져서 너무 슬퍼요.
和她分手后我很伤心。

나: 시간이 흐르다 보면 차차 잊혀질 거예요.
随着时间的流逝慢慢会淡忘的。

(4) 가: 아이가 다쳐서 놀랐어요.
　　　孩子受伤了，我担心死了。
　　나: 아이를 기르다 보면 놀랄 때가 많아요.
　　　抚养孩子会有很多让人担心的事。
(5) 가: 그 두 사람은 매일 싸워요.
　　　那两个人每天吵架。
　　나: 싸우다 보면 정이 들기도 해요. 너무 걱정하지 마세요.
　　　吵着吵着感情也深了。别太担心了。

7. 막상 -려니(까)

惯用形，略有转折之意。表示"真正遇到某种事情"的"막상"与语尾"-(으)려니까"搭配使用，相当于汉语的"真正……却……"。

<보기>

(1) 가: 막상 군대에 가려니 여자 친구가 걱정이 돼요.
　　　马上要入伍了，很担心女朋友。
　　나: 왜요? 마음이 바뀔까 봐요?
　　　为什么呢？怕她会变心吗？
(2) 가: 그 사람과 헤어지려고 해요?
　　　你要和那个人分手吗？
　　나: 그러려고 했는데 막상 헤어지려니 슬퍼지네요.
　　　本来打算这么做的，但是真要分手了，却感到很伤心。
(3) 가: 집을 나간다고 하면서 왜 안 나가요?
　　　不是说要离开家吗？怎么没有走呢？
　　나: 막상 나가려고 하니까 갈 곳이 없어요.
　　　到了真正要离开的时候，才发现没有地方可去。
(4) 가: 올해부터 학생들을 가르치기로 했다면서요?
　　　今年开始要给学生上课了吗？
　　나: 막상 학생들을 가르치려니 걱정이 많이 돼요.
　　　到了真正要给学生上课的时候，反而紧张起来了。

(5) 가: 그 영화를 본다고 하더니 왜 안 봐요?
   不是说要看那部电影吗? 怎么没看呢?
   나: 막상 그 영화를 보려니까 재미없을 것 같아요.
   到了真的要去看电影的时候, 反而觉得挺没意思了.

练 习

1. 본문을 읽고 다음 질문에 대답하십시오.

   (1) 영희는 무슨 병에 걸렸어요?
   (2) 영희는 언제 퇴원할 수 있어요?
   (3) 유우젠은 대학에 합격했어요?
   (4) 오늘은 왜 술자리가 마련되었어요?
   (5) 경선이는 꼭 군대에 가야 해요?

2. '-(으)ㄹ 뻔하다'를 이용하여 알맞게 쓰십시오.

   (1) 어제 산에서 내려오다가 산골짜기에＿＿＿＿＿＿
       (굴러떨어지다)
   (2) 오후 2시에 만나기로 한 약속을 깜빡＿＿＿＿＿＿
       (잊어버리다)
   (3) 집에 가다가 차에＿＿＿＿＿＿(치이다)
   (4) 내가 아까 공중전화 부스 안에 지갑을＿＿＿＿＿＿
       (두고 오다)
   (5) 버스 정류장에서 버스를 30분이나 기다렸어요. 추워서＿＿＿
       ＿＿＿＿＿(죽다)

3. '-다니'를 이용해서 대화를 완성하십시오.

   (1) 가: 오늘 중으로 돌아가겠습니다.
       나: 아니, 모처럼 오셨다가 이렇게 가시면 안돼요. 이왕＿＿＿＿＿(오

다/룻밤 자다)

(2) 가: 지금 바로 그분들을 만나러 가시나요?

나: 네, 여기까지 _____ (오다/만나고 가다)

(3) 가: 어디서 술을 드신 것 같군요?

나: 네, _____ 한 잔 하고 왔어요.(친구를 만나다)

(4) 가: 친구 병문안을 간다던 분이 책까지 사왔군요.

나: 네, _____ 책방에 들려 왔어요.(가다)

(5) 가: 오늘은 또 왜 늦게 들어오시나요?

나: 학교에 _____ (나가다) 제자들하고 식사나 좀 하고 들어가려고 그래.

4. '-ㄴ/는 김에'를 이용하여 물음에 답하십시오.

(1) 가: 왜 아르바이트를 합니까?

나: (사회 경험, 돈을 벌다) _____.

(2) 가: 누구를 만나러 가십니까?

나: (인호, 그 사람) _____.

(3) 가: 어디 가십니까?

나: (책방 가다, 백화점 가다) _____.

(4) 가: 왜 전화를 하셨어요?

나: (생각나다) _____.

(5) 가: 왜 술을 이렇게 많이 마셨어요?

나: (친구 만나다) _____.

5. 다음 질문에 '-다기에/-라기에/-자기에'를 이용해 대답해 보십시오.

(1) 가: 왜 동대문시장에 갔어요?

나: _____ (물건이 싸고 좋다)

(2) 가: 골프여행을 왜 중국쪽으로 선택했죠?

나: _____ (가격이 싼데다 서비스가 좋다)

(3) 가: 왜 갑자기 서울로 가시죠?

나: 아, 그쪽에 _____ (유명한 한의사가 있다)

(4) 가: 무슨 음식을 이렇게 많이 준비하셨어요?
　　나: ＿＿＿＿＿＿＿＿(아빠친구들이 오신다)
(5) 가: 어제 왜 일찍 집에 들어갔어요?
　　나: ＿＿＿＿＿＿＿＿(장인 어른께서 우리집에 오신다)

6. '-아/어/여 죽겠다'를 이용해서 다음 문장을 완성해 보십시오.

(1) 가: 공부도 하고 아르바이트도 하고 정말 바쁘겠어요?
　　나: ＿＿＿＿＿＿＿＿＿＿＿＿＿＿＿＿＿＿＿＿＿＿＿＿.
(2) 가: 아침도 안 먹고 점심도 굶었다면서요?
　　나: ＿＿＿＿＿＿＿＿＿＿＿＿＿＿＿＿＿＿＿＿＿＿＿＿.
(3) 가: 3시간 동안 농구를 하니까 목이 마르지 않니?
　　나: ＿＿＿＿＿＿＿＿＿＿＿＿＿＿＿＿＿＿＿＿＿＿＿＿.
(4) 가: 주말에 아무것도 안 하고 있으면 심심하지 않아요?
　　나: ＿＿＿＿＿＿＿＿＿＿＿＿＿＿＿＿＿＿＿＿＿＿＿＿.
(5) 가: 어제 남편이 외박을 하고 집에 안 들어왔어요?
　　나: 그래요. ＿＿＿＿＿＿＿＿＿＿＿＿＿＿＿＿＿＿＿.

7. '-다 보면'을 이용해서 다음 질문에 대답해 보십시오.

(1) 가: 매일 매일 공부하는데 실력이 늘지 않는 것 같아요.
　　나: ＿＿＿＿＿＿실력이 좋아질 거예요.(열심히 공부하다)
(2) 가: 버섯볶음은 맛이 이상해요.
　　나: ＿＿＿＿＿＿차츰 괜찮을 거예요.(자주 먹다)
(3) 가: 이번 이사에 옷장의 문이 고장이 났어요.
　　나: ＿＿＿＿＿＿가구에 흠이 많이 생깁니다.(이사를 자주 하다)
(4) 가: 어제 제 친구가 자동차 사고를 당했어요.
　　나: ＿＿＿＿＿＿사고를 낼 때가 있어요. (운전하다)
(5) 가: 지난 수요일이 저희 결혼 기념일이었는데 그만 깜빡했어요.
　　나: ＿＿＿＿＿＿잊어버릴 수도 있는 거죠.(바쁘게 지내다)

8. 다음 대화에 빈 곳을 '막상 -려니(까)'를 이용해서 대답하십시오.

(1) 가: 다음 달에 외국으로 유학간다지요?
　　나: _____. (어머니가 걱정이 된다)
(2) 가: 친구와 같이 살더니 내일부터 혼자 산다면서요?
　　나: _____. (심심하고 외로울 것 같다)
(3) 가: 헤어지자고 하고는 왜 우세요?
　　나: _____.(눈물이 난다)
(4) 가: 다음 달부터 중국어를 가르치기로 했다면서요?
　　나: 네, 그런데 _____. (걱정이 많이 된다)
(5) 가: 영어를 배운다고 하더니 왜 안 배워요?
　　나: _____. (어려울 것 같다)

9. 다음 중국어를 한국어로 번역하십시오.

(1) 听说明天下雨, 所以想把聚会延期。
_____.

(2) 那次旅游虽然很有趣, 但是快累死了。
_____.

(3) 最近由于写期末报告, 忙得不可开交。
_____.

(4) 正好我们大家都好久没聚了, 吃了饭再走吧。
_____.

(5) 看着容易, 真开始做又挺麻烦的。
_____.

10. 다음 한국어를 중국어로 번역하십시오.

(1) 병원에 있으니까 벌써부터 이렇게 갑갑한데 아직도 일수일 이상 병원 신세를 져야 한다니 정말 속상해요.
_____.

(2) 경선이는 한국 군대가 의무제이라서 한국 남자라면 보통 스물 한두 살 쯤에는 대부분 군대에 가야 한다고 설명했다.
_____.

제11과 **축하와 위로**

(3) 그렇지만 경선이는 막상 군대에 가려니까 여자 친구가 고무신 거꾸로 신을까 봐 걱정도 많이 된다.
_____.

(4) 지난 번에 남의 집에 초대 받아 가서는 신발을 신은 채 그 집 거실까지 들어갔어요. 주인한테 미안해서 죽을 뻔했어요.
_____.

(5) 이렇게 따뜻한 날씨에 춥다니 너 혹시 감기에라도 걸리지 않았니?
_____.

课外阅读

한국인의 예절

　아름다운 풍속을 가진 군자의 나라 동방예의지국(東方禮儀之國)은 '예절을 잘 지키는 동쪽 나라'라는 뜻으로 <동이 열전>에 나오는 말이다.

　<동이 열전>에는 한국이 크고 강하지만 다른 나라를 업신 여기지 않고 침범하지도 않으며, 길을 가면서도 서로 양보하고 음식을 먹을 때도 다른 이에게 먼저 권하는 등 아름다운 풍속을 가진 군자의 나라라고 적혀 있다.

　사람과 사람이 어울려 살아가며 꼭 지켜야 하는 것이 예절이다. 예절은 상대방을 존중하고 나 한 사람보다는 여러 사람을 위해 희생하겠다는 마음가짐에서 비롯된다. 특히 한국사람들은 노인을 자신의 부모처럼 대하고 스승을 우러르는 마음이 각별했다.

　어른을 공경하는 마음은 언어에서도 잘 드러난다. 이 세상에는 수많은 언어가 있지만, 한국말처럼 존댓말이 발달한 언어는 없다.

　중국의 유학이 한국에 전해지면서 예절은 학문의 성격을 띠게 되었다. 이 때부터 예절을 지키는 방법과 형식이 복잡하고 까다로워지기 시작했다. 양반들은 겉치레에만 신경을 쓴 나머지 참된 마음가짐보다는 체면을 중요하게 생각했다.

　일제 강점기와 6·25전쟁(朝鮮戰爭)을 거치면서 한국의 참된 예절은 또 한 번 위기를 맞았다. 서양문물이 갑자기 밀려 들어오면서 전통적인 가치관이

흔들리게 되었고 한국의 아름다운 풍속마저 해치는 결과를 낳았다.

 조상들이 예로부터 지켜 온 예절은 책에 적혀 있는 것을 흉내 낸 것이 아니었다. 착한 마음씨를 가지고 다른 사람과 더불어 살아가면서 지켜야 할 도리를 자연스럽게 행동으로 옮긴 것일뿐이다. 한국사람의 조상들은 진심으로 사람을 대하며 더불어 살아가는 지혜를 알고 있었다.

补充词汇

풍속 [風俗]	[名]	风俗
군자 [君子]	[名]	君子
동방예의지국 [東方禮儀之國]	[名]	东方礼仪之邦
동이열전 [東夷列傳]	[专]	东夷列传
업신여기다	[动]	轻视，瞧不起
침범하다 [侵犯-]	[动]	侵犯
양보하다 [讓步-]	[动]	避让
어울리다	[动]	相配，配合
존중하다 [尊重-]	[动]	尊重，敬重
희생하다 [犧牲-]	[动]	牺牲
마음가짐	[名]	心态，情绪
노인 [老人]	[名]	老人，老年人
대하다 [對-]	[动]	针对，关于
스승	[名]	老师，师傅
우러르다	[动]	仰望，瞻仰，景仰
각별하다	[形]	格外，分外，特别，特殊
어른	[名]	大人；长辈
공경 [恭敬]	[名]	恭敬，敬仰
드러나다	[动]	显露，露出
존댓말 [尊待-]	[名]	尊称，敬语
학문 [學問]	[名]	学问

성격 [性格]	[名]	性情,脾气
띠다	[动]	担负,具有
양반 [兩班]	[名]	两班,贵族
겉치레	[名]	讲究外表,装饰门面
신경쓰다 [神經-]	[动]	往心里去,讲究,在意
체면 [體面]	[名]	体面,面子
일제강점기 [日帝强占期]	[专]	日本殖民统治时期
거치다	[动]	经过,经历;绊住,挂住
참되다	[形]	真,实在
위기를 맞다	[词组]	应对危机,迎接危机
서양문물 [西洋文物]	[名]	西方文明
밀리다	[动]	堆积
전통적 가치관 [傳統的价值觀]	[词组]	传统价值观
흔들리다	[动]	摇动,被打动
해치다 [害-]	[动]	害,伤害
결과 [結果]	[名]	结果,结局
낳다	[动]	生,产生,造成
조상 [祖上]	[名]	祖先,上代
예로부터	[副]	历来,古往今来
흉내 내다	[动]	模仿
더불어	[副]	一起
모양새 [模樣-]	[名]	样子
그럴듯하다	[形]	像样,不错
에티켓 [etiquette]	[外]	礼仪,礼节
과장되다 [誇張-]	[动]	夸张
속마음	[名]	内心,心迹
숨기다	[动]	藏,隐藏
지혜 [智慧]	[名]	智慧

제12과 물건 교환

重点语法
1. -더러
2. -기에는
3. -(으)ㄴ지
4. 만약 -지 않으면
5. -(으)ㄹ 작정이라면

课文

(1)

인호는 아르바이트를 한 돈으로 부모님 속옷을 사려고 합니다. 한국에서는 돈을 처음 벌었을 때 부모님께 속옷이나 옷을 사 드리는 풍습이 있기 때문입니다. 그런데 인호는 여자 속옷에 대해서는 잘 모릅니다. 그래서 진홍더러 쇼핑하는 것을 도와 달라고 했습니다.

점원: 어서 오세요.
인호: 속옷을 좀 사려고 하는데요.
점원: 어떤 것을 찾으십니까?
인호: 부모님 것을 사려고 하는데요.

점원: 첫 월급을 받으셨나 보군요.
인호: 예, 아르바이트 첫 월급을 받았어요.
진홍: 어떻게 첫 월급을 받은 것을 아세요?
인호: 한국에서는 첫 월급을 받으면 항상 부모님께 속옷을 사 드리거든요.
진홍: 아-, 처음 번 돈으로 선물을 사서 부모님 은혜에 보답하는 거겠지요.
인호: 야, 진홍 씨가 이제는 한국 문화에 대해서 잘 알고 있네.
진홍: 아니에요, 잘 알려면 아직 멀었어요.
인호: 진홍 씨! 아버지 선물은 내가 고를 수 있는데, 어머니 속옷은 잘 모르겠어요.
진홍: 그래요, 제가 보기에는 이것이 좋겠어요.
인호: 야, 예쁜데요. 그런데 우리 어머니께는 조금 작을지도 모르겠어요. 좀 골라 줘요.
진홍: 그럼 나중에 바꿔 줄 수 있는지 물어봐요.
인호: 저기요! 이거 작으면 말이에요, 바꿔 줄 수 있나요?
점원: 그럼요. 1주일 내로 가져오시면 교환해 드립니다. 본인 마음에 안 드시면 환불도 가능합니다.
인호: 그러면 이것과 저것을 예쁘게 포장해 주세요.
점원: 여기 있습니다. 감사합니다. 다음에 또 오세요.
진홍, 인호: 네, 많이 파세요.

(2)

점원: 어서 오세요.
진홍: 여기에서 이 바지를 샀는데요. 바꾸고 싶어서 왔습니다.
점원: 왜 마음에 안 드세요?
진홍: 아니요, 마음에는 드는데 집에 가서 보니까 주머니가 약간 찢어져 있더라고요. 그리고 색깔도 다른 것으로 바꾸고 싶은데요.
점원: 어머, 손님 죄송합니다. 그런데 그 바지를 언제 구입하셨어요?

진홍: 3일 전에 샀는데요.
점원: 그러면 교환해 드릴까요? 환불해 드릴까요? 1주일 이내로 가져오셨으니까 교환이나 환불 모두 가능합니다.
진홍: 그럼 파란색으로 교환해 주세요.
점원: 그렇게 해 드릴게요. 영수증 가져 오셨습니까? 확인을 해야 돼서요.
진홍: 네, 여기 있습니다.

(3)

평소에 우리는 물건을 산 후 구입한 물건이 마음에 들지 않아 교환하거나 환불을 할 때가 있다. 소비자 보호법에 따르면 물건 자체에 문제가 있을 경우에는 구입 후 10일 이내에 물건을 교환하거나 환불할 수 있다. 의류의 경우에는 구입한 지 7일 이내에 교환이 가능하다. 하지만 산 지 일주일이 지났거나 세탁을 한 경우에는 교환할 수 없다.

환불의 경우는 조금 다르다. 백화점이나 대형 할인점에서는 영수증만 있으면 일주일 이내에 환불이 가능하다. 그러므로 물건을 구입했을 때에는 영수증을 반드시 보관해야 한다. 그리고 구입물건 교환 또는 환불 시, 영수증을 반드시 챙겨 가야 한다. 만약 영수증을 챙겨 가지 않으면 처음 구입시 금액을 모두 다 돌려 받지 못할 수도 있다. 물건을 반품할 작정이라면 처음부터 신경을 써서 택(tag)이나 박스 등을 잘 보관하는 것도 좋다.

하지만 재래 시장이나 작은 가게에서는 환불을 거의 해 주지 않는다. 그러므로 특히 재래 시장이나 작은 가게에서 옷을 살 때에는, 반드시 입어 보고 바느질 상태 등을 꼼꼼하게 살펴본 후 구입해야 한다.

최근에는 인터넷 쇼핑이 갈수록 증가하면서 우편 반품도 늘어나고 있는 추세다. 우편으로 반품을 할 때는 미리 영수증 뒤에 써 있는 스토어 규정을 확인하는 동시에 물건 구입처의 주소를 정확하게 기입하는 것이 가장 중요하다. 보통 대부분의 대형 백화점들은 인터넷 쇼핑 반품을 매장에서도 할 수 있다.

그러나 어떤 물건들은 우편으로는 반품이 되지 않을 수 있기 때문에 사기 전에 잘 확인을 해야 한다.

词汇

속옷	[名]	内衣
월급 [月給]	[名]	月薪, 工资
자식 [子息]	[名]	子女
은혜에 보답하다 [恩惠- 報答-]	[词组]	报恩
벌다	[动]	挣(钱)
본인 [本人]	[名]	本人
바꿔주다	[动]	给……换
교환하다 [交換-]	[动]	交换
환불 [換拂]	[名]	退款
포장하다 [包裝-]	[动]	包装, 包裹
찢어지다	[动]	破, 撕破
색깔 [色-]	[名]	色, 颜色
구입하다 [購入-]	[动]	买
영수증 [領收證]	[名]	发票, 收据
평소 [平素]	[名]	平常, 平时
소비자 [消費者]	[名]	消费者
보호법 [保護法]	[名]	保护法
자체 [自體]	[名]	自己, 本身
의류 [衣類]	[名]	衣服, 服装
세탁하다 [洗濯-]	[动]	洗涤
보관하다 [保管-]	[动]	保管
챙기다	[动]	准备, 收拾
돌려받다	[动]	要回, 找回
반품하다 [返品-]	[动]	退货
작정 [作定]	[名]	打算, 准备
택 [tag]	[名]	标记

박스 [box]	[名]	箱子
재래시장 [在來市場]	[名]	传统市场
바느질 상태 [-狀態]	[名]	做工
꼼꼼하다	[形]	仔细
살펴보다	[动]	查看，观察
증가하다 [增加-]	[动]	增加
추세 [趨勢]	[名]	趋向，趋势
물건 구입처 [物件購入處]	[名]	商品购买地
매장	[名]	卖场

语 法

1. -더러

用于体词之后，(1)表示进行动作的主体，相当于汉语的"叫……""让……"；(2)表示行为涉及到的间接客体；(3)表示被称呼的对象。与助词"-보고"的用法相同。

<보기>

(1) 동생더러 우산을 가지고 오라고 해야겠어.
 你应该让弟弟拿伞过来啊。

(2) 이 일을 어떻게 혼자 해? 나더러 다 하라고?
 这件事一个人怎么做呢？叫我做？

(3) 어머니께서 저더러 심부름을 다녀오라고 하셨습니다.
 妈妈让我跑个腿儿。

(4) 내 남자 친구가 나더러 착하대.
 我男朋友说我很善良。

(5) 선생님께서 저더러 한국어를 잘한다고 하셨습니다.
 老师夸我韩国语很好。

2. -기에는

跟在动词词干后,表示依据或者按照某种标准来判断。

<보기>

(1) 가: 지금 입은 옷 어때요?
　　　现在穿的这件衣服怎么样?
　　나: 제가 보기에는 이 옷이 제일 잘 어울리는 것 같아요.
　　　我觉得这件衣服是最合适的。

(2) 가: 조금 전에 들었던 노래와 이 노래 중에서 어떤 게 좋아요?
　　　刚刚听的歌和这首歌你更喜欢哪首?
　　나: 제가 듣기에는 이 노래가 더 분위기가 있는 것 같아요.
　　　在我看来这首歌更有感觉。

(3) 가: 이 선생님이 언제 결혼하신다고 했지?
　　　李老师什么时候结婚呢?
　　나: 내가 듣기에는 이번 주 토요일에 결혼하신대.
　　　我听说这个周六结婚。

(4) 가: 아이들이 먹기에는 어떤 음식이 좋지요?
　　　小孩子吃哪种食物比较好呢?
　　나: 제가 생각하기에는 너무 맵거나 짜지 않은 음식이 좋을 것 같아요.
　　　我觉得不是太辣和太咸的食物好像比较好。

(5) 가: 어떤 의견이 좋을까요?
　　　哪个提议比较好呢?
　　나: 우리가 판단하기에는 첫 번째 의견이 좋습니다.
　　　据我们判断,第一个提议比较好。

3. -(으)ㄴ 지

惯用型,表示从某件事开始至今所经历的时间.

<보기>

(1) 한국에 온 지 한 달 되었어요.　　我来韩国一个月了。

(2) 한국말을 배운 지 석 달 되었어요.　　学韩国语三个月了。

(3) 밥을 먹은 지 2시간 되었어요.　　吃完饭两个小时了。

(4) 여기에 있은 지 세 시간 되었어요.　在这儿3个小时了。
(5) 우리가 만난 지 얼마나 됐지요?　我们认识多长时间了?

4. 만약 -지 않으면

用于谓词后,表示假设,"如果不……"的意思。

<보기>

(1) 만약 약속된 장소로 오지 않으면 당신을 만나지 않을 것입니다.
　　如果不来约好的地点,我就不会见你了。
(2) 만약 이 수업을 듣지 않으면 이 재미있는 이야기를 놓칠 것입니다.
　　如果不来上这堂课的话,就错过这个有趣的故事了。
(3) 만약 진홍의 생일파티에 가지 않으면 나중에 후회할 거야.
　　如果不去参加陈红的生日派对的话,会后悔的。
(4) 만약 바람이 이렇게 세지 않으면 내가 밖에 나가서 산책을 할 것입니다.
　　如果风刮得不这么大的话,我就要到外面去散步了。
(5) 만약 6시까지 엄마가 들어오시지 않으면 아빠한테 전화해라.
　　如果到6点妈妈还没有回来的话,就给爸爸打电话吧。

5. -(으)ㄹ 작정이라면

用于动词之后,表示假设,"如果决定要……的话"的意思。

<보기>

(1) 외국어를 배울 작정이라면 외국어 대학교에 가는 것이 좋습니다.
　　如果决定要学习外语的话,去外国语大学比较好。
(2) 장학금을 얻을 작정이라면 처음부터 열심히 공부를 해야 한다.
　　如果决心要拿到奖学金的话,从一开始就应该努力学习。
(3) 한국에 유학을 갈 작정이라면 우선 간단한 한국말을 배워야 한다.
　　如果决定要夫韩国留学的话,首先应该学点儿简单的韩国语。
(4) 오후에 친구를 만날 작정이라면 지금 숙제를 다 해야 해요.
　　如果打算下午与朋友见面的话,现在就应该把作业都做了。
(5) 취직을 할 작정이라면 일찍 취직 면접시험을 준비해야 해요.
　　如果决定就业的话,应该早点儿准备就业面试。

练 习

1. 본문을 읽고 다음의 질문에 대답하십시오.

(1) 인호는 무엇을 사려고 해요?
(2) 진홍은 한국에 대해서 잘 알고 있습니까?
(3) 진홍이 언제 그 바지를 구입했어요?
(4) 환불을 어떻게 해야 해요?
(5) 최근에는 인터넷쇼핑이 증가하면서 무슨 추세가 나타나고 있어요?

2. '-더러/보고'를 넣어 보십시오.

(1) 우리 반 친구들이 나 _____ 돼지라고 놀린다.
(2) 혼자 영화 보기 싫으니까 친구 _____ 같이 가자고 해야지.
(3) 나 _____ 한국 사람 같대.
(4) 오늘은 손님들이 특별히 많았어. 그런데 나 _____ 설거지를 다 하래.
(5) 누가 너 _____ 그 일을 하라고 했어?

3. '-기에는'을 이용해서 두 문장을 한 문장으로 만들어 보십시오.

<보기> 내가 보다/이번 사고의 주요 원인은 설비보수의 허술함에 있는 것 같다.
→ 제가 보기에는 이번 사고의 주요 원인은 설비보수의 허술함에 있는 것 같아요.

(1) 교수님께서 보다/어떻게 하는 게 이치에 맞다고 생각하는가?
→ _____.
(2) 내가 생각하다/ 배편을 이용하는 것이 가장 좋을 것 같다.
→ _____.

(3) 죄송합니다만 우리가 보다/올해 수출임무를 완성하기가 어렵다.
　　→ _____.

(4) 과장님이 보다/이 두 모델 중에서 어느 것이 더 세련된 것 같은가?
　　→ _____.

(5) 영희 씨가 보다/어제 본 드라마에서 어느 배우가 연기를 가장 잘한 것 같은가?
　　→ _____.

4. '-(으)ㄴ 지'를 이용해서 말해 보십시오.

(1) 일주일 전에 동물원에 갔다.
(2) 2날 전에 여자/남자 친구와 헤어졌다.
(3) 10년 전에 결혼을 했다.
(4) 한 달 전에 한국어 공부를 시작했다.
(5) 1시간 전에 이 호텔을 떠났다.

5. 다음의 문장을 완성하십시오.

(1) 만약 이 번 주까지 이 일을 다 하지 않으면 _____
(2) 만약 진수 씨가 삼계탕을 좋아하지 않으면 _____
(3) 만약 내일 쇼핑을 가지 않으면 _____
(4) 만약 한국에 유학 가지 않으면 _____
(5) 만약 나에게 돈을 빌려주지 않으면 _____

6. 다음의 문장을 완성하십시오.

(1) 유명한 가수가 될 작정이라면 _____
(2) 오늘까지 이 일을 다 해낼 작정이라면 _____
(3) 무역회사에 취직할 작정이라면 _____
(4) 해외여행을 할 작정이라면 _____
(5) 졸업논문을 잘 쓸 작정이라면 _____

7. 다음 (　)안에 알맞은 말을 고르십시오.

(1) 약을 함부로 먹는 사람들이 있는데 그렇게 생각 없이 약을 (　　) 문제가 생길 수도 있으니까 주의해야 한다.
　① 먹다가는　　　　　　② 먹기에는
　③ 먹는다기에　　　　　④ 먹었는데도

(2) 가: 요즘 취직하기 힘들다고 야단들이더라.
　나: 그래. 나도 지난 번에 회사에 사표를 (　　)지금은 일자리 구하느라 바쁘게 돌아다니고 있을 거야.
　① 냈다고 해도　　　　② 냈더니
　③ 냈더라면　　　　　④ 내는 바람에

(3) 가: 다음 주에 이사 가신다고요? 섭섭하네요.
　나: 네, 그렇지만 (　　)회사가 이 근처라서 종종 들를 수 있을 거예요.
　① 이사 가기에　　　　② 이사 가더라도
　③ 이사 간다든지　　　④ 이사 가는데다가

8. 다음의 중국어를 한국어로 번역하십시오.

(1) 如果打算明年结婚的话,从现在开始就要攒钱了。(-ㄹ 작정이라면)

(2) 叫谁去做来着?

(3) 我学习韩国语已经6个月了。

(4) 我觉得这件事是你做得不对。

(5) 如果在这里找不到合适的工作,你有什么打算?

9. 다음의 한국어를 중국어로 번역하십시오.

(1) 한국에서는 첫 월급을 받으면 항상 부모님께 속옷을 사 드리거든요.

(2) 매출이 부진한 것에 대해 점장은 할 말이 많답니다.

(3) 사원에 대한 대우가 좋고 근무환경도 좋다기에 그 회사에 지원했어요.

(4) 이 텔레비전을 산 지 한 달밖에 안 됐는데 벌써 고장이 났어요.

(5) 여름 방학 때 해남에 관광 하러 갈 작정이라면 미리 그 곳에 대해 자세히 알아봐야 돼.

课外阅读

변화하는 쇼핑 문화

최근 쇼핑 문화가 빠르게 변하고 있다. 먼저 20, 30대를 중심으로 쇼핑 시간이 달라지고 있다. 젊은이들은 동대문시장을 중심으로, 맞벌이 부부들은 대형 할인점을 중심으로 밤 쇼핑을 즐기고 있다. 쇼핑 장소도 백화점이나 재래 시장에서 대형 할인점이나 전문 상가 등으로 다양화되고 있다. 대형 할인점은 백화점에 비해서는 값싸게, 재래 시장에 비해서는 편리하게 물건을 구입할 수 있다. 용산 전자상가나 테크노마트와 같은 전문 상가는 한 장소에서 다양한 물건을 살펴보고 쇼핑을 즐길 수 있기 때문에 인기가 좋다. 이 밖에도 쇼핑할 시간이 없는 사람들을 위한 인터넷 쇼핑, TV 홈쇼핑 등의 쇼핑 방법도 큰 인기를 얻고 있다.

재래 시장을 이용하는 사람들은 점점 줄고 있지만, 특별한 상품을 취급하는 곳은 아직도 인기가 많다. 농산물은 가락시장, 수산물은 노량진시장, 각종 약재는 경동시장, 꽃은 양재꽃 시장이 특히 유명하다.

补充词汇

쇼핑 [shopping]	[名]	购物
달라지다	[动]	变化，改变
맞벌이	[名]	双职工(夫妇)
할인점 [割引店]	[名]	折扣商店
전자상가 [電子商街]	[名]	电子商城
다양화되다 [多樣化-]	[动]	多样化，多元化
테크노마트 [technomart]	[名]	科技市场
인기가 좋다	[词组]	受欢迎，走俏
홈쇼핑 [home shopping]	[名]	在家购物
점점 [漸漸]	[副]	渐渐，逐步
농산물 [農産物]	[名]	农产品
수산물 [水産物]	[名]	水产品
약재 [藥材]	[名]	药材，药料
유명하다 [有名-]	[形]	有名，闻名

제13과 분실물 찾기

重点语法
1. -(으)ㄴ/는데도
2. -는 통에(-는 바람에)
3. -지 뭐예요
4. -(이)라더군요
5. -(으)ㄴ/는 셈 치다

课文

(1)　　　　　　　　　　　지하철에서

　　수연이와 토미는 국악 공연을 보러 서울 시청역에서 만나기로 했다. 그런데 약속 시간이 30분이나 지났는데도 토미는 오지 않았다. 공연 시간이 얼마 남지 않아서 수연이는 초조해하고 있다. 다행히 공연 시간 15분을 남기고 토미가 도착했다.

수연: 토미 씨! 많이 늦었네요. 늦잠을 잔 모양이군요.
토미: 미안해요, 수연 씨. 집에서는 일찍 나왔는데 오다가 일이 생기는 통에 늦었어요.
수연: 무슨 일이 있었어요?
토미: 지하철에서 졸다가 그만 지갑을 흘려버리고 내렸지 뭐예요.

수연: 어머나! 그래서 잃어버린 지갑은 어떻게 하셨어요?
토미: 역무원에게 지갑 찾을 방법을 물어보았더니 시청역 분실물 센터에 가 보라더군요.
수연: 그래서 가 보셨어요?
토미: 예, 그곳에 가서 잃어버린 지갑 색깔과 모양, 그리고 그 안에 들어있는 물건들을 적어놓고 왔어요. 연락처도 남겨놓았구요.
수연: 지갑에 돈도 많이 들어 있었겠네요.
토미: 네, 오랜만에 돈을 잔뜩 찾았더니… 돈도 돈이지만 신용카드하고 신분증도 다 없어져서 큰일이에요.
수연: 신고는 했어요?
토미: 신용카드는 신고했고, 현금 카드는 돌아올지도 모르니까 조금 기다려 보려고요. 전에 그런 적이 있었거든요.
수연: 아침부터 정신이 하나도 없으셨겠네요.
토미: 네, 그래요. 그런데 잃어버린 지갑을 찾을 수 있을까요?
수연: 제가 생각하기에는 찾기 어려울 것 같아요. 잃어버린 셈 치고 새로 하나 사세요.

(2) **지하철에서 물건 분실 시 대처하는 방법**

　사람들은 평소에 지하철을 이용하는 경우가 많기 때문에 지하철에서 물건을 분실하는 일들이 적지 않습니다. 지하철에서 물건을 분실했을 경우 너무 당황하지 말고 여러 가지 방법으로 침착하게 대처한다면 찾을 수 있는 확률이 높습니다.

　우선 자신이 탔던 열차의 번호와 시간을 기억하십시오. 지하철에는 네 자릿수의 열차번호가 있는데 보통 전두부와 후두부에 있는 기관실 쪽에 있습니다. 그런 다음 내린 시간을 정확하게 기억하셔야 합니다. 지하철 운행은 짜여진 시간표에 의해서 철저하게 이루어지기 때문에 보통 경우엔 오차가 크지 않습니다. 그리고 이와 더불어 내리신 칸의 번호와 문 수를 기억하시면 좋습니다. 일반적으로 1234전동차는 10 칸이고 지하철 전동차량은 8 칸(량)이며 운행 방향으로 칸 번호가 정해져 있으며 한 칸에 문은 4개입니다. 이런 숫자를 참고로 하여 되도록 탔던 칸 번호와 문을 정확하게 확인해야 합니다.

   그런 다음, 이러한 단서들을 갖고 일단 역사 내에 있는 역무실로 가서 신고를 하십시오. 그러면 당직 공익근무요원들이 재빨리 열차의 현재 위치와 시간을 계산해서 분실물 탑재 지하철이 도착하기 전 역무실 근무요원에게 내선으로 칸과 문 수를 알려 주고 실시간으로 찾아줄 것을 요청하면 분실물을 찾을 수 있습니다.

   혹시 이와 같이 했으나 끝내 못 찾으신 경우에는 추후라도 지하철 분실물센터로 문의를 해보세요. 희망은 어디든지 있을 수 있습니다. 그러나 지하철 분실물보관소는 그날 운행을 마친 차량에서 발견된 물품을 보관하는 곳이므로 거기서 찾는다면 정말로 행운이라고 생각하셔야 합니다.

词汇

분실물 [紛失物]	[名]	丢失物品
국악 [國樂]	[名]	国乐
공연 [公演]	[名]	演出, 表演
시청역 [市廳驛]	[名]	市政府站
남다	[动]	残剩
초조하다 [焦燥-]	[形]	焦躁, 焦急
남기다	[动]	保留, 留下
늦잠	[名]	贪睡, 晚起
일이 생기다	[词组]	出事, 有事
어머나	[感叹]	啊, 哎呀
지갑 [紙匣]	[名]	钱包, 钱袋
흘려버리다	[动]	丢失, 掉落
잃어버리다	[动]	丢失
역무원 [驛務員]	[名]	车站工作人员
센터 [center]	[名]	中心

적어 놓다	[记]	记下
현금 카드 [現金 card]	[名]	银行卡
신고하다 [申告-]	[动]	报案,申报
정신이 없다 [精神-]	[词组]	精神恍惚,忙得不可开交
침착하다 [沈着-]	[动]	沉着
대처하다 [對處-]	[动]	应对,处理
확율 [確率]	[名]	概率
열차번호 [列車-]	[名]	列车号,列次
전두부 [前頭部]	[名]	前部,车头
후두부 [後頭部]	[名]	后部,车尾
기관실 [機關室]	[名]	机房,驾驶室
칸	[名]	间,车厢
운행 [運行]	[名]	运行,行驶
짜다	[动]	组合,配成
철저하다 [徹底-]	[形]	彻底的
오차 [誤差]	[名]	误差
운행방향 [運行方向]	[名]	行驶方向
참고 [參考]	[名]	参考,参照
되도록	[副]	尽量,尽可能
단서 [端緒]	[名]	头绪,线索
일단 [一旦]	[副]	一旦,暂时,暂先
공익 [公益]	[名]	公益
근무요원 [勤務要員]	[名]	工作人员
재빨리	[副]	赶紧,赶忙
실시간 [實時間]	[名]	实时
탑재하다 [搭載]	[动]	运载,装载
내선 [內線]	[名]	内线
요청하다 [要請-]	[动]	请求,报请
추후 [追後]	[名]	以后,事后
보관소 [保管所]	[名]	寄存处
행운 [幸運]	[名]	幸运

语 法

1. -(으)ㄴ/는데도

惯用形,表示转折,强调前后不一致。相当于汉语的"虽然……,但……""尽管……也……"。

<보기>

(1) 공부를 열심히 한다고 하는데도 늘 제자리걸음입니다.
已经很努力地学习了,但是还在原地踏步。

(2) 입맛이 없어서 먹는다고 먹는데도 채 한 그릇을 못 먹었네요.
没有胃口,已经很努力地吃了,还是一碗饭都吃不下。

(3) 장난감이 집에 많이 있는데도 아이가 또 사 달래요.
家里已经有很多玩具了,孩子还是吵着要买。

(4) 연락을 다 했는데도 사람들이 많이 안 왔어요.
已经尽力联系了,来的人还不是很多。

(5) 그 사람이 분명히 돈이 많이 있겠는데도 계속 없다고만 해요.
那个人明明很有钱,却还不停地说自己没钱。

2. -는 통에(-는 바람에)

用于谓词词干后,表示前文叙述内容是后文动作出现的直接原因或者根据。

<보기>

(1) 학교에 가다가 일이 생기는 통에 늦었습니다.
去学校的路上出了点事,所以迟到了。

(2) 이웃집에서 부부 싸움을 하는 통에 어제 밤에 잠을 잘 못 잤어요.
昨晚邻居家的夫妇吵架,所以没有睡好觉。

(3) 아이들이 떠드는 통에 그 이야기를 들을 수가 없어요.
因为孩子们在吵闹,所以没办法听那个故事。

(4) 어제 우리 집이 이사를 하는 통에 공부를 전혀 못 했습니다.
昨天我家搬家了,所以一点儿都没有学习。

(5) 아이가 조르는 통에 이 비싼 장난감을 사 줄 수밖에 없었어요.
孩子一直缠着要,所以只能买下了这个昂贵的玩具。

3. -지 뭐예요

用在句子末尾，表示一种遗憾或者不屑的语气，常用于口语中。

<보기>

(1) 가: 무슨 일이 있어요?
　　　出什么事了？
　　나: 지하철에다 책을 두고 내렸지 뭐예요.
　　　把书忘在地铁里就出来了。

(2) 가: 왜 집 밖에 있으세요?
　　　为什么在家外面呢？
　　나: 열쇠를 친구 집에 놓고 왔지, 뭐예요. 그래서 엄마를 기다리고 있는 중이에요.
　　　钥匙忘在朋友家里了，所以在等妈妈。

(3) 가: 왜 이렇게 늦게 왔어요?
　　　为什么来得这么晚呢？
　　나: 오다가 옛날 친구를 만났지, 뭐예요. 그래서 이야기 좀 하고 오느라고 늦었어요.
　　　来的路上遇到了老朋友，聊了会儿所以来晚了。

(4) 가: 오늘 왜 등산을 못 갔어요?
　　　今天怎么没去登山呢？
　　나: 일어나 보니까 약속 시간이 지났지, 뭐예요. 그래서 못 갔어요.
　　　起床的时候发现过了约定时间了，所以没去上。

(5) 가: 친구를 만나러 가더니 왜 못 만났어요?
　　　不是去见朋友了吗？怎么没见着呢？
　　나: 벌써 중국으로 가 버렸지, 뭐예요. 좀 더 일찍 갔어야 했는데.
　　　朋友已经去中国了，本应该早点儿去见他的。

4. -(이)라더군요

间接引述别人的话，有强调的语气。

<보기>

(1) 소문이 사실이라더군요.
　　听说传闻是真的。

(2) 대출 기한은 이 주일이라더군요.
　　据说贷款期限是两周。

(3) 그 사람이 바로 미선씨의 남자 친구라더군요.
　　听说那个人就是美善的男朋友。

(4) 내일은 맑은 날씨라더군요.
　　据说明天天气晴朗。

(5) 돌다리도 두드려 보고 건너라더군요.
　　俗话说,石头桥也要慢慢摸着过才行。

5. -(으)ㄴ/는 셈 치다

惯用形,由定语词尾-(으)ㄴ/는+不完全名词셈+치다构成。表示对某件事、某种状况或结果的假设,相当于汉语的"就算是……""就当作是……"。

<보기>

(1) 가: 책을 잃어버렸나 봐요. 아무리 찾아도 없어요.
　　　　怎么也找不到书,看来是丢了。
　　나: 잃어버린 셈 치고 다시 사세요.
　　　　就当是丢了,再买一本吧。

(2) 가: 아들이 집을 나갔다면서요?
　　　　儿子离家出走了?
　　나: 이젠 찾지 않을 거예요. 아들이 없는 셈 치고 살 거예요.
　　　　已经不打算再找了,就当是没有这个儿子了。

(3) 가: 그 사람은 매번 빌려 간 돈을 갚지 않습니다.
　　　　那个人借了钱从来不还。
　　나: 잃어버린 셈 치고 받을 생각을 마세요. 그 사람은 원래 돈을 잘 안 갚아요.
　　　　就当是丢了,别再想收回了。那个人本来就不还钱。

(4) 가: 오늘 점심은 제가 사겠어요.
　　　　今天午饭我请客。
　　나: 고마워요. 그런데 오늘은 바쁘니까 먹은 셈 칠게요.
　　　　谢谢你。但是今天太忙了,就当吃过了。

(5) 가: 제가 영화 보여 드릴까요?
　　　　要我陪你一起看电影吗？
　　나: 고맙습니다. 본 셈 치겠습니다.
　　　　谢谢。就当看过了吧。

练 习

1. 본문을 읽고 다음의 질문을 대답하십시오.

(1) 토미 씨는 왜 늦었어요?
(2) 토미 씨는 잃어버린 지갑을 어떻게 찾아야 해요?
(3) 지하철에서 물건을 분실했을 때 어디로 가서 신고를 해야 돼요?
(4) 당직 공익근무요원은 분실물신고에 대해 무슨 일을 합니까?
(5) 지하철 분실물보관소는 어떤 곳입니까?

2. '-(으)ㄴ/는데도'를 이용하여 문장을 완성하십시오.

(1) 저분은 연세가 일흔이 넘었는데도 _____
(2) _____ 돈을 물 쓰듯이 쓴다.
(3) _____ 많은 사람들이 회의에 참석했습니다.
(4) 1년동안 한국어를 공부했는데도 _____
(5) 저 사람은 가수인데도 _____

3. '-는 통에'를 이용해서 다음의 회화를 완성하십시오.

(1) 가: 피곤해 보이는데 어제 잠을 잘 못 잤어요?
　　나: _____. (이웃집에서 부부 싸움을 하다)
(2) 가: 제 이야기 듣고 있어요?
　　나: _____. (아이들이 뛰어다니다)

(3) 가: 지난 번에 빌려간 책을 왜 안 가지고 왔나요?
　　 나: _____. 찾을 수가 없었어. (갑자기 이사를 하다)
(4) 가: 교실에서 공부하지 않고 왜 나가요?
　　 나: _____. (친구들이 떠들다)

4. '-지, 뭐예요'를 이용해서 다음의 회화를 완성하십시오.

(1) 가: 무슨 일이 있어요? (버스에 우산을 두고 내리다)
　　 나: _____.
(2) 가: 왜 차 밖에 서 있으세요? (차 키를 차 안에 두다)
　　 나: _____. 그래서 서비스 센터 아저씨를 기다리고 있어요.
(3) 가: 왜 이렇게 늦게 왔어요? (차가 막히다)
　　 나: _____.그래서 지하철로 갈아타고 오라고 늦었어요.
(4) 가: 선생님을 만나러 가더니 왜 못 만나셨어요? (벌써 집으로 가시다)
　　 나: _____. 더 일찍 갔어야 했는데.

5. '-(이)라더군요/-더군요'를 이용하여 문장을 완성하십시오.

(1) 알고 보니 _____ (어렵다/쉽다)
(2) 그 분이 _____ (친절하다)
(3) 뉴스를 듣고 정리하는 것이 _____ (숙제)
(4) 그가 가장 좋아하는 음식이 _____ (치킨)
(5) 내일은 _____ (하나코 씨 생일)

6. '-(으)ㄴ/는 셈 치다'를 이용해서 대답하십시오.

(1) 가: 아들이 집을 나갔다면서요? (자식이 없다)
　　 나: _____.
(2) 가: 오늘 점심은 제가 사겠어요. (먹다)
　　 나: _____.

(3) 가: 지갑이 어디에 있는지 모르겠어요? (잃어버리다)
　　나: _____ 다시 사십시오.

(4) 가: 성적도 안 좋은데 왜 그렇게 높은 법학과를 지원했습니까? (재수하다)
　　나: _____ 법학과를 지원했습니다.

7. 다음의 중국어를 한국어로 번역하십시오.

(1) 寒风凛冽,大雪飞扬,让人睁不开眼睛。
_____

(2) 为了减肥我已经一周没吃晚饭了,可还是一点儿也没瘦。(-ㄴ/는데도)
_____

(3) —不是说去韩国吗？怎么没去？
　 —签证没申请下来啊,只能下次再去了。(-지 뭐예요)
_____

(4) 听说这次交通事故中的遇难者共有16人。(-(이)라더군요)
_____

(5) 就当我从来没说过这种话,你别生气了。
_____

8. 다음의 한국어를 중국어로 번역하십시오.

(1) 돈도 돈이지만 신용카드하고 신분증을 다 잃어버렸지 뭐예요.
_____

(2) 열심히 공부하였는데도 성적이 오르지 않아요.
_____

(3) 그 책을 잃어버린 셈 치고 다시 사세요.
_____

(4) 갑자기 회사에서 야근을 하게 되는 바람에 만나지도 못했어요.
_____

(5) 5월에 인도여행을 준비 중인데 인도 날씨가 가장 더울 때라더군요.
_____

课外阅读

가방을 찾습니다

　며칠 전에 이곳 도서관 화장실에서 녹색 책가방을 잃어버렸습니다. 둘레가 검은 색 가죽으로 되어 있는 가방입니다. 특별히 비싼 물건은 아니지만, 사촌 언니에게서 선물로 받은 것이어서 저에게는 무척 소중한 가방입니다. 그리고 가방 안에 취직에 필요한 추천서가 들어 있기 때문에 다음 주 초까지 꼭 찾아야 합니다. 가방을 보셨거나 보관하고 계시는 분은 아래 연락처로 연락해 주십시오. 사례하겠습니다.

　분실 일시:2008년 10월 15일 저녁 6시 경
　분실 장소: 도서관 2층 여자 화장실
　내용물:화장품, 추천서, 수첩, 책 두권
　연락처:019-244-1588

휴대폰을 찾습니다

　쉬는 시간을 이용하여 잠깐 말씀드리겠습니다. 제가 어제 수업 끝나고 휴대전화를 잃어버렸습니다. 제 휴대전화는 길쭉한 타원형이고 크기는 딱 손바닥 만합니다. 두께는 얇은 편입니다. 뚜껑을 열고 닫는 게 아니라 위 아래오 올렸다 내렸다 할 수 있는 전화기이고, 액정 화면 위에 카메라도 달려 있는 최신형입니다. 색깔은 은색이고 네모난 모양의 액정 화면에 '링링 파이팅!'이라는 글자가 적혀 있습니다. 액정 화면 바로 밑에 '한국텔레콤'이라는 상표도 있습니다. 산 지 얼마 되지 않아서 흠집이 거의 없이 깨끗합니다. 엄지손가락 만한 곰돌이 인형이 휴대전화 줄 끝에 달려 있습니다. 혹시 이런 모양의 전화를 보신 분은 저에게 연락해 주세요. 감사합니다!

　연락처:019-238-1688

补充词汇

화장실 [化粧室]	[名]	洗手间,化妆室
녹색 [綠色]	[名]	绿色
둘레	[名]	周长,周围
가죽	[名]	皮,皮革
사촌 언니	[名]	表姐,堂姐
무척	[副]	相当,特别,极为
소중하다 [所重-]	[形]	珍贵
취직 [就職]	[名]	就业
연락처 [連絡處]	[名]	通讯方式,联系方式
사례하다 [謝禮-]	[动]	答谢,酬谢
경 [頃]	[名]	左右
내용물 [內容物]	[名]	里面的东西
수첩 [手帖]	[名]	手册,小本儿
휴대전화 [携帶電話]	[名]	手机
길쭉하다	[形]	稍长
타원형 [楕圓形]	[名]	椭圆形,卵形
딱	[副]	正好,恰好
두께	[名]	厚度,厚薄
뚜껑	[名]	盖子
액정화면 [液晶畵面]	[名]	液晶屏,液晶显示器
최신형 [最新型]	[名]	最新款
은색 [銀色]	[名]	银,银色
네모나다	[动]	有四角,呈四边形
파이팅/화이팅 [fighting]	[动]	加油
한국텔레콤 [-telecom]	[名]	韩国电信
상표 [商標]	[名]	商标,品牌,牌子
흠집	[名]	瑕疵,伤痕
엄지 손가락	[名]	大拇指
곰돌이 인형 [-人形]	[名]	小熊玩具
줄	[名]	绳子(这里指手机链)

제14과 음식과 요리

重点语法
1. 여간 -지 않다, 여간 -이/가 아니다
2. -밖에 없다/안 하다/못 하다/모르다
3. -기 시작하다
4. -(이)야말로
5. -(으)ㄴ/는 것은 아니지만
6. -었/았/였다가

课文

(1)

진홍: 수연 씨! 오늘 바쁘지 않으면 저와 쇼핑하러 가지 않을래요?
수연: 아, 미안해요. 오늘은 집에 일찍 들어가야 해요.
진홍: 집에 무슨 일이 있어요?
수연: 네, 오늘 어머니께서 김치를 담그신다고 하셨어요. 집에 일찍 가서 어머니를 도와 드려야 해요.
진홍: 그러면 할 수 없군요. 그런데 김치는 어떻게 만드나요?
수연: 김치 종류에 따라 방법이 달라요. 배추김치의 경우에는 배

추를 소금에 알맞게 절인 다음에 깨끗이 씻어 건져 놓아야 해요. 그리고 배추에 넣을 속을 준비해야 하는데, 김치 속은 무로 채를 치고 갖은 양념을 넣어 버무려야 해요.

진홍: 김치를 만드는 일은 여간 번거롭지 않네요.
수연: 그래서 요즘 젊은 사람들은 시장이나 슈퍼마켓에서 사 먹어요. 그렇지만 아직도 나이 드신 분들은 집에서 직접 담가 드셔요.
진홍: 수연 씨는 김치를 만들 줄 알아요?
수연: 아니요. 저도 잘 만들 줄 몰라요. 어머니가 담그실 때 옆에서 심부름밖에 못해요.
진홍: 그렇군요. 기회가 있으면 저도 김치 담그는 것을 보았으면 좋겠네요.
수연: 기왕 말이 나온 김에 오늘 저희 집에 가서 보시죠.
진홍: 정말요? 그러면 저야 좋지요.

(2) 한국의 음식

여러분은 오늘 아침에 무슨 음식을 드셨습니까? 한국 음식을 드셨다고요? 그렇다면 한국 음식에서 빼놓을 수 없는 것이 무엇일까요?

밥! 그렇습니다. 한국인의 주식은 바로 밥입니다. 한국에서는 이미 3,500년 전부터 벼를 기르기 시작했다고 합니다. 처음에는 쌀을 떡처럼 쪄서 먹다가 점차 물을 붓고 끓여서 밥을 지어 먹게 되었습니다.

그리고 또 한국 음식에서 중요한 것이 뭐가 있을까요? 김치! 맞습니다. 여러분 중에 혹시 김치를 싫어하는 사람이 있습니까? 김치야말로 한국 음식 중 가장 기본이 되는 반찬입니다. 김치에는 비타민, 아미노산 등 우리 몸에 필요한 영양소가 많이 들어 있으며 암을 예방하는 물질도 있습니다.

또 무엇이 있습니까? 국과 찌개가 있지요. 국과 찌개의 차이점은 무엇일까요? 국은 국물이 많은 게 특징입니다. 이에 비해서 찌개는 건더기가 많고 맛이 짠 게 특징이고요. 뭐니뭐니 해도 국과 찌개에서 가장 중요한 것이 '간'입니다. 음식의 간을 결정하는 양념에는 소금, 간장, 된장, 고추장이 있습니다. 이런 장들은 음식을 맛있게 해 주는 것으로 영양분도 많습니다. 옛날에는 고기나 생선보다 주로 채소를 반찬으로 먹었기 때문에 단백질이 부족했습니다. 그래서 콩으로 된장, 고추장을 담고 두부를 만들어서 단백질을 보충했습니다.

여러분이 매일 먹는 밥과 국, 김치가 바로 한국 음식의 기본이라고 할 수 있습니다. 그리고 밥이나 김치처럼 늘 먹는 것은 아니지만 한국 사람들이 즐겨 먹는 음식이 있습니다. 뭐지요? 네, 맞습니다. 바로 불고기입니다. 불고기는 보통 쇠고기에 맛있는 양념을 미리 버무렸다가 불에 구워서 먹는 것입니다. 불고기는 외국인들이 가장 좋아하는 한국 음식 중의 하나입니다. 그리고 삼겹살도 한국 사람들이 즐겨 먹습니다. 불고기를 먹을 때 보통 상추나 깻잎으로 쌈을 싸서 먹습니다. 풋고추나 마늘도 함께 싸서 먹기도 하는데 맛이 독특합니다. 여러분들도 다음에 기회가 있으면 한 번 맛보세요. 이제 모두 맛있게 드셨지요?

词汇

담그다	[动]	腌制, 浸泡, 酿
일찍	[副]	尽早, 提前
경우 [境遇]	[名]	境遇, 情况, 环境
종류 [種類]	[名]	种类
배추김치	[名]	白菜泡菜
소금	[名]	盐
알맞다	[动]	合适
절이다	[动]	腌, 腌渍, 腌制
건져놓다	[动]	捞, 打捞
김치속	[名]	腌制泡菜的调味料
채	[名]	(萝卜、黄瓜等的)丝

치다	[动]	剁,切(丝儿)
번거롭다	[形]	繁杂,复杂
나이 들다	[词组]	长了岁数,上了年纪
심부름	[名]	跑腿儿,使唤,役使
기왕 [旣往]	[名/副]	既往;既然,既是,已经
간	[名]	盐、酱、酱油的总称
빼놓다	[动]	漏掉
주식 [主食]	[名]	主食
기르다	[动]	养,培育
떡	[名]	年糕,米糕
찌다	[动]	蒸
붓다	[动]	倒
끓이다	[动]	开,沸,煮
짓다	[动]	做,盖,建
기본이 되다	[词组]	成为根本,是根本
비타민 [vitamin]	[名]	维生素
아미노산 [amino酸]	[名]	氨基酸
영양소 [營養素]	[名]	营养素
암 [癌]	[名]	癌,癌症
예방 [豫防]	[名]	预防,防治
물질 [物質]	[名]	物质,财物,财产
찌개	[名]	炖菜
건더기	[名]	汤里的菜等材料
된장 [-醬]	[名]	酱
고추장 [-醬]	[名]	辣酱,辣椒酱
단백질 [蛋白質]	[名]	蛋白质
버무리다	[动]	拌,搅和
굽다	[动]	烤,烧
삼겹살 [三-]	[名]	五花肉
상추	[名]	生菜
깻잎	[名]	芝麻叶,苏子叶
쌈	[名]	(用生菜、白菜等包的)饭团

풋고추	[名]	青辣椒
마늘	[名]	蒜,大蒜
맛보다	[动]	品尝,尝

语 法

1. 여간 -지 않다, 여간 -이/가 아니다

惯用形,一般后接否定,表示程度超过一般。相当于汉语的"很……""不是一般的……"。

<보기>

(1) 가: 뜰에 핀 꽃이 곱네요.
    田野里开的花很漂亮。
    나: 그래요. 여간 탐스럽지 않네요.
    是的,非常招人爱。

(2) 가: 정원에 장미꽃이 활짝 피었어요.
    庭院里的玫瑰花盛开了。
    나: 저도 보았는데 꽃이 여간 예쁘지 않아요.
    我也看到了,不是一般的好看。

(3) 가: 남편이 일찍 죽고 혼자 아이들을 키웠다면서요?
    听说丈夫早去世了,一个人把孩子们养大的?
    나: 여자 혼자 아이를 키우는 게 여간 어렵지 않았어요.
    一个女人自己养孩子实在是太难了。

(4) 가: 그 남자를 만난 소감이 어떠세요?
    见到那个男人后感觉怎样?
    나: 생각과 달리 여간 미남이 아닌데요.
    和想象的不一样,他不是一般的帅。

(5) 가: 혼자서 한국어 공부를 해 보니 어때요?
    自学韩国语感觉怎么样?

나: 여간 어려운 게 아니네요. 학원에 다녀야 할 것 같아요.
　　不是一般的难啊。好像应该去培训班学习。

2. -밖에 없다/안 하다/못 하다/모르다

接在名词的后面，表示"仅有""只有""仅做""只能做""只知道……"的意思。在"-밖에"后面只能用表示否定意义的"없다/안/못/모르다"。

<보기>

(1) 가: 한국 친구가 많습니까?
　　韩国朋友多吗?
　　나: 아니요, 한명밖에 없습니다.
　　不多，只有一名。

(2) 가: 만원만 빌려 주십시오.
　　借给我1万韩元吧。
　　나: 4천원밖에 없는데요.
　　我只有4000韩元。

(3) 가: 집에서 학교까지 시간이 많이 걸립니까?
　　从家到学校需要花费很长时间吗?
　　나: 아닙니다. 10분밖에 안 걸립니다.
　　不。只要10分钟。

(4) 가: 술을 얼마나 마실 수 있습니까?
　　能喝多少酒?
　　나: 한병밖에 못 마십니다.
　　只能喝一瓶。

(5) 가: 인호 씨의 주소와 전화번호를 가르쳐 주십시오.
　　请告诉我仁浩的住处和电话号码吧。
　　나: 전화번호밖에 모릅니다.
　　我只知道电话号码。

3. -기 시작하다

用于动词词干后,表示"开始"。

<보기>

(1) 두 달 전부터 한국어를 배우기 시작했습니다.
　　两个月前开始学习韩语。
(2) 5살 때부터 피아노를 치기 시작했습니다.
　　5岁开始弹钢琴。
(3) 작년 10월부터 진홍 씨를 만나기 시작했습니다.
　　去年10月开始和真洪交往。
(4) 보통 아이들이 15개월 정도부터 말을 하기 시작합니다.
　　一般孩子在15个月大的时候开始说话。
(5) 이 프로그램은 올해 4월부터 시작했습니다.
　　这个节目今年4月开始。

4. -(이)야말로

用于体词后,表示强调所叙述的对象,相当于汉语的"真是""才是""乃"等。

<보기>

(1) 그 사람이야말로 우리 회사에서 없어서는 안 될 사람입니다.
　　那个人才是我们公司不可或缺的人。
(2) 시장이야말로 열심히 사는 사람들의 모습을 볼 수 있는 곳이지요.
　　市场才是可以看到努力生活的人们的地方。
(3) 공해문제야말로 우리 모두가 책임감을 가지고 해결해야 할 문제예요.
　　环境问题才是我们所有人应该担负责任努力解决的问题。
(4) 제주도야말로 신혼여행지로 안성맞춤일 거예요.
　　济州岛才是新婚旅行适合去的地方。
(5) 김치야말로 한국을 대표하는 좋은 음식입니다.
　　泡菜才是代表韩国的健康食品。

5. -(으)ㄴ/는 것은 아니지만

由"ㄴ/은/는 것은 아니다"+"지만"组合而成,用于形容词或动词后,表示转折。意为"虽然不是……但……"。

<보기>

(1) 이 일은 꼭 내일까지 끝내야 하는 것은 아니지만 되도록 빨리 끝냈으면 좋겠어요.
 这件事虽然不是明天为止必须解决的,但是希望能尽快解决。

(2) 그 영화는 내가 가장 좋아하는 것은 아니지만 한 번 볼 만한 영화예요.
 那部电影虽然不是我最喜欢的,但也值得一看。

(3) 한복은 한국사람들이 매일 입는 것은 아니지만 대표적인 전통의상이에요.
 韩服虽然不是韩国人日常穿着的服装,却是韩国代表性的传统服装。

(4) 이 과목은 내가 좋아하는 것은 아니지만 꽤 중요한 과목이에요.
 这个科目虽然不是我喜欢的,但相当重要。

(5) 돈은 많으면 많을수록 더 좋은 것은 아니지만 생활하는 데에 필수적인 것이다.
 虽然不是钱越多越好,但也是生活必需。

6. -었/았/였다가

惯用形,由时制语尾"았/었/였"+"다가"构成。指做完前面的动作,之后转换成后面的动作。也有时表示前句是后句的提示或理由。

<보기>

(1) 학교에 갔다가 왔습니다.
 去了一趟学校。

(2) 의자에 앉았다가 일어났어요.
 在椅子上坐了一会儿后站起来了。

(3) 밤중에 불을 켰다가 껐습니다.
 夜里开灯后,又关掉了。

(4) 계속 분위기가 좋았다가 그 말 한 마디로 분위기가 썰렁해졌다.
 原本气氛很好,因他一句话气氛变得冷清了。

(5) 상한 음식을 먹었다가 배탈이 났어요.
  吃了变质的食物,闹肚子了。
(6) 말대답을 했다가 어머님께 꾸중을 들었어요.
  因为顶嘴被妈妈骂了。
(7) 문을 열었다가 먼지가 들어와서 얼른 닫았다.
  开着窗子进来灰尘,所以立刻关上了。

练 习

1. 본문을 읽고 다음의 질문에 대답하십시오.

   (1) 오늘은 수연 씨가 왜 일찍 집에 들어가야 해요?
   (2) 김치는 어떻게 만들어요?
   (3) 한국 사람의 주식은 뭐예요?
   (4) 한국 음식에서 대표적인 음식으로는 어떤 것들이 있어요?
   (5) 한국 사람들이 늘 먹는 것은 아니지만 즐겨 먹는 음식은 뭐예요?

2. '여간…지 않다'를 이용해서 문장을 바꾸십시오.

   (1) 바른 말만 하기 아주 어렵다.
      → _____.

   (2) 봄날의 햇빛이 아주 따뜻하다.
      → _____.

   (3) 그때 그의 고통이 심하였다.
      → _____.

   (4) 부모 없이 생활하기가 대단히 힘들었다.
      → _____.

   (5) 주말이면 친구들 일로 아주 바빴다.
      → _____.

3. '-밖에 못/안 하다'를 이용하여 대화를 완성하십시오.

   (1) 가: 하루에 담배를 몇 갑 피웁니까? (반갑)
       나: _____.
   (2) 가: 한국 노래를 부를 수 있습니까? (아리랑)
       나: _____.
   (3) 가: 무슨 요리를 잘 하십니까? (라면)
       나: _____.
   (4) 가: 한국 음식을 좋아해요? (불고기)
       나: _____.
   (5) 가: 일본어도 할 수 있어요? (한국어)
       나: _____.

4. '-기 시작하다'를 이용해서 대답을 하십시오.

   <보기> 가: 애가 언제부터 울었어요?
          나: 새벽부터 울기 시작했어요. (새벽/울다)

   (1) 가: 겨울철에는 언제부터 날이 어두어집니까?
       나: _____ (오후 5시경/어두어지다)
   (2) 가: 요즘 날씨가 꽤나 덥군요.
       나: _____ (보통 점심 때/더워지다)
   (3) 가: 이 지역은 최근에 많이 변했어요.
       나: _____ (작년 가을/발전하다)
   (4) 가: 언제부터 건강이 안 좋으셨어요?
       나: _____ (올 여름/앓다)
   (5) 가: 눈이 많이 내리네요.
       나: _____ (어젯밤/내리다)

5. '-(이)야말로'를 이용해서 문장을 바꾸십시오.

   (1) 이 학생은 우리 학교의 모범생이다.
       → _____

(2) 내가 진정으로 억울한 사람이다.
→ _____

(3) 우리 나라는 인적자원이 풍부한 나라이다.
→ _____

(4) 부모님의 사랑은 자식들이 잘 자라는 데 제일 중요한 요소이다.
→ _____

(5) 지애는 나의 가장 친한 친구이다.
→ _____

6. 보기와 같이 다음의 문장을 완성하십시오.

<보기>
　　이 논문은 아주 완벽한 것은 아니지만 제가 일년이란 시간을 들여서 열심히 쓴 거예요.

(1) 그때의 일을 잊어버린 것은 아니지만 _____
(2) 이것과 저것이 똑 같은 것은 아니지만 _____
(3) 이 일은 우리는 꼭 참견해야 하는 것은 아니지만 _____
(4) 짝사랑은 완전한 사랑이라는 것은 아니지만 _____
(5) 이번 일은 네가 잘 못한 것은 아니지만 _____

7. '-었/았/였다가'를 이용하여 아래의 문장을 완성하십시오.

<보기> 가: 어제 어디 가셨댔어요?
　　　나: 시내에 나갔다가 책방에 들렀댔어요.(나가다)

(1) 가: 사무실 공기가 좀 탁하지 않아요?
　　나: 좀 전에 환기시키려고 창문을 _____ 닫았는데 아직도 그렇군요. (열다)
(2) 가: 민수 씨, 어디 가세요?
　　나: 도서관에요. 책을 _____ 반납하러 가는 길이에요.(빌리다)
(3) 가: 지난 달에 구입한 물건을 반품하고 싶은데요.
　　나: 손님, _____ 반품하거나 환불하는 경우에는 구입한 지 7

제14과 음식과 요리　183

일 이내에만 가능합니다.(사다)

(4) 가: 오늘 제임스 씨와 등산 가기로 했다고 하지 않았어요?

나: 네, 일기 예보를 들어보니까 비가 온다고 해서 _____ 취소했어요.
(약속하다)

(5) 가: 아직 편지를 안 보냈어요?

나: 네, 내용이 마음에 안 들어서 _____ 찢어 버렸어요.(쓰다)

8. 다음 (   ) 안에 알맞은 것을 고르십시오.

(1) 가: 벌써 한 시간이나 지났는데 더 기다리실 겁니까?

나: (   )안 올 것 같으니까 출발합시다.

① 기다려도 　　　　② 기다리면

③ 기다려서 　　　　④ 기다릴수록

(2) 가: 조카 생일인데 어떤 선물을 준비하는 게 좋을까요?

나: 장난감 어때요? 어린 아이(   ) 장난감을 좋아하지 않는 아이는 없으니까요.

① 조차 　　② 만큼 　　③ 마저 　　④ 치고

(3) 가: 어제 약속 시간에 안 늦었어요?

나: 네, 그때 바로 택시를 타지 않았으면(   )

① 늦을 텐데요 　　　　② 늦을까 해요

③ 늦을 뻔했어요 　　　④ 늦은 척했어요.

9. 다음의 중국어를 한국어로 번역하십시오.

(1) 哥哥才喜欢学习呢,现在应该在图书馆里学习。

(2) 看来,这件事只有你们来做才行。

(3) 这个工作虽然不是我很喜欢的,但为了养家糊口我必须做下去。(-ㄴ/는 것은 아니지만)

(4) 过年前后买车票不是一般的难,还是早订票的好。

(5) 淘气鬼永洙一懂事,突然开始努力学习了。

● **10. 다음의 한국어를 중국어로 번역하십시오.**
(1) 배추김치의 경우에는 배추를 소금에 알맞게 절인 다음에 깨끗이 씻어 건져 놓아야 해요.

(2) 3개월 전에 태권도를 배우기 시작했습니다.

(3) 주머니 안에 손수건밖에 아무것도 없습니다.

(4) 며칠 집에 늦게 들어갔더니 아버지께서 여간 화를 내시는 것이 아니었어요.

(5) 저야말로 내일 졸업식에 가야지요. 동생 졸업식에 형이 안 갈 수 있나요?

课外阅读

한국의 삼계탕

아주 무더운 여름날 사람들이 잘 먹는 음식 중의 하나가 삼계탕입니다. 그런데 이상하게도 우리는 왜 그렇게 더운 날 뜨거운 삼계탕을 먹는 것일까요?

사실 이러한 음식 문화에는 우리 조상의 지혜가 들어 있습니다. 여름에 날씨는 덥지만 몸에 찬 기운이 많아지기 때문에 더운 기운을 갖고 있는 닭고기, 인삼, 대추 등을 함께 끓여 먹어서 몸을 따뜻하게 하는 것입니다. 여름에 찬 것을 많이 먹으면 쉽게 배탈이 나는 것도 이런 이유 때문입니다. 그래서 뜨거운 음료수를 마시거나 끓인 차를 식혀 먹는 것이 여름을 건강하게 지내는 방법입니다. 물론 여기서 말하는 찬 기운이나 더운 기운은 한의학에서 쓰는 뜻으로 말한 것입니다. 한의학에서는 사람의 몸 속에 여름에는 찬 기운이 많아지고 겨울에는 더운 기운이 많아진다고 합니다.

또한 '이열치열'이라고 여름철에는 음식을 뜨겁고 매운 맛이 나게 해서 먹는 것이 건강에 도움이 됩니다. 여름철에 식욕을 잃었을 때, 고추, 생강, 마늘, 파 등의 양념을 많이 넣은 음식이나 김치찌개, 육개장 같은 음식을 먹으면 입맛이 살아납니다.

옛날 우리의 조상들은 계절에 맞춰 음식을 해 먹으며 건강을 지켰는데, 요즈음 우리의 식탁은 계절에 따라 얼마나 바뀌는지 다시 한 번 생각해 봐야 하지 않겠습니까?

补充词汇

삼계탕 [蔘鷄湯]	[名]	参鸡汤
뜨겁다	[形]	热
지혜 [智慧]	[名]	智慧
기운 [氣運]	[名]	力气
닭고기	[名]	鸡肉
인삼 [人蔘]	[名]	人参
대추 [大棗]	[名]	枣
배탈이 나다	[词组]	闹肚子, 腹泻
식히다	[动]	晾晾, 放凉
한의학 [韓醫學]	[名]	韩医学, 相当于中国的"中医学"
이열치열 [以熱治熱]	[名]	以热治热
맵다	[形]	辣
식욕을 잃다	[词组]	没有食欲, 没有胃口
생강 [生薑]	[名]	生姜
육개장 [肉-]	[名]	辣牛肉汤
입맛이 살아나다	[词组]	开胃
맞추다	[动]	按照……调整, 迎合

제15과 제주도 여행

重点语法
1. -(으)ㄹ 만하다
2. -도 -지만
3. -(으)ㄹ수록
4. -다고 해서
5. -노라면

课文

(1)

수연: 준코 씨! 이번 여름 방학에 뭘 할 거예요?
준코: 저는 여름 방학에 제주도에 가 볼까 해요.
수연: 좋겠군요. 저도 한 번 가 보았는데, 아주 아름다운 곳이에요.
준코: 그럼, 제주도에서 가 볼 만한 곳을 알려 주실래요?
수연: 물론이죠. 제주도는 구경거리가 아주 많아요. 한라산도 아름답고, 성산 일출봉도 아주 좋아요. 또 배를 타고 한 시간 정도 가면 '우도'라는 섬이 있는데 그곳도 여행하기 좋은 곳이더군요.

준코: 그렇게 볼거리가 많아요?
수연: 볼거리도 많지만 먹을거리도 많아요.
준코: 어떤 것이 있나요?
수연: 제주도 앞바다에서 잡히는 옥돔, 갈치, 고등어와 같은 생선이 아주 신선해요. 또 해녀들이 잡아 오는 해삼, 전복 등 해산물도 아주 많지요.
준코: 바닷가라서 싱싱한 생선이 많이 있나 보군요.
수연: 하지만 뭐니 뭐니 해도 제주도의 가장 대표적인 특산물은 제주 감귤이에요.
준코: 귤이요? 오렌지보다 조금 작은 것 말이지요?
수연: 크기는 오렌지보다 작지만 더 달고 신맛은 적어요.
준코: 참, 들을수록 먹고 싶어져 못 견디겠군요. 이제 제주도에 가면 꼭 먹어 봐야겠어요.

(2)

제주도는 한국의 남쪽 끝에 있는 섬으로 화산으로 생긴 화산섬이다. 푸른 바다와 야자수, 그리고 겨울에도 별로 춥지 않은 기온 등으로 이국적인 분위기가 짙게 풍기는 곳이다.

제주도는 바람하고 여자, 돌이 많다고 해서 '삼다도'라고 불리기도 한다. 더구나 제주도는 독특한 전통 문화와 이국적 경치를 함께 느낄 수 있어서 한국의 신혼부부들이 많이 찾는 곳 중의 하나다.

제주도에는 구경할 만한 곳들이 많다. 우선 제주 민속촌에 가면 제주도의 옛집과 돌하르방을 구경할 수 있다. 마냥 인자한 웃음으로 관광객들을 맞아주는 돌하르방은 제주도에서 마을을 지켜 주는 수호신으로서 제주 사람들의 깊은 숭상을 받고 있다.

다음 '성산 일출봉'도 한 번 볼만한 구경거리이다. 아침 일찍 성산에 올라 바다에서 뜨는 해를 바라보노라면 가슴이 벅차오르는 느낌을 받는다.

그 다음 구경할 만한 것은 물이 바다로 직접 떨어진다는 '정방폭포'와 이것과 어우러진 아름다운 바닷가 풍경이다. 도시에서는 볼 수 없는 아름다운 광경이어서 더욱 매력적이다. 그리고 꼭 가보야 할 곳은 한라산이다. 한라산의 정상에 있는 백록담은 화산의 분화구에 물이 고여 만들어진 호수로, 그 규모가 크지 않지만 주변의 경치와 잘 어우러져 있다. 한라산 정상에 올라가면 제주도에서는 보기 드문 눈도 볼 수 있어 기분이 상쾌하다.

또한 제주도는 화산섬이므로 천연적인 용암굴도 많다. 가장 유명한 것은 김녕굴과 만장굴인데 그 깊이가 각각 375미터와 7킬로미터이다. 이런 굴은 세계 어느 곳에서도 볼 수 없는 희귀한 것이라고 한다. 이 외에도 계절에 따라 특유의 경치들을 구경할 수가 있는데 유채화 축제가 있는 봄에 가면 들녘을 온통 노랗게 뒤덮은 유채꽃 풍경을 만나볼 수 있으며 감귤 축제가 있는 가을에 가면 제주의 특산인 감귤을 한껏 맛볼 수 있다.

제주도는 아름다운 자연과 어울려 즐거운 시간을 보낼 수 있는 참으로 이상적인 관광지이다.

词汇

구경거리	[名]	可看的, 可参观的
한라산 [漢拏山]	[名]	汉拿山
성산 일출봉 [城山 日出峰]	[名]	城山日出峰
우도 [牛島]	[地名]	牛岛
볼거리	[名]	可看的东西
먹을거리	[名]	可吃的
잡히다	[动]	抓住, 被捕
옥돔	[名]	方头鱼
갈치	[名]	带鱼
고등어 [玉-]	[名]	青花鱼
신선하다 [新鮮-]	[形]	新鲜

해녀 [海女]	[名]	海女（以潜入水中捕捞海鲜为业的妇女）
해삼 [海參]	[名]	海参
전복 [全鰒]	[名]	鲍鱼
해산물 [海産物]	[名]	海产品
싱싱하다	[形]	新鲜的，茁壮的
특산물 [特産物]	[名]	特产
감귤 [柑橘]	[名]	柑橘，橘子
오렌지 [orange]	[名]	橙子
신맛	[名]	酸味
견디다	[动]	耐，挺，经得起
야자수 [椰子樹]	[名]	椰子树
이국적 [異國的]	[名]	异国的
민속촌 [民俗村]	[名]	民俗村
마냥	[副]	尽情，总是；非常
인자하다 [仁慈-]	[形]	仁慈，慈祥
맞아주다	[动]	迎接
돌하르방	[名]	石老人（济州岛的民俗信仰，守护神）
숭상 [崇尙]	[名]	崇尚
뜨다	[动]	浮，飘，飞
해	[名]	太阳
바라보다	[动]	注视，遥望，观望
벅차오르다	[动]	充满，洋溢
정방폭포 [正房瀑布]	[名]	正房瀑布（济州岛旅游景点）
어우러지다	[动]	协调，和谐
풍경 [風景]	[名]	风景，景色
매력적 [魅力的]	[名]	诱人，迷人
백록담 [白鹿潭]	[名]	白鹿潭
화산 [火山]	[名]	火山
분화구 [噴火口]	[名]	喷火口
고이다	[动]	积，屯住
정상 [頂上]	[名]	山顶
보기 드물다	[词组]	少见
화산섬 [火山-]	[名]	火山岛

천연적 [天然的]	[名]	天然
희귀하다 [稀貴-]	[形]	稀有的, 珍贵的
유채화 [油菜花]	[名]	油菜花
들녘	[名]	原野
온통	[副]	全部, 完全
뒤덮다	[动]	笼罩, 覆盖
축제 [祝祭]	[名]	庆典, 盛会
특산 [特産]	[名]	特产
한껏	[副]	尽情, 尽可能
이상적 [理想的]	[名]	理想的
관광지 [觀光地]	[名]	旅游区, 观光区

语 法

1. -(으)ㄹ 만하다

用于谓词词干后,由定语词尾"-(으)ㄹ"加不完全名词"만"加动词"하다"构成。表示能力或可能性,相当于汉语的"能""能够""可以";还可以表示达到某种程度或水平,相当于汉语的"值得""足以"。

<보기>

(1) 남편이 많이 도와 주니까 할 만해요.
    因为我先生帮了很多忙,所以能做得来。

(2) 이 집이 만든 음식은 먹을 만합니다.
    这家的食物值得一尝。

(3) 조금 크기는 해도 그 옷은 입을 만합니다.
    那衣服虽然有点儿大,但能穿。

(4) 오후에 백화점에 가서 아무리 봐도 살 만한 물건이 없었어요.
    下午去了百货商店,怎么看都没什么值得买的东西。

(5) <서편제>는 꽤 볼 만한 영화였다.
    《西便制》真是一部值得一看的电影。

2. -도 -지만

惯用形,由助词"도"与表示转折的"지만"构成,用于体词之后,表示既肯定前面的事实与情况,同时也承认后面的事实或状态。相当于汉语中的"虽然……但也……"。

<보기>

(1) 그를 좋아하는 사람도 많지만 싫어하는 사람도 많아요.
   喜欢他的人很多,但是讨厌他的人也很多。
(2) 열심히 공부하는 학생도 있지만 매일 노는 학생도 있어요.
   有努力学习的学生,但也有整天玩的学生。
(3) 그냥 지나가는 사람도 많지만 멈춰서 자세히 쳐다보는 사람도 있어요.
   很多人就那样过去了,但也有人停下来仔细看。
(4) 제주도에 여행가는 신혼부부도 많지만 외국에 여행가는 신혼부부도 많아요.
   很多新婚夫妇去济州岛旅行,但也有很多去国外旅行。
(5) 잘 나온 사진도 있지만 잘 나오지 않은 사진도 있어요.
   一些照片照得很好,但也有一些照得不好。

3. -(으)ㄹ수록

"-(으)ㄹ수록"表示两件事的比例关系,有强调意义,可以与"(으)면"搭配使用,构成"…-(으)면…-(으)ㄹ수록"的惯用形,意为"越……越……"。

<보기>

(1) 동물원에는 날씨가 좋으면 좋을수록 사람이 많습니다.
   天气越好,去动物园的人越多。
(2) 길을 돌아다니면 다닐수록 한국을 더욱 잘 알게 됩니다.
   路走得越多,对韩国也会越加了解。
(3) 한국어는 공부하면 할수록 어렵지만 끝까지 최선을 다할 것이다.
   韩国语越学越难,但是我会尽全力坚持到底。
(4) 자식은 소중할수록 여행을 많이 보내야 한다.
   越是疼爱子女,越要让他们出去看看大千世界。
(5) 컴퓨터는 작을수록 값이 비싸네요.
   电脑越小,价格越高。

4. -다고 해서

该惯用形由表示间接引用的"-다고 하다"和表示原因或理由的连接词尾"-여서"组合而成。表示因为前半句中所引用的内容,而引发后半句中的话语或行为。前半句可以是间接引用别人说过的话,也可以是一般事实。

<보기>

(1) 그러나 돈을 많이 볼 수 있다고 해서 꼭 좋은 직장이라고는 볼 수 없습니다.
但是赚钱多的未必就是好工作。

(2) 그는 외국어를 잘한다고 해서 몹시 으스댑니다.
他外语说得好,就老是卖弄。

(3) 범인을 잡는다고 하여 문제가 다 해결되는 것은 아니다.
不是说犯人抓到了问题就都解决了。

(4) 그분은 파업에 가담했다고 해서 불이익을 당했습니다.
因为他参加罢工了,所以吃了亏。

(5) 키가 좀 작다고 해서 그 일을 못 해낸다고 할 수 없지 않아요.
不能说因为个子矮就不能解决那件事吧?

5. -노라면

"-노라고 하면"的缩略形式,由终结词尾"-노라"和连接词尾"-면"组合而成,用于部分动词后,不能与时制词尾搭配使用,表示如果持续做某事,自然会出现某种结果,有时也表示引用。

<보기>

(1) 열심히 사노라면 좋은 날도 있겠지.
坚持努力生活,总会迎来好日子的。

(2) 사람이 사노라면 만날 때가 있겠지.
人活着总会见面的。

(3) 바쁘게 일을 하노라면 시간 가는 줄을 모르게 된다.
一直忙着做事的话就会忘记时间。

(4) 푸른 바다를 보고 있노라면 가슴이 탁 트이는 것 같다.
   看着蓝色的大海，心里豁然开朗。
(5) 열심히 하노라면 언젠가는 알아 주겠지요.
   努力做，总有一天能得到认可。

练 习

1. 본문을 읽고 다음의 질문을 대답하십시오.

   (1) 준코 씨는 이번 여름 방학에 무엇을 할 것입니까?
   (2) 제주도의 먹을거리에는 어떤 것이 있습니까?
   (3) 제주도는 왜 '삼다도'라고 불리기도 해요?
   (4) 제주도의 구경거리에는 어떤 것이 있습니까?

2. '-(으)ㄹ 만하다'를 이용해서 다음의 대화를 완성하십시오.

   (1) 가: 맞벌이를 하신다는데 힘들지 않으세요?
      나: _____
   (2) 가: 그 식당 음식 맛이 어때요?
      나: _____
   (3) 가: 문제가 너무 어렵지 않으세요?
      나: _____
   (4) 가: 숙제가 너무 많지 않으십니까?
      나: _____
   (5) 가: 새로 산 옷이 어때요?
      나: _____

3. '-도 -지만'을 이용하여 문장을 완성하십시오.

   (1) 노래도 잘 하지만 _____.
   (2) 커피도 좋아하지만 _____.
   (3) 어제도 진수 씨를 만나지만 _____.
   (4) 편지도 자주 쓰지만 _____.
   (5) 사과도 많이 사지만 _____.

4. 보기와 같이 문장을 연결해 보십시오.

   <보기> 학벌이 좋다. 기대 수준이 높다.
   → 학벌이 좋으면 좋을수록 기대 수준이 높아진다.

   (1) 새로운 느낌이 많다. 생활이 즐겁고 인상적이다.
   → _____

   (2) 속도가 빠르다. 더 위험하다.
   → _____

   (3) 이곳을 본다. 경치가 아름답다.
   → _____

   (4) 계속 간다. 더 어렵다.
   → _____

   (5) 시간이 간다. 고향이 더욱 그리워진다.
   → _____

5. '-다고 해서'를 이용하여 짧은 문장을 만들어 보십시오.

   (1) 기분이 나쁘다
   (2) 얼굴이 예쁘다
   (3) 돈이 없다
   (4) 운동장이 넓다
   (5) 외국어를 할 줄 안다

6. 다음의 문장을 완성해 보십시오.

(1) 앞을 향해 계속 가노라면 _____

(2) 열심히 사노라면 _____

(3) 열심히 노력하노라면 _____

(4) 계속 연습하노라면 _____

(5) 꾸준히 운동하노라면 _____

7. 다음의 대화에서 밑줄 친 부분과 의미가 비슷한 것을 고르십시오.

(1) 가: 이 책을 읽어 보니까 어때요?

나: 조금 어렵지만 <u>읽을 만해요</u>.

① 읽지 못해요　　　　② 읽지 마세요

③ 읽을 거예요　　　　④ 읽을 수 있어요.

(2) 가: 왜 회사를 그만두기로 했어요?

나: 건강이 나빠져서 이제는 회사를 <u>그만둘 수밖에 없어요</u>.

① 그만두면 돼요　　　② 그만둬야겠어요

③ 그만둬도 돼요　　　④ 그만두면 안 돼요.

(3) 가: 왜 전화를 안 받으셨지요?

나: <u>요리하느라고</u> 전화를 얼른 받을 수 없었어요.

① 요리하고 있으면　　② 요리하고 있어서

③ 요리하고 있는데　　④ 요리하고 있어도

8. 다음의 중국어를 한국어로 번역하십시오.

(1) 实现人生价值是值得我们努力拼搏的。

(2) 有的人用权力造福人民,也有人用权力压迫人民。

(3) 不管怎么说苹果还是大邱的最好吃。(뭐니뭐니해도)

(4) 开始不太能吃辣的,但是好像越吃越好吃。(-ㄹ수록)

(5) 只要坚持运动,身体一定会健康起来的。(-노라면)

9. 다음의 한국어를 중국어로 번역하십시오.

(1) 아침 일찍 성산에 올라 바다에서 뜨는 해를 바라보노라면 가슴이 벅차오르는 느낌을 받는다.

(2) 그 분은 믿을 만하니까 걱정하지 말고 이야기 하십시오.

(3) 이 번 일은 할수록 좋아지고 있습니다.

(4) 그 영화가 재미있다고 해서 겨우 시간을 내서 보러 갔더니 표가 다 팔렸대요.

(5) 이화원은 아마 베이징에서 가장 볼 만한 곳일 거예요.

课外阅读

가을 설악산 여행

오늘은 왕홍, 지연, 성준이와 함께 설악산으로 여행을 가기로 한 날이다. 우리는 산에 오르기 위한 여러 가지 물품들을 챙겨 가지고 아침 일찍 고속버스에 몸을 실었다.

떠난 지 5시간 만에 속초에 도착했다. 속초 시내에서 '대포동 설악산 입구'로 가는 버스를 타고 제일 먼저 흔들바위에 갔다. 흔들바위는 한 사람의 힘으로도 움직일 수 있었다. 그러나 백 사람이 밀어도 한 사람이 민 것과 같이 움직이기만 하고 밑으로 굴러 떨어지지 않는다고 했다. 이곳은 아름다운 등산 코스로 유명하다 보니 한국인이나 외국인 할 것 없이 여행객이 많았다. 남쪽의 길로 25분쯤 갔더니 마치 용이 하늘로 오르는 듯한 비룡폭포가 있었다. 그 소리는 비행기의 엔진 소리보다 더 커서 정신이 없었다. 그리고 서쪽으로 금강굴을 지나 마등령까지 구경하였다. 우리 일행은 하도 피곤해서 대청봉 등산은 내일 하기로 했다.

다음 날 양양군 오색에서 출발해서 대청봉을 향했다. 1박 2일의 일정으로 대청봉에 있는 산장에서 하루를 쉬고, 그 다음 날 일출을 보기로 했다. 6시 정도까지 계속 걷다가 산장에 도착해서 저녁을 간단하게 먹었다. 산에서의 식사는 꿀맛 같았다. 내일 일출을 보기 위해서 우리는 일찍 잠자리에 들었다. 많은 사람들이 우리 일행을 친절하게 대해 주었다.

그 다음 날 우리는 드디어 설악산 정상인 대청봉에 올라가 일출을 보았다. 우리는 일출을 보면서 서로의 희망을 이야기했다.

补充词汇

설악산 [雪嶽山]	[名]	雪岳山
오르다	[动]	登(山), 上(山)
물품 [物品]	[名]	物品
고속버스 [高速bus]	[名]	高速巴士
속초 [束草]	[地名]	束草(韩国地名, 位于江原道东北部)
대포동 [大浦洞]	[名]	大浦洞韩国地名
움직이다	[动]	动, 动弹
구르다	[动]	滚动
코스 [course]	[名]	路程, 路线
비룡폭포 [飛龍瀑布]	[名]	飞龙瀑布
엔진 [engine]	[名]	发动机
금강굴 [金剛窟]	[名]	金剛窟
마등령 [馬等嶺]	[名]	马等岭
일행 [一行]	[名]	一行, 同行
하도	[副]	太, 过于
대청봉 [大靑峰]	[名]	大青峰
양양군 [襄陽郡]	[名]	襄阳郡

오색 [五色]	[地名]	五色
향하다 [向-]	[动]	向着,朝向
산장 [山庄]	[名]	山庄
꿀맛	[名]	蜂蜜的味道
잠자리	[名]	睡铺
들다	[动]	入,进入
희망 [希望]	[名]	希望

제16과 옛이야기 [1]

重点语法
1. -아/어/여 버리다
2. -(으)ㄴ들 무엇하랴?
3. -거라
4. -을/를 비롯해서(비롯하여)
5. -더라도
6. -고 보니까

课 文

(1)

빌 리: 지연 씨, 한국 옛날 이야기 중에 콩쥐팥쥐라는 게 있죠?
지 연: 네, 그런데 왜요?
빌 리: 어제 TV에서 콩쥐팥쥐 만화 영화를 하더라고요. 내가 만화 영화를 아주 좋아하거든요. 그래서 끝까지 봤는데 신데렐라 이야기랑 아주 비슷하더군요.
나오코: 맞아요, 나도 동화책 파는 코너에서 제목을 본 적이 있어요. 그런데 그 이야기가 신데렐라랑 똑같아요?
지 연: 네, 비슷한 점이 많이 있어요. 먼저 주인공이 아주 착하고 예쁘다는 점, 둘째, 주인공의 친어머니가 돌아가셔서

　　　　　　새어머니가 들어오게 되는데 주인공을 구박한다는 점, 마지막으로 왕자님하고 결혼을 한다는 점 등등 많은 부분이 비슷해요.

나오코: 나라는 다르지만 내용은 비슷한 이야기들이 많이 있는 것 같아요. 일본 옛날 이야기 중에 '우라시마타로'라는 게 있는데 한국에도 '토끼전'이 있잖아요.

지　연: 우라시마타로는 어떤 이야긴데요?

나오코: 어떤 사람이 불쌍한 거북이를 도와줘서 용궁에 가게 되는 이야기예요. 용궁 생활이 너무 재미있어서 한참 동안 지내다가 가족들이 그리워서 고향에 돌아오지만, 세월이 많이 흘러서 가족들은 이미 죽어버렸다는 이야기예요.

지　연: 듣고 보니까 줄거리는 좀 다르지만 용궁이 나오는 건 '토끼전'하고 비슷하네요.

나오코: 일본이랑 한국이 가까워서 옛날 이야기들도 비슷한 게 있나 봐요.

빌　리: 내가 볼 때는 사람들이 생각하는 게 비슷해서 그런 것 같아요. 신데렐라는 프랑스 소설인데도 콩쥐팥쥐하고 비슷하잖아요.

지　연: 참, 빌리 씨는 한국의 옛이야기들을 많이 알고 있는 것 같네요.

빌　리: 뭘요, 그냥 몇 개만 알고 있을 뿐이에요. 방금 말씀한 '콩쥐팥쥐' '토끼전' 외에도 '춘향전'을 비롯해서 '심청전' '흥부전'과 같은 것들을 좀 알고 있습니다.

지　연: 너무 겸손하시네요. 한국에 오신 지 1년밖에 안 되는데 정말 대단해요!

(2)　　　　　　　　　　**효녀 심청**

　그 때 심청이가 눈물을 흘리며 말했습니다.
　'죄송해요, 아버지, 제가 아버지를 속였어요. 대감님 댁에 일을 하러 가는 것이 아니라, 사실은 공양미 삼백 석을 마련하려고 뱃사람들에게 제물로 제 몸을 팔았어요. 오늘이 바로 떠나는 날이에요.'

심 봉사는 이 말을 듣고 그만 방바닥에 주저앉았습니다.

'그게 정말이냐? 못 간다, 못 가. 어떻게 나에게 물어보지도 않고 네 마음대로 하느냐? 자식을 죽여서 내 눈을 뜬들 무엇하겠느냐? 아내 죽고 자식 잃고 눈 뜨는 게 다 뭐냐? 내가 더 살아서 무엇하겠느냐? 너하고 나하고 함께 죽자. 네 이 놈들아! 장사도 좋지만 사람을 사다가 제사를 지내는 데가 어디 있느냐? 여보시오, 동네 사람들, 저런 놈들을 그냥 두고 보시오?'

청이는 울면서 아버지를 끌어안았습니다.

'아버지, 이제는 어쩔 수가 없어요. 제가 죽더라도 아버지는 눈을 떠서 세상을 보시고, 좋은 분을 만나서 잘 사세요.'

심 봉사가 청이를 붙들고 목 놓아 통곡을 했습니다.

'날 죽이고 가거라, 그냥은 못 간다. 날 데리고 가거라, 너 혼자는 못 간다.'

심청이는 동네 사람들에게 아버지를 부탁하고는 뱃사람들을 따라갔습니다. 억수같이 눈물을 흘리면서 정든 마을을 돌아보았습니다.

'작년 오월 단오에 그네 타고 놀던 일이 꿈만 같구나. 칠월 칠석날 밤에 친구들과 함께 놀기로 한 것은 이제 허사가 되었네. 언제나 다시 볼까? 내 그리운 친구들. 너희는 부모님 모시고 잘 있거라.'

이 모습을 보고 서로 붙들고 울지 않는 사람이 없었습니다.

词汇

콩쥐팥쥐	[名]	《大豆鼠、红豆鼠》(朝鲜古典小说)
만화영화 [漫畫映畫]	[名]	动画片
신데렐라 [Cinderella]	[名]	灰姑娘
비슷하다	[形]	相似的
코너 [corner]	[名]	角落,边角
구박하다 [毆縛-]	[动]	虐待

우라시마타로 [うらしまたろう]	[人名]	浦岛太郎（日本童话中的主人公）
토끼전 [-傳]	[专]	兔子传（朝鲜古典小说）
심청전 [沈淸傳]	[专]	沈清传（朝鲜古典小说）
흥부전 [興夫傳]	[专]	兴夫传（朝鲜古典小说）
속이다	[动]	欺骗
공양미 [供養米]	[名]	供米，施舍米
대감님 [大監-]	[名]	大人（敬称）
뱃사람	[名]	船夫
제물 [祭物]	[名]	祭物
그만	[副]	到此为止，就此
방바닥	[名]	地面
주저앉다	[动]	瘫坐，一屁股坐到地上
마음대로	[副]	随心所欲
눈을 뜨다	[词组]	睁开眼睛
장사	[名]	生意，买卖
제사 [祭祀]	[名]	祭祀
끌어안다	[动]	拥抱，搂抱
붙들다	[动]	抓，抓住，逮住，挽留
목 놓아 통곡하다 [-痛哭/慟哭-]	[词组]	放声痛哭
억수	[名]	瓢泼，倾盆
정들다 [情-]	[动]	产生感情
돌아보다	[动]	回看
허사 [虛事]	[名]	落空，泡汤
따라가다	[动]	跟着去
모시다	[动]	侍奉，伺候

语 法

1. -아/어/여 버리다

由连接语尾"-아/어/여"加辅助动词"버리다"构成,接在动词词干后,表示动作的完了。相当于汉语"……掉了""……完了""……光了"。

<보기>

(1) 나는 갖고 있던 돈을 전부 동생에게 줘 버렸다.
  我把所有的钱全部给了弟弟。
(2) 불필요한 물건들을 전부 없애버렸다.
  不必要的东西全部清除掉了。
(3) 얘, 이것도 마저 먹어 버려라.
  孩子,你把这个也吃掉吧。
(4) 가방을 사고 남은 돈은 다 써 버려라.
  把买包剩下的钱全花掉吧!

2. -(으)ㄴ들 무엇하랴?

由表示让步的"-(으)ㄴ들"与表示否定意义反问的"무엇하랴"组合而成,接在动词、形容词之后,表示即使肯定前面所说的情况,对后面的情况也没有什么影响。相当于汉语的"纵使……又能怎么样呢""即便是……又有什么用呢"。

<보기>

(1) 가: 그 사람은 고집이 너무 세서 남의 말을 통 듣지 않아요.
  那个人太固执了,别人的话根本听不进去。
  나: 그런 사람에게 충고한들 무엇하랴?
  劝告那种人有什么用呢?
(2) 가: 이 일을 어떻게 하지?
  这件事怎么办呢?
  나: 이미 엎질러진 물인데 후회한들 무엇하랴?
  已经是泼出去的水了,后悔有什么用啊?

(3) 가: 저 사람은 재산이 많으니까 행복할 거야.
    那个人有大笔财产,会很幸福。
   나: 몸이 저렇게 허약한데 재산이 많은들 무엇하랴?
    身体那么虚弱,有钱有什么用啊?
(4) 가: 이 일을 저분에게 부탁해 보도록 하겠어요.
    我去请他帮忙做这件事。
   나: 저 분도 저렇게 눈코 뜰 새 없이 바쁜데 부탁한들 무엇하랴?
    他也是忙得不可开交,拜托他有什么用啊?
(5) 가: 아이가 아주 똑똑하네요.
    孩子很聪明啊。
   나: 공부를 열심히 하지 않는데 머리만 좋은들 무엇하랴?
    不认真学习,光聪明有什么用啊?

3. -거라

基本阶命令式终结语尾,用于动词之后,表示对晚辈的命令。

<보기>

(1) 많이 먹거라.
   多吃点。
(2) 시험날짜가 얼마 남지 않았으니 부지런히 공부하거라.
   距离考试的日子没有几天了,努力学习吧。
(3) 여기서 너희의 꿈을 활짝 펼치거라.
   在这里放飞你们的梦想吧。
(4) 할아버지께서 기다리신다. 얼른 저쪽으로 가거라.
   爷爷在等着呢,赶紧过去吧。
(5) 추울 텐데 빨리 방으로 들어가거라.
   外面很冷,快点儿进屋去吧。

4. -을/를 비롯해서(비롯하여)

由宾格助词"을/를"加表示开始的动词"비롯하다"加连接语尾"여서"构成,相当于汉语的"以……为首""包括……在内"。

<보기>

(1) 서울에는 경복궁을 비롯하여 많은 고궁들이 있다.
首尔有景福宫等许多古代宫殿。
(2) 10월에는 개천절을 비롯하여 많은 기념일이 있다.
10月有开天节等许多纪念日。
(3) 사장님을 비롯하여 전 직원이 열심히 일한 덕분에 수출이 크게 늘었다.
在总经理带领下,全体员工努力工作,出口得到了大幅度增长。
(4) 결혼식 피로연 음식이 상해서 신랑 신부를 비롯하여 많은 하객들이 식중독에 걸렸답니다.
听说婚宴上的饭菜变质引起新郎、新娘和许多来宾食物中毒。
(5) 다음 달 15일에는 학과별 체육대회가 있습니다. 그러니까 과 대표를 비롯해서 학생 모두가 협력해서 준비해 주기 바랍니다.
下个月15号各系召开运动会,希望以课代表为首的全体同学全力配合做好准备。

5. -더라도

用于动词、形容词之后,表示假设性的让步,相当于汉语"即使……也""纵然……也"。但前面不能加表示意志的"-겠"。

<보기>

(1) 가: 우리 아이는 머리는 좋은데 공부를 안 해서 큰일이에요.
　　 我们家孩子头脑聪明可是不学习真是麻烦。
　나: 머리가 좋더라도 노력하지 않으면 안 되더라고요.
　　 即使聪明不努力的话也不行啊。
(2) 가: 어렵더라도 끝까지 포기하지 말고 노력하세요.
　　 即使难也不要放弃,拼搏到底。
　나: 네. 꼭 선생님 말씀대로 포기하지 않고 최선을 다 하겠습니다.
　　 知道了,我一定听老师的话不放弃,坚持到底。
(3) 가: 이렇게 비가 오는데 내일 꼭 학교에 가야 합니까?
　　 下这么大雨,明天一定要上学吗?
　나: 물론이지, 비가 오더라도 꼭 가야 해.
　　 当然了,下雨也得去上学。

(4) 가: 산꼭대기까지 올라갈 거예요?
　　　要爬到山顶吗？
　　나: 네, 힘이 들더라도 꼭 끝까지 올라갈 겁니다.
　　　嗯，就算累也一定要爬上去。
(5) 가: 사업에 또 실패하면 어떻게 하죠?
　　　事业再次失败的话怎么办？
　　나: 사업에 실패하더라도 용기를 잃지 마세요.
　　　即使失败了，也不要丧失勇气。

6. -고 보니까

接在动词后，由表示动作先后的语尾"고"加动词"보다"，再连接"니까"构成，表示做完前一动作后发现了后面的动作或结果，常带有意料之外之意。

　　<보기>
(1) 가: 한식을 처음 먹었다면서요? 어땠어요?
　　　听说你是第一次吃韩餐？味道怎么样啊？
　　나: 입에 안 맞을 줄 알았는데 먹고 보니까 맛있더라고요.
　　　我以为会不合口，吃了之后感觉非常好啊。
(2) 가: 한국어를 배우기가 힘들어요?
　　　学习韩国语累吗？
　　나: 어려울 줄 알았는데 시작하고 보니까 할 만합니다.
　　　我以为会很难，但学了之后发现还可以啊。
(3) 가: 어제 만난 사람 어땠어요?
　　　昨天见的那个人怎么样啊？
　　나: 사진과 달리 만나고 보니까 괜찮더라고요.
　　　跟照片不一样，见了之后发现还可以啊。
(4) 가: 우리 옆집 사는 사람은 뭘 하는 사람이야.
　　　我们家邻居是做什么的啊？
　　나: 알고 보니까 학원 강사래요.
　　　打听了一下，说是学院的老师。
(5) 가: 언제부터 개강인지 알아요?
　　　知道什么时候开始上课吗？

제16과 옛이야기[1]　207

나: 친구에게 묻고 보니까 다음 주가 개강이래.
问了一下朋友,说是下周开始上课。

练 习

1. 본문을 읽고 다음의 질문에 대답하십시오.

    (1) 콩쥐팥쥐와 신데렐라의 비슷한 점은 무엇입니까?
    (2) 우라시마타로는 어떤 야야기입니까?
    (3) 일본과 한국의 옛날 이야기들이 왜 비슷한 점이 많습니까?
    (4) 심청은 아버지에게 어떻게 거짓말을 했습니까?
    (5) 심청은 어떤 인물입니까?

2. '-아/어/여 버리다'를 이용하여 다음의 문장을 완성하십시오.

    (1) 선생님께서는 교실에서 잠깐 기다리라고 하셨는데 학생들이 그냥 _____.(가다)
    (2) 배가 너무 고파서 냉장고에 남아있는 음식을 다 _____.(먹다)
    (3) 목이 너무 말라서 물을 통채로 한꺼번에 _____.(마시다)
    (4) 마지막으로 남아 있는 돈을 다 _____.(쓰다)
    (5) 새 가구를 샀습니다. 헌 가구를 둘 때가 없어서 중고시장에 _____.(팔다)

3. (   ) 안의 말과 '-고 보니까'를 이용해서 다음의 대화를 완성하십시오.

    (1) 가: 어제 특강이 어땠어요?
        나: 재미없을 줄 알았는데 _____ 좋았어요. (듣다)
    (2) 가: 하얼빈은 이맘때 날씨가 꽤 춥다던데요.
        나: 아주 추울 줄 알았는데 _____ 괜찮더라고요. (가다)
    (3) 가: 이 음악은 고전음악이라서 좀 지루한 느낌이 있지 않아요?
        나: 아니요, _____ 너무 아름답네요. (듣다)

(4) 가: 결혼하니까 좋아요?
　　나: _____ 연애할 때가 좋았던 것 같아요. (결혼하다)
(5) 가: 저번에 샀던 화장품이 어때요?
　　나: _____ 효과가 아주 좋은 것 같아요. (쓰다)

4. '거라'를 이용하여 문장을 완성해 보십시오.

(1) 도움이 필요하면 이 선생님을 _____.(찾아가다)
(2) 그 책을 찾지 못하면 그냥 _____.(돌아오다)
(3) 수업 시간이 다 되어 가는구나. 빨리 교실에 _____.(가다)
(4) 용돈 줄 테니 빵이나 _____.(사 먹다)
(5) 오늘 날씨가 추으니 좀 두꺼운 옷을 _____.(입다)

5. '-을/를 비롯해서'를 이용하여 문장을 만들어 보십시오.

(1) 3반 친구들은 _____ 모두 열심히 공부합니다.(반장)
(2) 우리 가족은 _____ 모두 등산을 좋아합니다.(아버지)
(3) 저는 _____ 많은 책을 읽었습니다.(소설책)
(4) 그 친구는 _____ 전국 많은 곳들을 다녀봤습니다.
　　(제주도)
(5) _____ 모두 5명의 중국학생이 우리 반에서 한국어를 공부하고 있습니다. (왕호 씨)

6. '-더라도'를 이용해서 다음의 대화를 완성하십시오.

(1) 가: 늘 지각하니 화가 나요.
　　나: _____. (화가 나다/참다)
(2) 가: 그 일을 반드시 해야 하나요?
　　나: _____. (피곤하다/해야 한다)
(3) 가: 시험이 너무 쉬워요.
　　나: _____. (쉽다/잘 생각해서 대답하다)
(4) 가: 한국어 공부하기가 너무 어려워요.
　　나: _____.
　　　　(어렵다/포기하지 말고 열심히 공부하다)

(5) 가: 자장면 언제까지 갖다 주실 수 있어요?

나: _____ 20분은 걸릴 거예요. (지금 주문하다)

(6) 가: 퇴근 시간이라 길이 많이 막히네요?

나: _____. (지금 떠나다/한 시간이 걸리다)

7. 다음의 문장을 중국어로 번역해 보십시오.

　　아리랑이라는 말이 어떻게 생겨난 것인지에 대해서는 현재까지 약 40가지의 이론이 있다. 고어를 참고하여 아리랑이라는 말의 뜻을 짐작해 낸 이론이 있는가 하면, 전설을 근거로 하는 이론이나 문헌을 뒤져 알아보거나 외래어나 외래 종교에서 그 기원을 찾는 이론 등 여러 가지가 있다. 이렇게 다양한 이론이 나오게 된 것은 무엇보다 아리랑의 의미가 아직 확실히 밝혀지지 않은 탓이 가장 크겠지만, 그만큼 한국사람들이 아리랑에 대해 깊은 애정을 품고 있다는 사실을 말해 준다.

8. 다음의 문장을 한국어로 번역해 보십시오.

① 他一会儿就扫净了院子里的落叶。

② 英雄无用武之地,即使有千般能耐又有什么用呢?

③ 包括金老师在内,在座的人都不知道该怎么处理这件事。

④ 即便是才能出众,也不能对人傲慢无礼。

⑤ 想了很久之后,觉得他说的话很有道理。

课外阅读

두 형제

　어느 마을에 두 형제가 살고 있었습니다. 형은 결혼을 했고 동생은 혼자 살고 있었습니다. 두 형제는 아주 열심히 농사를 지었습니다. 그래서 가을이 되어 추수하게 되었습니다. 두 형제는 추수할 때 힘이 들었지만 아주 즐거웠습니다.

　추수가 끝나고 두 형제는 농사 지은 것을 똑같이 나누었습니다. 서로 같이 농사를 지었기 때문입니다.

　그런데 어느 날 동생이 형에게 말했습니다.

　'형님 제가 잘 생각해 보았는데 형님과 제가 똑같이 나누는 것은 옳지 못합니다.'

　'그게 무슨 말이야?'

　'형님은 결혼을 했기 때문에 가족이 있습니다. 그러니까 형님이 더 많이 가지셔야 합니다.'

　형이 말했습니다.

　'그런 말은 하지 마라. 너도 열심히 모아서 결혼을 해야지.'

　그러나 동생은 형을 돕기로 했습니다.

　그날 밤 동생은 고구마와 옥수수를 한 자루 형님 집 창고에 쌓아 놓았습니다. 그런데 형님도 똑같은 생각을 하고 고구마와 옥수수를 한 자루 동생의 창고에 가져 갔습니다.

　두 형제가 아침에 보니까 옥수수와 고구마가 조금도 줄지 않았습니다.

　밤마다 두 형제는 똑같은 일을 했습니다.

　여섯번째 날 밤이었습니다.

　형이 옥수수와 고구마를 가득 들고 동생 집으로 갔습니다. 동생도 옥수수와 고구마를 가득 들고 형님 집 창고로 갔습니다.

　형이 걸어가는데 앞에서 오는 그림자가 있었습니다.

'누굴까? 이 밤에.'

동생도 똑같은 생각을 했습니다.

두 사람이 가까워졌을 때 서로의 얼굴을 볼 수 있었습니다.

'형님!'

'아우야!'

두 사람은 서로 안고 엉엉 큰 소리로 울었습니다.

补充词汇

형제 [兄弟]	[名]	兄弟姐妹
혼자	[副]	独自, 单独
농사를 짓다 [農事-]	[词组]	种地, 从事农业
추수하다 [秋收-]	[动]	秋收
힘이 들다	[词组]	累
똑같이	[副]	一样, 同样
나누다	[动]	分开
옳다	[名]	正确
가지다	[动]	拥有; 拿, 带
고구마	[名]	地瓜
옥수수	[名]	玉米
자루	[量]	袋子, 包
창고 [倉庫]	[名]	仓库
줄다	[动]	减少
그림자	[名]	影子
엉엉	[副]	哇哇(哭的声音)

제17과 직업

重点语法
1. -(으)ㄹ지라도
2. -을/를 통해서
3. -ㄴ/는다고 해도
4. -에 있어서
5. -아/어/여 가다
6. -다면

课文

(1)

진수와 마이클은 취업 설명회에 다녀오는 길이다.

진 수: 정말 요즘 취직하기 힘들구나.
마이클: 경제가 안 좋아서 그런지 취업난이 심각한가 봐.
진 수: 그렇다고 아무 데나 취직하고 싶지는 않은데.
마이클: 그러게 말이야.
진 수: 마이클, 너는 어떤 일을 하고 싶니?
마이클: 적성에 맞고 내가 잘 할 수 있는 일이었으면 좋겠는데.
진 수: 적성에 맞을지라도 월급이 너무 적으면 곤란하잖아.

마이클: 돈도 중요하겠지만 월급이나 연봉이 많다고 좋은 직장은 아니지.

진 수: 그건 그래. 하지만 기본적인 생활을 할 수 없을 정도로 월급이 적어도 좋지 않지.

마이클: 물론이야. 그렇지만 직업은 돈을 버는 데만 의미가 있는 건 아니야. 일을 통해서 얻는 보람도 아주 중요하다고 생각해.

진 수: 네 말도 일리는 있어. 하지만 요즘은 직업을 구하기가 어려워서 보람은 생각할 수도 없는 것 같아.

마이클: 아, 글쎄, 나도 고민이다. 돈도 많이 주고 보람도 있는 일을 구할 수 있을지.

진 수: 사실, 취직이 된대도 걱정이야. 직장 일을 잘 해낼 수 있을지?

마이클: 걱정도 팔자다. 아직 직업을 구하지도 않았는데 그 이후의 일을 걱정하다니.

(2) 직업의 조건

사람은 누구나 나이를 먹으면 직업을 갖게 된다. 물론 직업을 선택하는 일은 쉽지 않다. 자신이 원하는 직업과 실제 직업이 다른 경우도 있고 개인의 능력과 그 직업에서 요구하는 능력 사이에 간격이 생기기도 한다. 때문에 직업을 선택할 때 여러모로 신중하게 생각한 뒤에 결정하는 것이 좋다. 그럼 직업을 고를 때 마땅히 어떤 조건을 고려해야 할까? 직업을 선택하는 조건에는 월급, 사회적 가치, 적성 등이 있다.

우리가 직업을 선택함에 있어서 가장 먼저 생각하게 되는 것은 월급이다. 왜냐하면 일을 통해서 번 돈으로 의식주를 해결해야 하기 때문이다. 그러므로 적은 일을 하고 많은 돈을 벌 수 있으면 좋은 직업이라고 할 수 있다. 요즘 젊은이들은 직업을 고를 때 돈을 많이 받을 수 있는 직업만 선호한다. 그렇지만 돈을 많이 벌 수 있다고 해서 꼭 좋은 직업이라고 할 수는 없다. 그것은 이 조건 외에도 여러 가지 고려해야 할 조건들이 있기 때문이다.

직업을 선택하는 또 다른 조건은 보람과 사회적 가치이다. 힘이 들어도 다른 사람에게 도움을 줄 수 있으면 그 일은 가치 있는 일이다. 경찰관, 소방관, 청소부, 우편집배원 등은 월급은 적지만 사회에서 없어서는 안 될 중요한 일이다. 우리는 직업을 선택할 때 자신의 소질이나 능력을 감안해서 자신의 일이 다른 사람에게 도움이 되는 일인지 생각해 봐야 한다. 직장이 마음에 들지 않는다고 해서 직장을 자주 바꾸는 일도 바람직하지 않다. 가급적이면 일시적인 유행이나 인기를 끄는 직업보다는 평생을 두고 종사할 수 있는 직업을 선택하는 것이 좋다. 사람들의 직업관념이 끊임없이 변해가는 현실에서 어떠한 마음가짐으로 어떻게 직업을 선택하는가 하는 것은 자못 중요한 일이다.

　하지만 무엇보다 중요한 조건은 개인의 적성이다. 다른 조건이 다 좋아도 적성에 맞지 않는 직업이라면 즐겁게 일할 수 없을 뿐만 아니라 오래 하기 힘들고, 스스로 만족하기도 어렵다. 이점은 항상 명심해야 할 것이다.

　장래 희망과 같은 직업을 갖게 된다면 우리는 좀 더 행복하게 생활할 수 있을 것이다.

词汇

취업 [就業]	[名]	就业
설명회 [說明會]	[名]	说明会
취업난 [就業難]	[名]	就业难,找工作难
심각하다 [深刻]	[形]	深刻,深入,严重
그러게 말이다	[词组]	说的是呀,就是呀
적성 [適性]	[名]	适合与否,适应性
곤란하다 [困亂]	[形]	困难,为难
보람	[名]	意义
걱정도 팔자 [-八字]	[俗语]	杞人忧天
나이를 먹다	[名]	上年纪,长岁数
선택하다 [選擇-]	[动]	选择
간격 [間隔]	[名]	间隔,距离

마땅히	[副]	应该,应当
고려하다 [考慮-]	[动]	考虑
의식주 [衣食住]	[名]	衣食住
경찰관 [警察官]	[名]	警察
소방관 [消防官]	[名]	消防官
청소부 [清掃夫]	[名]	清洁工
우편집배원 [-集配員]	[名]	邮递员,邮差
소질 [素質]	[名]	素质,素养
능력 [能力]	[名]	能力
감안하다 [勘案-]	[动]	斟酌,考虑
바람직하다	[形]	值得期待的
가급적 [可及的]	[副]	尽可能,尽量
종사하다 [從事-]	[动]	从事
일시적 [一時的]	[名]	一时的,暂时的
직업관념 [職業觀念]	[名]	职业观念
끊임없다	[形]	不断
명심하다 [銘心-]	[动]	铭记
스스로	[副]	自行

语 法

1. -(으)ㄹ지라도

惯用型,接在动词或形容词词干后,提示或假定某种状态的同时,更强调后面将要发生的事实。相当于汉语的"即使……也……"。用法相似的惯用型有:"-더라도""-아/어/여도""-을 망정"。

<보기>

(1) 가: 난 커서 작가가 되고 싶어.
  我长大后要当作家。
  나: 그 일이 적성에 맞을지라도 돈을 많이 버는 직업은 아니잖아요.
  那个职业就算适合你也赚不了多少钱。

(2) 가: 선생님! 제가 이번 시험 성적이 좋으면 5급반에 갈 수 있지요?
老师！我这次考试成绩好的话可以去五级班了吧？

나: 시험을 아무리 잘 보았다 할지라도 출석률이 낮으면 진급할 수 없어요.
考试考得再好，出勤率低的话也不能升入5级班。

(3) 가: 그 사람이 당신을 무척 좋아하나 봐요?
那个人好像很喜欢你啊？

나: 그 사람이 아무리 절 좋아할지라도 전 관심 없어요.
那个人再怎么喜欢我，我也对他也没兴趣。

(4) 가: 아무리 졸릴지라도 수업 시간에 자면 안 돼요.
即使再困，上课时间也不能睡觉。

나: 네. 졸지 않도록 하겠습니다.
知道了，保证不再打盹儿。

(5) 가: 전 스케이트를 5년 동안 타서 넘어지지 않아요.
我滑冰5年了，从来没摔倒过。

나: 아무리 잘 탈지라도 실수할 때가 있어요. 조심해요.
即使滑得再好也会有失误的时候，小心点儿。

2. -을/를 통해서

由宾格助词"-을/를"加动词"통하(다)"加连接词尾"-여(서)"构成，附加在体词之后，表示手段、方式，相当于汉语"通过……""经过……"。

<보기>

(1) 가: 사람들은 직업을 통해서 자기 능력을 발휘해.
人们通过职业发挥自己的能力。

나: 그러나 실제로 그런 사람은 많지 않아요.
但是事实上那样的人并不多。

(2) 가: 이번 일을 통해서 많이 반성했어요.
通过这件事反思了很多。

나: 괜찮아요. 다음 번에는 그러지 않으면 돼요.
没关系。下次不要这样做就可以了。

(3) 가: 학생들은 선생님을 통해서 많은 걸 배워요.
　　　 学生通过老师学到了很多东西。
　　 나: 그러니까 선생님의 역할이 중요해요.
　　　 所以老师的作用很重要。
(4) 가: 진수가 다쳤다는 소식 들었어?
　　　 听说珍淑受伤的消息了吗?
　　 나: 왕홍을 통해서 들었어. 얼마나 다쳤어?
　　　 听王红说了,伤势怎么样?
(5) 가: 오늘 아침 라디오 방송을 통해서 제 사연이 소개되었어요.
　　　 今天早晨的收音机广播介绍了我的事迹。
　　 나: 정말요? 진짜 좋았겠어요.
　　　 真的吗? 非常高兴吧!

3. -ㄴ/는다고 해도

表示假设性让步,相当于汉语"就算是……也要""即使是……也要",缩略形为"ㄴ/는 대도"。

　<보기>

(1) 비가 온다고 해도 산에 갈 것입니다.
　　即使下雨,也要去爬山。
(2) 돈이 많이 든다고 해도 유학을 갈 것입니다.
　　即使要花很多钱,也要去留学。
(3) 선생님 오신다고 해도 아이들은 그냥 떠들어 댄다.
　　即使说老师要来了,孩子们还是不停地吵闹。
(4) 누가 덤빈 대도 겁나지 않는다.
　　不管跟谁打我都不害怕。
(5) 아무리 험한 폭풍이 몰아친다고 해도 결코 물러나지 않겠습니다.
　　即使狂风大作、凶险重重,也绝不退缩。

4. -에 있어서

表示在某个方面,相当于汉语的"在……方面""对……来说",前面一般接名词性词尾"-ㅁ"或者"-기"。

<보기>

(1) 과학을 연구함에 있어서 가장 중요한 것은 올바른 연구방법론이다.
正确的研究方法论对科学研究来说最为重要。
(2) 경제를 발전시킴에 있어서 가장 민감한 문제가 환경을 어떻게 보호하느냐 하는 문제이다.
发展经济时,最敏感的问题是如何保护环境。
(3) 외국어를 공부함에 있어서 가장 어려운 문제가 발음이다.
学习外语时最困难的是发音问题。
(4) 학생을 교육함에 있어서 가장 중요한 인성 교육이다.
在学生教育方面,最重要的是教会学生如何做人。
(5) 나는 경제 성장을 논함에 있어서 중요한 것은 국민소득의 실질적인 향상이라고 본다.
我认为在评价经济增长方面,国民收入的实质性增长最重要。
(6) 글짓기에 있어서 제일 중요한 것은 글의 짜임새이다.
写文章时,文章的结构最为重要。

5. -아/어/여/가다

由连接词尾"-아/어/여"和补助动词"가다"组合而成,用在谓词词干后,表示前一动作或状态的延续或发展,意为"……下去""……着"。用在形容词词干后,表示状态、程度或性质等正在变化。

<보기>

(1) 우리는 맞벌이 부부라서 아이를 시댁과 친정에 번갈아 맡겨 가면서 키운다.
我们夫妇都上班,所以孩子轮流送到婆家和娘家来抚养。
(2) 한국에서는 금슬이 좋은 부부는 서로 닮아 간다고 합니다.
在韩国有这样的说法:情投意合的夫妇会互相越长越像。

(3) 시간이 가면 갈수록 나쁜 기억은 잊혀져 갑니다.
　　随着时间的流逝,不好的记忆会渐渐忘却。
(4) 지금 그 일은 80%정도 완성되어 가기 때문에 월요일까지는 다 끝낼 수 있을 겁니다.
　　现在事情已经进行了80%,所以截止到星期一应该可以全部完成。
(5) 이상한 사람들이 놀부의 물건을 빼앗아 갔다.
　　一些奇怪的人抢走了孬夫(韩国经典故事《兴夫传》中的人物)的东西。

6. -다면

表示假定前面的情况或状态会导致后面情况或状态的出现,相当于汉语"要是……的话, 就会……"。动词后用"ㄴ/는다면",形容词或时态语尾"았/겠"后用"다면"。

＜보기＞

(1) 어제 서울에 눈이 왔다면 길이 막혀서 고생을 많이 했겠다.
　　昨天首尔下雪的话,因为路滑肯定会吃不少苦。
(2) 굳이 그렇게 하겠다면 네 마음대로 해라.
　　你一定要那么做的话,就随你的便吧。
(3) 한국에서 태어났다면 한국말을 잘 했을텐데.
　　出生在韩国的话,韩国语应该讲得很好吧。
(4) 남의 감정을 상하게 했다면 사과해야 한다.
　　伤害了别人的感情当然要道歉。
(5) 네가 시내에 간다면 나도 같이 갈까 한다.
　　如果你去市里,我也想一起去。

练 习

1. 본문을 읽고 다음의 질문에 대답하십시오.
　(1) 마이클과 진수는 어디에 다녀오는 길입니까?
　(2) 마이클은 어떤 일을 하고 싶습니까?

(3) 진수는 월급이 어느 정도는 되어야 한다고 생각합니까?
(4) 직업을 고를 때 마땅히 어떤 조건을 고려해야 할까?
(5) 직업을 선택할 때 무엇보다 중요한 조건은 무엇입니까?

2. '(으)ㄹ지라도'를 이용해서 대답해 보십시오.

(1) 가: 우리 팀이 경기에서 지겠어요?
　　나: _____ 반칙을 하면 안 돼요.
(2) 가: 어제 숙제를 하느라고 늦게 잤더니 졸려요.
　　나: _____ 수업 시간에 자면 안 돼.
(3) 가: 저는 머리가 좋아요.
　　나: _____ 노력하지 않으면 성공할 수 없어요.
(4) 가: 그 사람이 저더러 바보라고 해요. 그래서 화가 났어요.
　　나: _____ 참을 줄 알아야 해요.

3. '-을/를 통해서'의 의미가 다른 것을 고르십시오.

(1) 이번 일을 통해서 많은 걸 배웠어요.
(2) 학생들은 선생님을 통해서 정확한 한국어를 배워요.
(3) 왕홍을 통해서 그 소식을 들었어.
(4) 오늘 아침 라디오 방송을 통해서 내 사연이 소개되었어요.
(5) 이 길을 통해서 가면 시청이 나와요.

4. 'ㄴ/는 다고 해도'를 이용하여 다음의 문장을 완성하십시오.

<보기> 아무리 _____ 꼭 유학을 갈 겁니다. (돈이 많이 들다)
→아무리 돈이 많이 든다 해도 꼭 유학을 갈 겁니다.

(1) _____ 남에게 한푼도 빌려주지 않는다. (그는 돈을 많이 벌다)
(2) _____ 먼지는 늘 있다. (날마다 청소를 하다)
(3) _____ 대학에 입학하기가 어려워요. (밤낮으로 열심히 공부하다)

(4) _____ 남는 돈이 많지 않았다. (힘들게 장사를 하다)
(5) _____ 실제로 한 일은 적어요. (평소에 일을 많이 하다)

5. '-에 있어서'를 활용하여 다음의 문장을 완성하십시오.

(1) 논문을 쓰다/중요한 것은 연구방법이다
   → _____

(2) 인재를 평가하다/관건은 그 성품과 실력을 어떻게 알아보는가 하는 문제이다
   → _____

(3) 지식을 습득하다/중요한 것은 학습방법이다
   → _____

(4) 시비를 가리다/가장 중요한 것은 사회도덕적 가치기준이다
   → _____

(5) 외국어능력을 평가하다/제일 중요한 것은 실제 활용능력이다
   → _____

6. '-아/어/여 가다'를 이용해서 문장을 보기와 같이 바꾸어 보십시오.

<보기> 이상한 사람들이 나와 놀부의 재산을 빼앗았다.
      → 이상한 사람들이 나와 놀부의 재산을 빼앗아 갔다.

(1) 요즘 할아버지의 병이 심하다.

(2) 내일부터 기온이 올라간다.

(3) 그들은 제도에 얽매여 힘들게 살았다.

(4) 제비들이 남쪽으로 날아갔다.

(5) 교통이 점점 복잡하다.

7. 다음의 문장들을 보기와 같이 완성하십시오.

<보기> 미국으로 가게 되다/좋다.
→미국으로 가게 된다면 정말 좋겠다.

(1) 주말이 없다/그러면 우리는 어디서 살아가는 힘을 얻을 수 있을까?
→ _____

(2) 누구나 다 자기 욕심만 차리다/이 세상은 어떻게 될까?
→ _____

(3) 누구나 부지런히 일한다/그러면 성공할 수 있다
→ _____

(4) 열 사람이 있다/그러면 이 일을 해 낼 수 있다
→ _____

(5) 이 옷이 마음에 안든다/ㅈ 옷으로 바꾸는 게 어때?
→ _____

8. 다음의 중국어를 한국어로 번역하십시오.

(1) 即使世界明天毁灭,我也要在今天种下我的葡萄树。(-ㄴ/는 다고 해도)

(2) 即使已嗅不到那醇厚的芳香,我仍无法忘怀心中的渴望。

(3) 在茶山看来,人会通过"自主之权"调节人性的善恶。

(4) 继承并发展祖先留给我们的传统,是我们年轻人应尽的责任。

(5) 什么事都有利有弊,至少通过这件事我们认识到了应该如何对待工作,在今后也会避免发生这样的事情了。

9. 다음의 한국어를 중국어로 번역하십시오.

(1) 말씀을 많이 들어서 그런지 처음 뵙는 분 같지 않습니다.

(2) 우리는 이런 활동을 통해서 학생들의 자립 능력을 기를 수 있어요.

(3) 개혁개방 이후에 우리 나라의 국민소득은 해마다 증가되는 추세를 보였다.

(4) 아무리 건강한 사람이라 할지라도 운동을 해야 한다.

(5) 철수가 지금이라도 열심히 공부하겠다면 하라고 해라.

课外阅读

여러분들의 생각은?

요즘은 직장 생활보다 자기 사업을 하려는 사람들이 많아진 것 같다. 그래서 회사를 다니다가 그만두는 직장인도 많고, 아예 처음부터 사업을 시작하는 사람들도 있다. 이 사람들이 사업을 하려는 이유는 여러 가지일 것이다. 만약에 여러분이 다음과 같은 경우에 놓여 있다면 어떤 결정을 할 것인가?

지금 5천만원의 연봉을 받고 있고 회사에서 실력도 인정받고 있다. 다른 회사에 들어간 친구들에 비해서 월급도 많이 받고 승진도 빠른 편이다. 그러나 요즘 같이 경제구조가 빠르게 바뀌고, 점점 더 실력위주의 사회가 된다면 나도 몇년 안에 회사를 그만두어야 할지 모른다. 그렇다면 지금 회사를 그만둬야 한다. 몇년이 지나면 그때는 정말 아무 것도 할 수 없을 테니까 말이다. 그렇지만 지금 나에게 보장된 사회적 지위와 연봉을 버리고 앞날이 불확실한 사업을 시작한다는 게 생각하면 불안하기도 하다. 처음에 사업을 한다고 생각했을 때는 사업을 하면 좀 더 창조적으로 일하고 자유롭게 생활할 수 있을 거라고 생각했었는데 이제 정말 결정을 해야 할 때가 오니까 회사를 그만둘 용기가 나지 않는다.

여러분들은 어떻게 생각하시는지?

补充词汇

사업 [事業]	[名]	事业,工作
아예	[副]	根本,干脆
인정받다 [認定-]	[动]	得到认可,肯定
승진하다 [昇晉-]	[动]	升级,晋升
실력위주 [實力爲主]	[词组]	实力优先
보장되다 [保障-]	[动]	得到保障
사회적 지위 [社會的地位]	[词组]	社会地位
연봉 [年俸]	[名]	年薪
앞날	[名]	明天
불안하다 [不安-]	[形]	不安,紧张
창조적 [創造的]	[名]	创造,创造性
결정하다 [決定-]	[动]	决定
용기 [勇氣]	[名]	勇气,胆量
나다	[动]	产生,长出

제18과 영화 감상

重点语法
1. -면서도
2. -(으)ㄴ/는 것 뿐이다
3. -에 달하다
4. -에 이르기까지
5. -(으)ㄴ 끝에
6. -고자 하다

课文

 (1)　　　　　　　　**춘향전 이야기**

진홍: 진수 씨 춘향전 이야기를 좀 해 주세요.

진수: '춘향전' 말이에요?

진홍: 예, 어제 임권택 감독의 '춘향뎐'을 봤는데, 뭐가 뭔지 잘 모르겠어요.

진수: 저도 그 영화를 보았는데 정말 좋았어요. 원전에 충실하면서도 화면도 멋있고 예술적이고 또…

진홍: 줄거리는 대충 알겠는데 전통적인 노래가 나와서 좀 어려웠어요.

진수: 그럴 수도 있겠네요. 그 영화는 옛 이야기를 판소리로 복원

해 만들었거든요. 예술적인 가치도 높고 영상도 아름답지만 외국인에게는 조금 어려울 거예요.

진홍: 춘향이와 이도령은 사랑하는 사이지요?

진수: 맞아요.

진홍: 이도령이 떠나고 변사또가 춘향이를 유혹하지요?

진수: 그래요.

진홍: 거절한 춘향이가 매를 맞고 옥에 갇혀 있는데 높은 벼슬을 한 이도령이 구해 주는 거지요?

진수: 와, 내용을 이미 다 알고 있네요.

진홍: 아니에요. 장면만 보고 대강 미루어 짐작한 것뿐이에요.

진수: 그럼, 얘기해 줄 테니까 잘 들어주세요.

(2) 감동과 위안을 주는 영화 "성춘향"
(최은희, 김진규 주연, 신상옥 감독, 1961년)

한국에서는 「춘향전」하면 거의 모르는 사람이 없다. 한국에서 춘향은 로맨스의 영원한 주인공이다. 1923년에 첫 번째 「춘향전」이 만들어진 이래 임권택 감독의 「춘향뎐」(2000)에 이르기까지 20여 편에 이르는 「춘향전」을 소재로 다룬 영화, TV드라마들이 부단히 줄을 이었지만 「성춘향」(1961)은 그중에서 가장 크게 인기를 얻은 작품이다.

영화의 스토리야 누구나 알고 있는 「춘향전」의 내용을 그대로 따라간 경우이지만 유난히 인기를 끈 것은 주인공 역을 맡은 배우 최은희와 김진규의 매력, 방자와 향단이 역의 허장강과 도금봉, 변학도 역의 이예춘 등 조연 배우들의 개성이 조화를 이룬 덕분이다. 시네마스코프 와이드 화면이 보여 주는 시각적 여유와 색감의 아름다움 같은 기술적 요소를 더했다. 「성춘향」의 관람객 수가 36만 명에 달했다는 사실은 당시 이 영화가 얼마나 큰 인기를 누렸었는지를 잘 말해준다.

같은 시기 김지미 주연, 홍성기 감독의 「춘향전」이 컬러 시네마스코프 방식으로 제작되어 경합한 것이 세간의 관심을 증폭시키는 또 다른 요인으로 작용했다.

하여튼 새로운「춘향전」이 탄생할 때마다 관객들은 새로운 호기심으로 영화를 보게 된다. 이러한 호기심을 불러일으키는 요인은 여러 가지로 설명될 수 있으나 가장 중요한 것 중의 하나가 영화 중에 표현된 한민족의 보편적 정서라고 할 수 있다. 특히 춘향의 일편단심은 근대 이전에는 민족 보편 정서의 형태로 존재했던 것이다. 남성의 경우엔 두 임금을 섬기지 않는 정신, 나아가서는 선비의 지조가 이에 해당하고 여성에게 있어서는 두 지아비를 섬기지 않는 정절이 이에 해당하는 것이다. 이러한 정신은 현대에 와서 다른 형태로 변질되기는 했지만 여전히 일종의 집단 무의식적인 보편 정서로 유지되고 있다.

그리고 신분을 뛰어넘는 춘향과 몽룡의 사랑, 불의의 이별, 고난에도 흔들리지 않는 정절, 역경을 이겨낸 끝에 맞이하는 해피엔딩은 영화가 주는 보편적 즐거움의 전형적인 모습이다. 가난하고 힘들었던 60년대, 한국의 관객들은 영화를 통해서라도 현실의 행복과 미래에 대한 보상을 받고자 했고, 아름답고 강인하며 기개 있는 춘향의 모습에서 그것을 찾아낸 것이다.

아무튼「춘향전」이든「성춘향」이든 다 한국의 관중들에게 깊은 감동을 주었던 영화들임에 틀림없다.

词汇

원전 [原典]	[名]	原作
충실하다 [忠實-]	[形]	忠实, 忠诚, 认真
화면 [畵面]	[名]	画面
예술적 [藝術的]	[形]	艺术的
대충	[副]	大体上, 大概
줄거리	[名]	梗概, 大意
전통적 [傳統的]	[名]	传统的
판소리	[名]	盘瑟里(韩国传统戏曲音乐)
복원하다 [復原-]	[动]	复原

유혹하다 [誘惑-]	[动]	诱惑
매 맞다	[词组]	挨打
옥 [獄]	[名]	监狱
갇히다	[动]	被关押
구해주다	[动]	救助
미루다	[动]	推延；推诿
짐작하다 [斟酌-]	[动]	推测，估计
로맨스 [romance]	[名]	浪漫
소재 [素材]	[名]	素材
스토리 [story]	[名]	故事内容
부단히 [不斷-]	[副]	不断地
조연 배우 [助演俳優]	[名]	配角
역을 맡다	[词组]	担当角色
인기 [人氣]	[名]	人气
개성 [個性]	[名]	个性
조화를 이루다	[词组]	协调，和谐，均匀
시네마스코프 와이드 [cinema scope wide]	[名]	宽银幕电影
여유 [餘裕]	[名]	闲暇，空闲
색감 [色感]	[名]	色觉
주연 [主演]	[名]	主演
감독 [監督]	[名]	导演
컬러 [color]	[名]	彩色
경합하다 [競合-]	[动]	竞争，演对手戏
세간 [世間]	[名]	世间，世上
증폭시키다 [增幅-]	[动]	增加
일편단심 [一片丹心]	[成语]	赤胆忠心，一片丹心
섬기다	[动]	侍奉，服侍
선비	[名]	儒生，士人
지조 [志操]	[名]	情操，气节，操守
변질되다 [變質-]	[动]	变质，变坏
집단 무의식 [集團 無意識]	[词组]	集体无意识
정서 [情緒]	[名]	情绪，思绪

유지되다 [維持-]	[动]	维持
신분 [身份]	[名]	身份
뛰어넘다	[动]	超越
불의 [不意]	[名]	不料,想不到,突然
지아비	[名]	丈夫(妻子谦称自己的丈夫)
정절 [貞節]	[名]	贞节
역경 [逆境]	[名]	逆境
이겨내다	[动]	战胜,克服
해피엔딩 [happy ending]	[名]	大团圆结局
전형적이다 [典型的-]	[形]	典型的
모습	[名]	样子
보편적 [普遍的]	[名]	普遍的
관객 [觀客]	[名]	观众
보상을 받다	[词组]	得到补偿
강인하다 [强靭-]	[形]	坚强,刚韧
기개가 있다 [氣慨]	[词组]	有气概
요인 [要因]	[名]	原因,因素
감동을 주다 [感動]	[词组]	感人肺腑,荡气回肠
틀림없다	[形]	牢靠,稳妥,准确

语 法

1. -면서도

　　由表示两个动作同时进行的连接词尾"-면서"与补助词"-도"组合而成,连接前后两个分句。接在动词或形容词后,表示前后两种行为或状态处于相对立的关系。即不顾前面的事实或状态,同时还存在与此不相关或对立的状态。这里的"-도"表示强调。有收音用"으면서도",无收音用"면서도"。

<보기>

(1) 가: 잘못된 생각인 줄 알면서도 잘 바뀌지 않아.
　　　　明知是错误的想法，却不改正。
　　나: 그런 생각은 빨리 바꿔야 해.
　　　　要赶快改变那种想法。

(2) 가: 부모님은 같이 살면서도 사이가 좋지 않으셨어요.
　　　　父母一起生活，关系却不好。
　　나: 불행한 부부 생활을 하셨군요.
　　　　过着不幸的婚姻生活啊。

(3) 가: 남자들은 마음은 안 그러면서도 행동을 무뚝뚝하게 하는 거예요.
　　　　男人心里并非那样想的，行动却很倔强生硬。
　　나: 그건 알아요. 하지만 마음을 행동으로 표현해야 알죠.
　　　　知道。可是心思要用行动表现出来别人才知道啊。

(4) 가: 그 애가 많이 배가 고팠나 봐요.
　　　　那孩子看来很饿呀。
　　나: 그러게 말이에요. 밥을 먹으면서도 계속 배가 고프다고 하네요.
　　　　是啊。一边吃饭一边还不停地说饿。

(5) 가: 놀이기구가 아주 재미있나 봅니다.
　　　　游乐设施看来很有意思。
　　나: 그런가 봐요. 무섭다고 하면서도 계속 타네요.
　　　　可能是吧。一边说害怕，一边还继续玩。

2. -(으)ㄴ/는 것 뿐이다.

表示限制，相当于汉语的"只是""只有""仅仅"。

<보기>

(1) 가: 이세민 씨는 한국말을 1달밖에 안 배우는데 한국 드라마를 아주 재미있게 보고 있네요.
　　　　李世民仅学了一个月的韩国语，就在津津有味地看韩国电视剧啊。
　　나: 화면만 열심히 보고 있는 것 뿐이죠.
　　　　只是在认真看画面而已。

(2) 가: 재민은 이번 학기에 열심히 공부하겠대요.
　　　载民说这个学期要努力学习。
　　나: 말만 하는 것뿐이죠. 맨 놀기만 하는데요.
　　　只是说说而已吧。整天玩。
(3) 가: 그 사람이 술도 못하는데 매날 술을 먹으러 가자고 하는데요.
　　　那个人不能喝酒，却整天说要一起去喝酒。
　　나: 술을 먹는 분위기만 좋아하는 것뿐이죠.
　　　只是喜欢喝酒的气氛而已。
(4) 가: 한국어 공부를 많이 했습니까?
　　　韩国语学很多了吗？
　　나: 아니요, 계획만 세운 것뿐이죠. 아직 시작하지 못했습니다.
　　　没有，只是制订了计划，到现在还没开始呢。
(5) 가: 부산에 가서 김 선생님을 만나셨습니까?
　　　去釜山见到金老师了吗？
　　나: 전화만 한 것뿐이죠. 만나지는 못했습니다.
　　　只是通了电话，没有见到。

3. -에 달하다

由助词"에"与表示达到的"달하다"构成，用于数量词之后，表示数量达到一定程度，相当于汉语"达到……"。

<보기>

(1) 우리 학교 학생수가 15,000 명에 달합니다.
　　我们学校的学生数达到了15000名。
(2) 이 지역의 인구가 1억에 달합니다.
　　这个地区的人口达到了1亿。
(3) 이 야생동물원의 동물이 100 가지 종에 달합니다.
　　这个野生动物园的动物多达100种。
(4) 오늘 방문해 준 관광객이 3만 명에 달합니다.
　　今天接待的游客达到了3万名。
(5) 오늘 하루의 매출액은 20만 원에 달합니다.
　　今天的销售额达到了20万韩元。

4. -에 이르기까지

由助词"에"和表示到达的"이르다"以及名词形转成语尾"기"与表示结束的助词"까지"构成，接在体词之后，常与"…부터/이래"连用，强调时间、程度、结论等。相当于汉语的"从……到……"。

<보기>

(1) 가: 이 지역의 일교차가 아주 크다면서요?
　　　听说这个地区的温差很大？
　　나: 네, 영하 몇 도부터 영상 40도에 이르기까지 일교차가 아주 심합니다.
　　　是的。从零下几度开始到零上40度，温差很大。

(2) 가: 연말이라서 그런지 요즘 술을 많이 마시는 것 같아요.
　　　可能是因为年末的原因，最近好像喝了很多酒。
　　나: 월요일부터 일요일에 이르기까지 계속 술만 마신 것 같아요.
　　　好像从周一到周日一直喝酒。

(3) 가: 그 길이 요즘 많이 막힌다면서요.
　　　听说那条路最近很堵。
　　나: 오전 11시부터 오후 1시에 이르기까지 계속 막혀 있었어요.
　　　从上午11点开始到下午1点一直堵。

(4) 가: 어제 회의를 아주 오랫동안 했나 봐요?
　　　看起来好像昨天开会开了很长时间。
　　나: 네. 오후 2시부터 5시에 이르기까지 계속 했습니다.
　　　是的，从下午两点开始到5点一直开。

(5) 가: 어제 등산했을 때 눈이 내렸다면서요?
　　　听说昨天登山的时候下雪了？
　　나: 산 밑에서부터 정상에 이르기까지 눈이 계속 내렸습니다.
　　　从山脚下到山顶一直在下。

5. -(으)ㄴ 끝에

由定语语尾"(으)ㄴ"与"끝"构成，用于动词词干之后，表示前面动作结束之后才出现后面的结果，一般暗含前一个动作进程非常艰难，相当于汉语"在……之后""作为……的结果"。

<보기>
(1) 여러 어려움을 이겨낸 끝에 그는 사법시험에 합격했다.
　　 在战胜各种困难之后，他通过了司法考试。
(2) 이 일을 정성껏 한 끝에 그는 상사의 인증을 받았다.
　　 在精心做完这件事后，他得到了上司的认可。
(3) 그는 매일 밤새도록 공부한 끝에 수석으로 서울대에 들어갔다.
　　 他每天熬夜学习，最终以第一名的成绩进入了首尔大学。
(4) 우리는 오래 연구한 끝에 실적이 나왔다.
　　 我们经过长期研究，最后取得了成果。
(5) 한 달동안 한국어를 공부한 끝에 그는 기본 회화를 할 수 있게 되었다.
　　 学了一个月韩国语，他会基本会话了。

6. -고자 하다

用于动词之后，表示前一动作是后一动作的目的或是说话人的打算、意图，可与"(으)려고 하다"通用，相当于汉语"为了……""打算……"。

<보기>
(1) 서울의 문화는 스스로 참여해 즐기고자 하는 사람에게 열려 있다.
　　 "首尔文化"是为了要自行参与乐在其中的人开办的。
(2) 내 동생은 모든 일에 최선을 다하고자 한다.
　　 弟弟无论做什么事都尽全力。
(3) 가: 살이 쪄서 걱정이야. 좀 빼야겠는데.
　　　 长胖了，很担心，应该稍微减减肥。
　　 나: 살을 빼고자 하면 운동을 열심히 해야 돼.
　　　 要想减肥应该努力运动。
(4) 가: 그 사람은 어떤 사람입니까?
　　　 那个人是什么样的人?
　　 나: 세상을 정직하고 바르게 살고자 하는 사람입니다.
　　　 正直坦率生活的人。
(5) 가: 당신은 모든 일을 참 열심히 하는군요.
　　　 你什么事都做得很努力啊。

나: 그저 맡은 바 임무를 완수하고자 하는 것 뿐입니다.
我只是把自己负责的任务完成罢了。
(6) 가: 이번 행사의 목적에 대해 설명해 주십시오.
请说明一下这次活动的目的吧。
나: 저희 회사는 이번 행사를 통해 저희들의 회사 브랜드를 세계 각지에 홍보하고자 합니다.
我们公司希望通过这次活动将我们的品牌宣传到世界各地。

练习

1. 본문을 읽고 다음의 질문에 대답하십시오.

    (1) '춘향뎐'이 왜 외국인에게 어렵습니까?
    (2) '성춘향전'이 인기를 끄는 이유가 뭡니까?
    (3) 새 '춘향전'이 탄생할 때마다 관객들은 새로운 호기심을 불러일으키는 요인은 무엇입니까?
    (4) '춘향전'은 어떤 이야기입니까?
    (5) '춘향전' 영화가 주는 보편적 즐거움의 전형적인 모습은 무엇입니까?

2. 다음 문법을 이용해서 문장을 만들어 보십시오.

    (1) -면서도
    (2) -(으)ㄴ/는 것 뿐이다
    (3) -에 달하다
    (4) -에 이르기까지

3. '-면서도'를 이용하여 아래 문장을 하나로 이어 놓으십시오.

    <보기> 하나도 모르다/아는 체하다
    → 하나도 모르면서도 아는 체합니다.

    (1) 서로 좋아한다/결혼은 안 하다.

(2) 그 사람은 냉정하다/따뜻한 데가 있다
(3) 사업에 실패했다/실망하지 않는 것 같다
(4) 잘 알다/모른다고 하다
(5) 프랑스어는 모른다/늘 프랑스 뉴스를 본다

4. '-(으)ㄴ/는 것 뿐이다'를 이용하여 문장을 완성해 보십시오.

(1) 가: 일본어를 많이 배웠지요?
　　나: 상용어 몇 개만 _____(배우다).
(2) 가: 중국의 유명한 관광지를 많이 아시지요?
　　나: 아니요, 그냥 북경에 있는 관광지 몇 군데를 _____(알고 있다).
(3) 가: 중국 고전소설을 많이 읽었지요?
　　나: 아니요, 홍루몽이나 서유기 같은 소설을 _____(읽다).
(4) 가: 둘이 사귄 지 1달도 안 되는데 헤어졌어요.
　　나: 사실, 그 남자는 그 여자의 얼굴만 _____(좋아하다).

5. '(으)ㄴ 끝에'를 이용하여 다음의 문장을 완성하십시오.

<보기> 생각하고 생각하다/전 재산을 자선 사업에 쓰기로 했다
　　　→ 생각하고 생각한 끝에 전 재산을 자선 사업에 쓰기로 했습니다.

(1) 회의에서 토의하다/얻은 결론이다
(2) 며칠을 두고 하숙집을 찾았다/마음에 드는 집을 하나 구했다
(3) 궁리했다/좋은 해결책을 생각해 냈다
(4) 일년 동안 연구를 열심히 했다/신제품 개발에 성공했다
(5) 여기저기 알아보다/부산에 있다는 것을 알게 되었다.

6. '-에 달하다'를 이용하여 문장을 완성해 보십시오.

(1) 우리 학교에서 한국어를 공부하는 학생이 _____.(300명)
(2) 이 도시 사람의 1인당 월평균수입은 _____.(200만 원)
(3) 올해에는 _____ 학생들이 외국에 유학간대요.(1만 명)

(4) 들자하니 이번 달에는 자동차 수입량이 _____.(20만 대)
(5) 중국의 육지 면적은 _____.(960만 평방킬로미터)

7. 다음 문장을 중국어로 번역해 보십시오.

　　1990년대부터 한국에 좋은 영화들이 많이 만들어졌다. 신선한 기획과 폭넓은 소재 그리고 재능 있는 감독과 투자 자본이 뒷받침을 해 주었다. 게다가 든든한 배급사와 영화관 수가 늘어나면서 영화 산업이 활력을 띠었다. 그 바람에 한국의 영화 산업은 급속히 성장해 최근 5년 사이 관객이 2배가 넘게 늘어났다. 이 가운데 한국 영화를 본 관객은 6배 가까이 늘어나 외국 영화보다 큰 폭으로 성장하고 있다. 특히 2004년도 <실미도>와 <태극기 휘날리며>를 보러 1,000만 명이 넘는 사람이 영화관을 찾아 이제 1,000만 관객 시대가 열렸다고 한다.

8. 여러분이 제일 좋아하는 한국 영화가 무엇입니까? 그 영화의 줄거리와 그 영화를 좋아하는 이유를 한 번 써 보십시오.

9. 말하기 연습

(1) 다음 글을 읽고 자신의 생각을 써서 발표해 보십시오.

*** 따뜻한 이야기 ***

　　며칠 전, 나랑 형이 심하게 다투자 아버지께서는 이 이야기를 들려주시면서 함께 사는 것에 대해 말씀해 주셨다.
　　어느날, 아버지가 퇴근하시며 출출해서 어느 초등학교 앞에 있는 떡볶이 집을 들르셨단다. 그때, 11살쯤 먹은 아이가 8살쯤 된 아이를 데리고 떡볶이를 먹으러 왔었는데. 11살쯤 된 남자 아이가 8살쯤 된 아이에게 떡볶이를 먹여 주고 입에 묻은 것도 닦아 주고 하더란다.
　　'네 동생이니?' 라고 물었더니 '아니요. 우리 앞집 사는 동생이에요.' '떡볶이를 먹고 싶다고 해서 데리고 온 거예요.' 라고 대답했다.

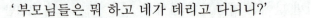

　'부모님들은 뭐 하고 네가 데리고 다니니?'
　'얘네 부모님은 모두 직장에 다니세요.' '그래서 학교 갔다 오면 우리 집에서 저랑 같이 놀아요.'
　아버지는 참 기특한 아이라고 생각하셨단다. 8살쯤 먹은 아이는 약간 정신지체 증상이 있었다. 그래서 스스로 음식을 잘 먹지도 못했고, 행동도 빨리 빨리 하지 못했다. 보통 아이들이 자기 동생과 함께 놀기도 귀찮아하는데 몸이 불편한 아이까지 보살피는 것을 보니 왠지 가슴이 뭉클해지셨단다. 아버지는 그 애들 떡볶이 값까지 내주시면서 많이 먹고 가라고 하셨단다.

(2) 다리를 다쳐서 걷지 못하는 친구가 있습니다. 그 친구가 학교에 다닐 수 있게 하려면 어떻게 해야 할까요?

* 내가 친구라면
_____
_____
_____
_____

* 내가 학교 총장이라면
_____
_____
_____
_____

课外阅读

영화 품평의 기준

"좋은 영화"의 기준은 언제나 모호하다. 누가, 언제, 어떤 기준으로 보는가에 따라 얼마든지 달라질 수 있기 때문이다. 심형래 감독의 '디워'는 몇몇 평론가들이 혹평했지만 800만 명이 넘는 관객들이 열광했고, 김기덕 감독이나 이창동 감독의 영화들은 유수한 해외 영화제에서 상을 받았지만 관객들은 별다른 감흥을 보이지 않는다. 보편성을 벗어난 주제나 묘사가 불편하다고 여기는 경향이 강하기 때문이다. 수백만 명이 몰린 영화라도 도무지 공감되지 않는 경우가 있는가 하면 외면당한 영화에 의외의 감동을 받는 경우도 있다. 영화를 전문적으로 품평하는 경우가 아니라면 결국 "좋은 영화"란 "내가 봐서 좋은 영화"라고 할 수 있다.

역대 한국 영화 중에서 어떤 작품이 최고인기 하는 기준도 마찬가지다. 여기에서 20편을 고른 것은 그것이 '최고'이기 때문이라기보다는 '나름대로 주목할 만한 이유가 있는 20편의 영화'라는 시각에서 선정한 것이다. 공감할 부분이 있다면 동의하면 그만이고, 생각이 다르다면 각자의 기준으로 따로 정해 보아도 아무 문제 없다. 그 또한 영화 보는 재미 중의 하나가 아니겠는가. (영화 평론가 조희문赵熙文)

补充词汇

기준 [基準]	[名]	标准，基准
모호하다 [模糊-]	[形]	模糊
혹평하다 [惑評-]	[动]	质疑，苛评
열광하다 [熱狂-]	[动]	狂热
별다르다	[形]	特别的，特殊的
감흥 [感興]	[名]	情怀
보편성 [普遍性]	[名]	普遍性
벗어나다	[动]	脱离，逃脱
유수하다	[形]	少有的，稀缺的

몰리다	[动]	聚集
외면 당하다 [外面-]	[词组]	遭到冷遇
품평하다 [品評-]	[动]	评论
주목하다 [注目-]	[动]	注目,关注
시각 [視角]	[名]	视角,角度
선정하다 [選定-]	[动]	选定
공감하다 [共感-]	[动]	共感,共鸣
정하다 [定-]	[动]	定下来

낱말색인

ㄱ

가급적[可及的] [副] 尽可能,尽量	[17]
가끔 [副] 不时,有时,时而	[3]
가능하다[可能-] [形] 可能,可以,可行	[6]
가량[假量] [名] 左右,上下	[6]
가르쳐 주다 [动] 教授,教给	[5]
가볍다 [形] 轻松,轻	[9]
가재도구[家財道具] [名] 家具	[10]
가죽 [名] 皮,皮革	[13]
가지다 [动] 拥有;拿,带	[10]
가지런히 [名] 整齐地	[9]
가치[價值] [名] 价值,值	[1]
각별하다 [形] 格外,分外,特别,特殊	[11]
간 [名] 盐、酱、酱油的总称	[9]
간격[間隔] [名] 间隔,距离	[17]
간장 [名] 酱油	[9]
간히다 [动] 被关押	[18]
갈아타다 [动] 换乘	[4]
갈치 [名] 带鱼	[15]
감귤[柑橘] [名] 柑橘,橘子	[15]
감당하다[敢當-] [动] 承受,担待,胜任	[10]
감독[監督] [名] 导演	[18]
감동을 주다[感動] [词组] 给予感动	[18]
감명 깊다[感銘-] [名] 感受很深	[1]
감상[鑑賞] [名] 欣赏,观赏	[3]
감상하다[鑑賞-] [动] 欣赏	[3]
감안하다[勘案-] [动] 斟酌,考虑	[17]
감흥[感興] [名] 情怀	[18]

갑갑하다 [形] 沉闷,闷得慌,烦得慌	[11]
강당[講堂] [名] 讲堂,礼堂	[10]
강우량[降雨量] [名] 降雨量	[6]
강인하다[强靭-] [形] 坚强,刚韧	[18]
개개인[個個人] [名] 每个人	[6]
개다 [动] 晴,转晴	[6]
개발되다[開發-] [动] 开发	[8]
개성[個性] [名] 个性	[18]
거꾸로 [副] 倒过来,反	[11]
거의 [副] 基本,几乎	[3]
거치다 [动] 经过,经历;绊住,挂住	[11]
거행되다[擧行-] [动] 举行	[10]
걱정도 팔자[-八字] [俗語] 杞人忧天	[17]
건강하다[健康-] [形] 健康,硬朗	[3]
건더기 [名] 汤里的菜等材料	[14]
건망증[健忘症] [名] 健忘症	[7]
건배[乾杯] [名] 干杯	[11]
건져놓다 [动] 捞,打捞	[14]
검색어[檢索語] [名] 检索词	[5]
검색하다[檢索-] [动] 检索	[5]
겉치레 [名] 讲究外表,装饰门面	[11]
게시판[揭示板] [名] 布告牌,信息牌	[8]
겨우 [副] 勉强	[5]
견디다 [动] 耐,挺,经得起	[15]
결과[結果] [名] 结果,结局	[11]
결정하다[決定-] [动] 决定	[17]
결혼식장[結婚式場] [名] 婚礼厅,喜堂	[10]
겸손하다[謙遜-] [形] 谦虚	[9]

낱말색인 **241**

경[頃] [名] 左右 [13]
경우[境遇] [名] 境遇,情况,环境 [14]
경찰관[警察官] [名] 警察 [17]
경합하다[競合-] [动] 竞争,演对手戏 [18]
경험[經驗] [名] 经验,经历 [4]
경험하다[經驗-] [动] 经历,经过 [7]
계획적[計劃的] [副] 有计划的 [2]
고구마 [名] 地瓜 [10]
고기압[高氣壓] [名] 高压,高气压 [6]
고등어 [名] 青花鱼 [15]
고려하다[考慮-] [动] 考虑 [17]
고무신 [名] 胶鞋 [11]
고무신 거꾸로 신다 [谚语] 倒着穿鞋,
　喻女人变心 [11]
고백하다[告白-] [动] 告白 [8]
고속버스[高速bus] [名] 高速巴士 [15]
고이다 [动] 积,屯住 [15]
고추장[-醬] [名] 辣酱,辣椒酱 [14]
고치다 [动] 改正,修改 [7]
곤란하다[困亂-] [形] 困难,为难 [17]
골라내다 [动] 挑出来 [9]
골프[golf] [名] 高尔夫 [3]
곰돌이 인형[-人形] [名] 小熊玩具 [13]
곳곳 [名] 各个方面 [1]
공감하다[共感-] [动] 共感,共鸣 [18]
공경[恭敬] [名] 恭敬,敬仰 [11]
공손하다[恭遜-] [形] 谦恭,恭敬 [9]
공양미[供養米] [名] 供米,施舍米 [16]
공연[公演] [名] 演出,表演 [13]
공익[公益] [名] 公益 [13]
과언[過言] [名] 过分,说得过火 [3]
과장되다[誇張-] [动] 夸张 [11]
관객[觀客] [名] 观众 [18]
관광지[觀光地] [名] 旅游区,观光区 [15]
괴다 [动] 托 [9]
교환하다[交換-] [动] 交换 [12]
교회[敎會] [名] 教会 [10]

구경거리 [名] 可看的,可参观的 [15]
구르다 [动] 滚动 [15]
구박하다[毆縛-] [动] 虐待 [16]
구별되다[區別-] [动] 区别,分辨,分别 [6]
구성하다[構成-] [动] 构成,组成 [4]
구입하다[購入-] [动] 买 [12]
구축하다[構築-] [动] 构筑,建筑 [4]
구하다[求-] [动] 求;找 [2]
구해주다 [动] 救助 [18]
국그릇 [名] 汤碗 [9]
국물 [名] 汤 [9]
국수 [名] 面条 [10]
국수를 먹다 [词组] 表示要结婚的意思 [10]
국악[國樂] [名] 国乐 [13]
군대에 가다 [词组] 当兵,入伍 [11]
군자[君子] [名] 君子 [11]
군화[軍靴] [名] 军靴,军鞋 [11]
굳어지다 [动] 变硬,硬化 [11]
굽다 [动] 烤,烧 [14]
권하다[勸-] [动] 劝 [9]
귀를 기울이다 [词组] 倾听 [6]
귀찮다 [形] 麻烦,不耐烦 [6]
규율[規律] [动] 规律 [9]
그러게 말이다 [词组] 说的是呀,就是呀 [17]
그릴듯하다 [形] 像样,不错 [11]
그림자 [名] 影子 [10]
그만 [副] 到此为止,就此 [16]
그만두다 [动] 停止,作罢 [3]
그치다 [动] 停,停止 [6]
근거지[根據地] [名] 根据地 [6]
근무요원[勤務要員] [名] 工作人员 [13]
근처[近處] [名] 附近,近处 [2]
글로벌 시대[global 時代] [名] 全球化
　时代 [9]
글을 올리다 [动] 上传帖子 [8]
금강굴[金剛窟] [名] 金刚窟 [15]
기간[期間] [名] 期,期间 [2]

기개가 있다[氣慨] [词组] 有气概	[18]
기관실[機關室] [名] 机房,驾驶室	[13]
기대되다[期待-] [动] 期待,期望	[10]
기르다 [动] 养,培育	[14]
기반[基盤] [名] 基础,基点	[4]
기본사항[基本事項] [名] 基本事项	[9]
기본이 되다 [词组] 成为根本,是根本	[14]
기분이 좋다 [词组] 心情好	[5]
기술혁신[技術革新] [名] 技术革新	[4]
기술협력[技術協力] [名] 技术合作	[4]
기억력[記憶力] [名] 记忆力	[3]
기온[氣气] [名] 气温	[6]
기왕[旣往] [名/副] 旣往;既然,既是,已经	[14]
기운[氣運] [名] 力气	[14]
기준[基準] [名] 标准,基准	[18]
기침 [名] 咳嗽	[9]
긴장하다[繁張-] [动] 紧张	[1]
길쭉하다 [形] 稍长	[13]
김치 종류[一種類] [名] 种类	[14]
김치속 [名] 腌制泡菜的调味料	[14]
김치찌개 [名] 泡菜汤	[7]
까다롭다 [形] 麻烦,复杂	[10]
깻잎 [名] 芝麻叶,苏子叶	[14]
꼼꼼하다 [形] 仔细	[12]
꼼꼼히 [副] 仔细地	[7]
꽤 [副] 相当	[4]
꿀맛 [名] 蜂蜜的味道	[15]
끊임없다 [形] 不断	[17]
끌어안다 [动] 拥抱,搂抱	[16]
끓이다 [动] 开,沸,煮	[14]
끼다 [动] 夹,插,塞	[6]

ㄴ

나누다 [动] 分开	[10]
나다 [动] 产生,长出	[17]
나름대로 [副] 各有各的	[3]

나아지다 [词组] 变好	[7]
나오다 [动] 出来	[3]
나이 들다 [词组] 长了岁数,上了年纪	[14]
나이를 먹다 [名] 上年纪,长岁数	[17]
나중에 [副] 以后	[9]
낚시 [名] 钓鱼,垂钓	[3]
남기다 [动] 保留,留下	[13]
남다 [动] 残剩	[13]
낮다 [形] 低;矮	[6]
낯설다 [形] 陌生;面生	[1]
낳다 [动] 生,产生,造成	[11]
내선[內線] [名] 内线	[13]
내용물[內容物] [名] 里面的东西	[13]
냅킨[napkin] [名] 餐巾纸	[9]
너그럽다 [形] 宽厚,宽大,宽容	[7]
넉넉하다 [形] 充足	[3]
넘어지다 [动] 跌倒,摔跤	[11]
넘어진 김에 쉬어간다 [谚语] 随遇而安	[11]
넘치다 [动] 溢出,充沛,洋溢	[9]
네모나다 [动] 有四角,呈四边形	[13]
노인[老人] [名] 老人,老年人	[11]
녹색[綠色] [名] 绿色	[13]
농담[弄談] [名] 玩笑,戏言	[7]
농담하다[弄談-] [动] 嘲谑,开玩笑	[11]
농사를 짓다[農事-] [词组] 种地,从事农业	[10]
농산물[農産物] [名] 农产品	[12]
높임법 [名] 敬语法	[7]
누리다 [动] 享受,享用	[11]
누추하다[陋醜-] [形] 简陋	[9]
눈앞이 캄캄하다 [词组] 眼前一抹黑	[11]
눈을 뜨다 [词组] 睁开眼睛	[16]
느끼다 [动] 感觉,感到	[3]
늘다 [动] 增加,增长,提高	[2]
능력[能力] [名] 能力	[17]
늦잠 [名] 贪睡,晚起	[13]

낱말색인 **243**

ㄷ

단어	의미	課
다녀오다 [动]	去了一趟,去过	[6]
다니다 [动]	来往,过往,上(学、班)	[4]
다물다 [动]	闭着嘴	[9]
다소[多少] [副]	多少,稍微	[2]
다양하다[多样-] [形]	多样,花哨	[3]
다양화되다[多樣化-] [动]	多样化,多元化	[12]
다투다 [动]	争吵,争辩	[8]
다행[多幸] [名]	幸亏,侥幸,万幸	[1]
다행히[多幸-] [副]	幸亏,多亏	[4]
단백질[蛋白質] [名]	蛋白质	[14]
단서[端緒] [名]	头绪,线索	[13]
단순히[單純-] [副]	单纯地	[7]
단정히[端正] [副]	端庄的	[4]
단체[團體] [名]	团体	[1]
달라지다 [动]	变化,改变	[12]
닭고기 [名]	鸡肉	[14]
담그다 [动]	腌制,浸泡,酿	[14]
담당하다[擔當-] [动]	担任,负责	[4]
담임 [名]	班主任	[1]
답장[答狀] [名]	回信	[8]
당부[當付] [名]	叮嘱,嘱咐	[1]
당황하다[唐慌-] [动]	慌张,措手不及	[9]
대감님[大監-] [名]	大人(敬称)	[16]
대강 [副]	大体,大概	[9]
대기실[待機室] [名]	休息室,等候室	[10]
대단하다 [形]	了不起	[11]
-대로 [助词]	按照……,照……	[1]
대번에 [副]	一下子	[5]
대비하다[對比-] [动]	对比,比较,对照	[6]
대신[代身] [名]	代替,代为	[3]
대접하다[待接-] [动]	接待,招待	[10]
대처하다[對處-] [动]	应对,处理	[13]
대청봉[大靑峰] [名]	大青峰	[15]
대체로[大體-] [副]	大致,大体	[6]
대추[大棗] [名]	枣	[14]
대출[貸出] [名]	借出	[5]
대출받다[貸出-] [词组]	接受贷款,获得贷款	[5]
대충 [副]	大体上,大概	[18]
대포동[大浦洞] [名]	大浦洞	[15]
대하다[對-] [动]	针对,关于	[11]
더불어 [副]	一起	[11]
더욱이 [副]	尤,尤其	[4]
덕분[德分] [名]	多亏,托……的福	[3]
덜다 [动]	减,减少,省	[4]
데이터베이스 [database] [名]	数据库,资料库	[4]
도서검색[圖書檢索] [词组]	检索图书	[5]
도전하다[挑戰-] [动]	挑战,挑衅	[4]
도중[途中] [名]	途中,过程中	[9]
독일[獨逸] [名]	德国	[4]
돌려받다 [动]	要回,找回	[12]
돌하르방 [名]	石老人(济州岛的民俗信仰,守护神)	[15]
돌아보다 [动]	回看	[16]
돕다 [动]	帮助	[1]
동기[動機] [名]	动机	[1]
동방예의지국[東方禮儀之國] [名]	东方礼仪之邦	[11]
동아리 [名]	社团	[1]
동아리선배[-先輩] [名]	社团前辈	[11]
동이열전[東夷列傳] [专]	东夷列传	[11]
동전[銅錢] [名]	硬币	[3]
되도록 [副]	尽量,尽可能	[13]
된장[-醬] [名]	酱	[14]
두께 [名]	厚度,厚薄	[13]
두다 [动]	下(棋)	[3]
두려워하다 [动]	害怕	[7]
둘레 [名]	周长,周围	[13]
뒤덮다 [动]	笼罩,覆盖	[15]
뒤적거리다 [动]	翻,搅拌	[9]

드디어 [副] 终于		[1]
드러나다 [动] 显露,露出		[11]
드리다 [动] '주다'的尊敬形式,给		[9]
들녘 [名] 原野		[15]
들다 [动] 入,进入		[15]
들다 [动] 花费,需要		[2]
들다 [动] 提,进入		[6]
들어가다 [动] 进去,加入		[2]
들어오다 [动] 进来		[3]
등교하다 [登校] [动] 上学		[2]
등잔 밑이 어둡다 [谚语] 灯下黑(比喻在自己眼皮底下发生的事情自己却全然不知。)		[10]
등장하다[登場-] [动] 登场,出现		[8]
따뜻하다 [形] 温暖的		[1]
따라가다 [动] 跟着去		[16]
따로 [副] 另外		[2]
따르다 [动] 倒		[9]
딱 [副] 正好,恰好		[13]
땀이 나다 [词组] 出汗		[1]
떠나다 [动] 离开,去,动身		[4]
떡 [名] 年糕,米糕		[14]
떨어져 있다 [词组] 掉下来		[9]
떨어지다 [动] 下降,低落		[3]
똑같이 [副] 一样,同样		[10]
뚜껑 [名] 盖子		[13]
뛰다 [动] 跑,跳		[3]
뛰어넘다 [动] 超越		[18]
뛰어다니다 [动] 奔波,奔忙		[11]
뜨겁다 [形] 热		[14]
뜨다 [动] 浮,飘,飞		[15]
띠다 [动] 担负,具有		[11]

ㄹ

러시아[Russia] [国家名] 俄罗斯		[1]
로맨스[romance] [名] 浪漫		[18]
룸메이트[roommate] [名] 同屋,室友		[4]

ㅁ

마냥 [副] 尽情,总是;非常		[15]
마늘 [名] 蒜,大蒜		[14]
마등령[馬等嶺] [名] 马等岭		[15]
마땅히 [副] 应该,应当		[17]
마련되다 [动] 准备		[11]
마련하다 [动] 准备,张罗		[4]
마음가짐 [名] 心态,情绪		[11]
마음대로 [副] 随心所欲		[16]
마음에 들다 [词组] 满意,称心		[2]
마음이 풀리다 [词组] 消气		[7]
마찬가지 [名] 同样,一样		[9]
마치다 [动] 结束		[5]
마치다 [动] 完成,结束		[10]
마침 [副] 恰好,正巧		[2]
막상 [副] 实际上,事实上		[11]
만족스럽다[滿足-] [形] 满足,满意		[4]
만화영화[漫畵映畵] [名] 动画片		[16]
맛보다 [动] 品尝,尝		[14]
맞벌이 [名] 双职工夫妇		[12]
맞추다 [动] 按照……调整,迎合		[14]
맡기다 [动] 使承担,托付		[10]
맡다 [动] 承担,担当		[1]
매 맞다 [词组] 挨打		[18]
매력적[魅力的] [名] 诱人,迷人		[15]
매체[媒體] [名] 媒体		[8]
맨 [冠] 最		[1]
맵다 [形] 辣		[14]
맹장염[盲腸炎] [名] 盲肠炎,阑尾炎		[11]
먹을거리 [名] 可吃的		[15]
멀어지다 [动] 变远,越来越远		[8]
메시지[message] [名] 短信		[8]
면[面] [名] 侧面,层面		[4]
명심하다[銘心-] [动] 铭记		[17]
명화[名畵] [名] 有名的电影		[3]

낱말색인 **245**

모습 [名] 样子	[18]		
모시다 [动] 侍奉,伺候	[16]	**ㅂ**	
모양새[模樣-] [名] 样子	[11]	바꿔주다 [动] 给……换	[12]
모욕[侮辱] [名] 侮辱	[7]	바느질 상태[-狀態] [名] 做工	[12]
모임 [名] 聚会,场面	[1]	바둑 [名] 围棋	[3]
모자라다 [动] 不足,缺乏	[11]	바라보다 [动] 注视,遥望,观望	[15]
모처럼 [副] 特地,难得	[6]	바람직하다 [形] 值得期待的	[17]
모호하다[模糊-] [形] 模糊	[18]	바람직하다 [名] 期望	[7]
목 놓아 통곡하다[-痛哭/慟哭] [词组]		박스[box] [名] 箱子	[12]
放声抱头痛哭	[16]	반납하다[返納-] [动] 返还,归还	[5]
목표의식[目標意識] [名] 目标意识	[7]	반면[反面] [名] 反面	[7]
몰리다 [动] 聚集	[18]	반성하다[反省-] [形] 反省	[7]
몸조리[-調理] [名] 养护,休养,调养	[11]	반찬[飯饌] [名] 饭菜,菜肴	[9]
몹시 [副] 非常	[6]	반품하다[返品-] [动] 退货	[12]
무관심하다[無關心-] [动] 不关心	[8]	받다 [动] 接受,收到	[8]
무덥다 [形] 闷热	[6]	받치다 [动] 承托,支撑	[9]
무뚝뚝하다 [形] 冷漠,生硬	[8]	받침 [名] 收音	[7]
무사히[無事-] [副] 平安无事地	[9]	발달[發達] [名] 发达,发展	[8]
무역관[貿易官] [名] 贸易官	[4]	발달하다[發達-] [动] 发达	[6]
무척 [副] 相当,特别,极为	[13]	발표[發表] [名] 发表,宣布	[11]
문물[文物] [名] 文明	[3]	발화[發話] [名] 发话,开始说话	[1]
문자[文字] [名] 文字	[8]	밝히다 [动] 阐明,搞清楚	[1]
문화[文化] [名] 文化	[10]	방바닥 [名] 地面	[16]
물건 구입처[物件購入處] [名] 商品购买地	[12]	배추김치 [名] 白菜泡菜	[14]
물결 [名] 波浪,水波	[6]	배탈이 나다 [词组] 闹肚子,腹泻	[14]
물론[勿論] [名] 当然,不用说	[2]	백록담[白鹿潭] [名] 白鹿潭	[15]
물질[物質] [名] 物质,财物,财产	[14]	뱃사람 [名] 船夫	[16]
물품[物品] [名] 物品	[15]	버리다 [动] 扔掉	[9]
미끄러지다 [动] 滑;落榜,不及格	[11]	버무리다 [动] 拌,搅和	[14]
미루다 [动] 推延;推诿	[18]	벅차오르다 [动] 充满,洋溢	[15]
미리 [副] 预先,事先	[5]	번거롭다 [形] 繁杂,复杂	[14]
미리 [副] 先,预先	[6]	벌다 [动] 挣(钱)	[12]
민감하다[敏感-] [形] 敏感,灵敏	[6]	벌써 [副] 已经	[1]
민박[民泊] [名] 民宿	[2]	벗어나다 [动] 脱离,逃脱	[18]
민속촌[民俗村] [名] 民俗村	[15]	베를린[Berlin] [地名] 柏林	[4]
밀리다 [动] 堆积	[11]	변동[變動] [名] 变动,变更	[6]
		변질되다[變質-] [动] 变质,变坏	[18]

| 별다르다 [形] 特别的,特殊的 | [18] |
| 별로[別-] [副] 特别(通常与否定式连用, |
意为"不怎么""不太")	[2]
보관소[保管所] [名] 寄存处	[13]
보관하다[保管-] [动] 保管	[12]
보기 드물다 [词组] 少见	[15]
보내다 [动] 送,发送	[8]
보람 [名] 意义	[17]
보람 있다 [词组] 有意义,有价值	[4]
보상을 받다 [词组] 得到补偿	[18]
보장되다[保障-] [动] 得到保障	[17]
보증금[保證金] [名] 押金,保证金	[2]
보충하다[補充-] [动] 补充	[4]
보편성[普遍性] [名] 普遍性	[18]
보편적[普遍的] [名] 普遍的	[18]
보호법[保護法] [名] 保护法	[12]
복원하다[復原-] [动] 复原	[18]
복잡하다 [形] 复杂	[10]
복장[服裝] [名] 服装,着装,衣着	[4]
본부[本部] [名] 本部	[4]
본인[本人] [名] 本人	[12]
볼거리 [名] 可看的东西	[15]
볼링[bowling] [名] 保龄球	[3]
봉사[奉事] [名] 侍奉,侍候	[1]
부단히[不斷-] [副] 不断地	[18]
부담[負擔] [名] 负担,负累	[4]
부담하다[負擔-] [动] 负担	[10]
부동산[不動産] [名] 房地产,不动产	[2]
부딪치다 [动] 冲撞,碰	[9]
부족하다[不足-] [形] 不足	[4]
부주의[不注意] [名] 不慎,疏忽	[7]
부탁[付託] [名] 拜托,请求	[1]
분명하다[分明-] [形] 分明,明确	[7]
분실물[紛失物] [名] 丢失物品	[13]
분야[分野] [名] 方面,领域	[4]
분화구[噴火口] [名] 喷火口	[15]
불안하다[不安-] [形] 不安,紧张	[17]

| 불의[不意] [名] 不料,想不到,突然 | [18] |
| 불필요하다[不必要-] [形] 不必要, |
不需要	[6]
불확실하다[不確實-] [形] 不确定	[7]
붓다 [动] 倒	[14]
붙들다 [动] 抓,抓住,逮住,挽留	[16]
비 온 뒤에 땅이 더 굳어진다 [谚语]
不经历风雨怎么见彩虹	[11]
비결[秘訣] [名] 秘诀	[3]
비다 [形] 空	[2]
비디오[video] [名] 录像	[5]
비롯하다 [动] 以及,以……为首	[1]
비룡폭포[飛龍瀑布] [名] 飞龙瀑布	[15]
비슷하다 [形] 相似的	[16]
비우다 [动] 腾空	[9]
비전[vision] [名] 前途,前景	[4]
비타민[vitamin] [名] 维生素	[14]
빌리다 [动] 借,借给,出租	[5]
빼놓다 [动] 漏掉	[14]
뼈 [名] 骨头	[9]
뽑다 [动] 抽,拔,摘取	[3]

ㅅ

사고 방식[思考方式] [词组] 思考方式	[7]
사례하다[謝禮-] [动] 答谢,酬谢	[13]
사소하다[些少-] [形] 琐碎,细微	[7]
사업[事業] [名] 事业,工作	[17]
사연[事緣] [名] 事情的原委、来龙去脉	[3]
사주단자[四柱單子] [名] 生辰八字	[10]
사촌 언니 [名] 表姐,堂姐	[13]
사회경험[社會經驗] [名] 社会经验	[4]
사회적 지위[社會的地位] [词组] 社会地位	[17]
산장[山莊] [名] 山庄	[15]
살짝 [副] 轻轻,暗中	[9]
살펴보다 [动] 查看,观察	[12]
삶 [名] 生活,日子	[1]
삼겹살[三-] [名] 五花肉	[14]

삼계탕[蔘鷄湯] [名] 参鸡汤 [14]	세간[世間] [名] 世间,世上 [18]
넘기다 [动] 咽下去,移交 [9]	세탁하다[洗濯-] [动] 洗涤 [12]
상다리가 부러지다 [俗语] 桌子腿 被压弯了(比喻饭菜非常多) [9]	센터[center] [名] 中心 [13]
	소개하다[紹介-] [动] 介绍 [1]
상대방[相對方] [名] 对方 [8]	소금 [名] 盐 [14]
상상[想像] [名] 想象 [8]	소나기 [名] 阵雨,骤雨 [6]
상추 [名] 生菜 [14]	소방관[消防官] [名] 消防官 [17]
상쾌하다[爽快-] [形] 爽快,清爽 [3]	소비자[消費者] [名] 消费者 [12]
상표[商標] [名] 商标,品牌,牌子 [13]	소속[所屬] [名] 所属机构,所属部门 [1]
상하다[傷-] [动] 瘦,受伤;变质,变坏 [11]	소재[素材] [名] 素材 [18]
상호[相互] [名] 相互 [4]	소중하다[所重-] [形] 珍贵 [13]
새롭다 [形] 新,崭新 [10]	소중함[所重-] [名] 可贵,珍贵 [11]
새벽 [名] 黎明,清晨 [3]	소질[素質] [名] 素质,素养 [17]
색감[色感] [名] 色觉 [18]	소풍[消風] [名] 郊游,兜风 [6]
색깔[色-] [名] 色,颜色 [12]	속마음 [名] 内心,心迹 [11]
샌프랜시스코[San Francisco] [地名] 旧金山 [1]	속상하다[-傷-] [形] 可气,糟心 [11]
	속속[續續] [副] 陆续 [8]
생강[生薑] [名] 生姜 [14]	속옷 [名] 内衣 [12]
생선 가시 [名] (海鲜的)刺或鱼刺 [9]	속이다 [动] 欺骗 [16]
서류작성[書類作成] [词组] 编写文件 [8]	속초[束草] [地名] 束草(位于 韩国江原道东北部) [15]
서명[書名] [名] 书名 [5]	손실[損失] [名] 损失,损伤 [6]
서양문물[西洋文物] [名] 西方文明 [11]	손질하다 [动] 修理,整理;动手 [10]
서투르다 [形] 不熟练 [1]	쇼핑[shopping] [名] 购物 [12]
선발되다[選拔-] [动] 选拔 [1]	수단 [名] 方法,手段 [1]
선배[先輩] [名] 学长,学姐 [3]	수산물[水産物] [名] 水产品 [12]
선비 [名] 儒生,士人 [18]	수산업[水産業] [名] 水产业 [6]
선정하다[選定-] [动] 选定 [18]	수상경력[受賞經歷] [名] 获奖 [1]
선택하다[選擇-] [动] 选择 [17]	수술 받다[手術-] [词组] 接受手术, 开刀 [11]
선호하다[選好-] [动] 喜欢,偏爱,嗜好 [2]	
설레다 [动] 激动,不安 [1]	수저 [名] 筷子和勺子 [9]
설명회[說明會] [名] 说明会 [17]	수집하다[收集-] [动] 收集 [3]
설악산[雪嶽山] [名] 雪岳山 [15]	수첩[手帖] [名] 手册,小本儿 [13]
섬기다 [动] 侍奉,服侍 [18]	순서[順序] [名] 顺序,次序 [1]
성격[性格] [名] 性情,脾气 [11]	순조롭다[順調] [形] 顺利 [5]
성산 일출봉[城山 日出峰] [名] 城山 出峰 [15]	술자리 [名] 酒席,酒桌 [9]
	숨기다 [动] 藏,隐藏 [11]
성인[成人] [名] 成人 [7]	

숭늉 [名] 锅巴汤	[9]	실수하다[失手-] [动] 失误	[1]
숭상[崇尙] [名] 崇尚	[15]	실시간[實時間] [名] 实时	[13]
스스로 [副] 自行	[17]	실제[實際] [名] 实际	[6]
스승 [名] 老师,师傅	[11]	실컷 [副] 尽情,尽量	[11]
스토리[story] [名] 故事内容	[18]	싫다 [动] 讨厌	[9]
매장 [名] 卖场	[12]	심각하다[深刻] [形] 深刻,深入,严重	[17]
스트레스(stress) [名] 压力,疲劳	[3]	심부름 [名] 跑腿儿,使唤,役使	[14]
슬프다 [形] 悲伤	[8]	심청전[沈淸傳] [专] 沈清传	
습관상[習慣上] [名] 习惯上	[6]	(朝鲜古典小说)	[16]
습성[習性] [名] 习性,习惯	[4]	싱싱하다 [形] 新鲜的,茁壮的	[15]
승진하다[昇晉-] [动] 升级,晋升	[17]	싸다 [动] 包起来	[9]
시각[視角] [名] 视角,角度	[18]	싸우다 [动] 吵架	[8]
시네마스코프 와이드[cinema scope wide]		쌈 [名] (用生菜、白菜等包的)饭团	[14]
[名] 宽银幕电影	[18]	쌓다 [动] 积累	[4]
시댁[-宅] [名] 婆家	[10]	쑥스럽다 [形] 不好意思,难为情	[7]
시설[施設] [名] 设施,设备	[2]	씹다 [动] 嚼	[9]
시스템[system] [名] 系统,制度,体系	[4]		
시청각실[視聽覺室] [名] 视听室	[5]	ㅇ	
시청역[市廳驛] [名] 市政府站	[13]		
식구[食口] [名] 家人	[10]	아량[雅量] [名] 心胸,度量	[7]
식욕을 잃다 [词组] 没有食欲,没有胃口	[14]	아르바이트[arbeit] [名] 小时工,打工	[4]
식히다 [动] 晾凉,放凉	[14]	아무튼 [副] 反正,总归	[3]
신경쓰다[神經-] [动] 往心里去,讲究,		아미노산[amino 酸] [名] 氨基酸	[14]
在意	[11]	아예 [副] 根本,干脆	[17]
신고하다[申告-] [动] 报案,申报	[13]	아울러 [副] 同时,并且	[4]
신데렐라[Cinderella] [名] 灰姑娘	[16]	알맞다 [形] 适当,适合	[3]
신랑[新郎] [名] 新郎	[10]	알맞다 [动] 合适	[14]
신맛 [名] 酸味	[15]	알선하다[斡旋-] [动] 介绍,斡旋,牵线	[2]
신부[新婦] [名] 新娘	[10]	암[癌] [名] 癌,癌症	[14]
신분[身份] [名] 身份	[18]	앞날 [名] 明天	[17]
신선로[神仙爐] [名] 火锅	[5]	액정화면[液晶畵面] [名] 液晶屏,	
신선하다[新鮮] [形] 新鲜	[15]	液晶显示器	[13]
신청하다[申請-] [动] 申请	[5]	야자수[椰子樹] [名] 椰子树	[15]
신혼여행[新婚旅行] [名] 新婚旅行	[10]	약재[藥材] [名] 药材,药料	[12]
실력위주[實力爲主] [名] 实力优先	[17]	약혼식[約婚式] [名] 订婚仪式	[10]
실망하다 [动] 失望	[11]	양념 [名] 调料	[9]
실수[失手] [名] 失误	[7]	양반[兩班] [名] 两班,贵族	[11]
		양보하다[讓步-] [动] 避让	[11]

낱말색인 **249**

양복[洋服] [名] 西装	[10]
양양군[襄陽郡] [名] 襄阳郡	[15]
어느새 [副] 不知不觉,一晃	[3]
어려워하다 [动] 感到困难;介意	[5]
어렵다 [形] 难,困难,吃力	[3]
어른 [名] 大人;长辈	[11]
어머나 [感叹] 啊,哎呀	[13]
어순[語順] [名] 语序	[5]
어우러지다 [动] 协调,和谐	[15]
어울리다 [动] 相配,配合	[11]
억수 [名] 瓢泼,倾盆	[16]
억지로 [副] 勉强	[9]
언어행위 [言語行為] [名] 语言行为	[1]
얼른 [副] 马上,快	[1]
엄지 손가락 [名] 大拇指	[13]
업무[業務] [名] 业务	[1]
업신여기다 [动] 轻视,瞧不起	[11]
엉엉 [副] 哇哇(哭的声音)	[10]
에어컨[air conditioner] [名] 空调	[6]
에티켓[etiquette] [外] 礼仪,礼节	[11]
엔진[engine] [名] 发动机	[15]
여럿 [名] 许多,不少	[2]
여유[餘裕] [名] 闲暇,空闲	[18]
역경[逆境] [名] 逆境	[18]
역무원[驛務員] [名] 车站工作人员	[13]
역을 맡다 [词组] 担当角色	[18]
연락처[連絡處] [名] 通讯方式,联系方式	[13]
연봉[年俸] [名] 年薪	[17]
연애결혼[戀愛結婚] [名] 恋爱结婚	[10]
열광하다[熱狂-] [动] 狂热	[18]
열심히 [副] 认真地	[2]
열차번호[列車-] [名] 列车号,列次	[13]
영동지방[嶺東地方] [词组] 岭东地区	[6]
영상[零上] [名] 零上	[6]
영수증[領收證] [名] 发票,收据	[12]
영양소[營養素] [名] 营养素	[14]
영역[領域] [名] 领域,方面	[6]
예단[禮單] [名] 礼单	[10]
예로부터 [副] 历来,古往今来	[11]
예방[豫防] [名] 预防,防治	[14]
예쁘다 [形] 漂亮	[10]
예상[豫想] [名] 预测,预料	[6]
예술적[藝術的] [形] 艺术的	[18]
예식장[禮式場] [名] 婚礼大厅,礼堂	[10]
예측하다[豫測-] [动] 预测,预料	[6]
오래다 [形] 久,老,古老	[3]
오렌지[orange] [名] 橙子	[15]
오르다 [动] 登(山),上(山)	[15]
오색[五色] [地名] 五色	[15]
오차[誤差] [名] 误差	[13]
오피스텔[officetel] [名] 商住两用房,综合办公楼	[2]
오해[誤解] [名] 误解,误会	[8]
오해를 풀다 [词组] 消除误会	[8]
오히려 [副] 反倒,却,反而	[3]
옥[獄] [名] 监狱	[18]
옥돔[玉-] [名] 方头鱼	[15]
옥수수 [名] 玉米	[10]
온통 [副] 全部,完全	[15]
옮기다 [动] 搬,移	[2]
옳다 [名] 正确	[10]
옹기종기 [副] 大小不一,参差不齐	[6]
완구 [玩具] [名] 玩具	[4]
완전히[完全-] [副] 完全地	[9]
완쾌하다 [动] 痊愈	[11]
왜냐하면 [副] 因为	[3]
외면 당하다[外面-] [词组] 遭到冷遇	[18]
요구사항[要求事項] [名] 要求事项	[4]
요인[要因] [名] 原因,因素	[18]
요청[要請-] [名] 请求	[4]
요청하다[要請-] [动] 请求,报请	[13]
용기[勇氣] [名] 勇气,胆量	[17]
용서[容恕] [名] 原谅	[8]
우도[牛島] [名] 牛岛	[15]

| 우라시마타로 [うらしまたろう] [专,人名] 浦島太郎(日本童话中的主人公) [16]
| 우러르다 [动] 仰望,瞻仰,景仰 [11]
| 우편 [郵便] [名] 邮件,邮政 [5]
| 우편집배원 [集配員] [名] 邮递员,邮差 [17]
| 운이 좋다 [運-] [词组] 运气好 [2]
| 운행 [運行] [名] 运行,行驶 [13]
| 운행방향 [運行方向] [名] 行驶方向 [13]
| 운행하다 [運行-] [动] 运行,运转 [6]
| 움직이다 [动] 动,动弹 [15]
| 원전 [原典] [名] 原作 [18]
| 원하다 [願-] [动] 想要 [2]
| 월급 [月給] [名] 月薪,工资 [12]
| 웨딩드레스 [wedding dress] [名] 婚纱 [10]
| 웬 [冠] 干什么的,哪儿来的 [10]
| 위기를 맞다 [词组] 应对危机,迎接危机 [11]
| 위로 [慰勞] [名] 安慰,慰劳 [1]
| 위로해 주다 [慰勞-] [动] 慰劳,慰问 [11]
| 위치하다 [位置-] [动] 位于,处于……位置 [2]
| 유교문화권 [儒教文化圈] [名] 儒教文化圈 [9]
| 유난히 [副] 特别,格外 [10]
| 유머 [humor] [名] 幽默 [7]
| 유명하다 [有名-] [形] 有名,闻名 [12]
| 유수하다 [形] 少有的,稀缺的 [18]
| 유지되다 [維持-] [动] 维持 [18]
| 유창하다 [流暢-] [形] 流畅,流利 [1]
| 유채화 [油菜花] [名] 油菜花 [15]
| 유형 [類型] [名] 类型,模式 [1]
| 유혹하다 [誘惑-] [动] 诱惑 [18]
| 육개장 [肉-] [名] 牛肉汤 [14]
| 육체적 [肉體的] [名] 肉体的 [11]
| 은사 [恩師] [名] 恩师 [10]
| 은색 [銀色] [名] 银,银色 [13]
| 은혜에 보답하다 [恩惠- 報答-] [词组] 报恩 [12]
| 음미하다 [动] 咀嚼,品尝 [9]
| 응시하다 [應試-] [动] 应考,应试 [1]

| 의논하다 [議論-] [动] 商量,讨论 [2]
| 의류 [衣類] [名] 衣服,服装 [12]
| 의무제 [義務制] [名] 义务制,征兵制 [11]
| 의식주 [衣食住] [名] 衣食住 [17]
| 이것저것 [代] 这个那个,各种 [5]
| 이겨내다 [动] 战胜,克服 [18]
| 이국적 [異國的] [名] 异国的 [15]
| 이따가 [副] 一会儿 [5]
| 이를테면 [副] 比如说,换句话说 [6]
| 이메일 [E-mail] 보내기 [词组] 发电子邮件 [5]
| 이사 [移徙] [名] 搬家,乔迁 [2]
| 이삿짐 [名] 搬家时的行李 [2]
| 이상적 [理想的] [名] 理想的 [15]
| 이상하다 [異常-] [形] 奇怪 [7]
| 이쑤시개 [名] 牙签 [9]
| 이열치열 [以熱治熱] [名] 以热治热 [14]
| 이용하다 [利用-] [名] 利用,使用 [5]
| 익히다 [动] 使熟练,使(成)熟 [4]
| 인공위성 [人工衛星] [名] 人造卫星 [6]
| 인기 [人氣] [名] 人气 [18]
| 인기가 좋다 [词组] 受欢迎,走俏 [12]
| 인삼 [人蔘] [名] 人参 [14]
| 인자하다 [仁慈-] [形] 仁慈,慈祥 [15]
| 인정받다 [認定-] [动] 得到认可,肯定 [17]
| 인정하다 [动] 认定,承认 [7]
| 인터넷 게임 [internet game] [名] 网络游戏 [8]
| 인터넷 쇼핑 [internet shopping] [名] 网上购物 [8]
| 일기예보 [日氣豫報] [名] 天气预报 [6]
| 일다 [动] 起,掀起 [6]
| 일단 [一旦] [副] 一旦,暂时,暂先 [13]
| 일대 혁신 [一大革新] [词组] 一大革新 [8]
| 일상사 [日常事] [名] 常事 [8]
| 일상적이다 [日常的-] [词组] 很平常的 [1]
| 일시적 [一時的] [名] 一时的,暂时的 [17]

일원[一員] [名] 一员	[1]	잠실[蠶室] [地名] 蚕室	[2]
일이 생기다 [词组] 出事,有事	[13]	잠자리 [名] 睡铺	[15]
일제강점기[日帝强占期] [专] 日本殖民统治时期	[11]	잡다 [动] 抓住	[9]
		잡히다 [动] 抓住,被捕	[15]
일찍 [副] 尽早,提前	[14]	장[章] [名] 篇章	[4]
일편단심[一片丹心] [成语] 赤胆忠心,一片丹心	[18]	장기예보[長期豫報] [词组] 远期预报	[6]
		장단점[長短點] [名] 优缺点,长处和短处	[1]
일행[一行] [名] 一行,同行	[15]	장래[將來] [名] 将来,未来	[4]
잃어버리다 [动] 丢失	[13]	장마철 [名] 雨季	[6]
입구[入口] [名] 入口	[4]	장사 [名] 生意,买卖	[16]
입대하다 [动] 参军,入伍	[11]	장점[長點] [名] 优点,长处	[2]
입력하다[入力-] [动] 录入,输入	[5]	재래시장[在來市場] [名] 传统市场	[12]
입맛이 살아나다 [词组] 开胃	[14]	재빨리 [副] 赶紧,赶忙	[13]
입을 가리다 [词组] 捂着嘴	[9]	재채기 [名] 喷嚏	[9]
입장하다[入場-] [动] 入场	[10]	적극적[積極的] [副] 积极地	[3]
잊다 [动] 忘记	[7]	적성[適性] [名] 适合与否,适应性	[17]
		적어 놓다 [记] 记下	[13]
ㅈ		전국[全國] [名] 全国	[6]
		전달하다[傳達-] [动] 传达,传告	[1]
자기 공간[自己空間] [名] 自我空间	[3]	전두부[前頭部] [名] 前部,车头	[13]
자꾸 [副] 经常,总是	[7]	전복[全鰒] [名] 鲍鱼	[15]
자랑하다 [动] 夸耀,炫耀	[4]	전산실[電算室] [名] 计算机室	[5]
자료실[資料室] [名] 资料室	[5]	전자상가[電子商街] [名] 电子商街	[12]
자루 [量] 袋子,包	[10]	전통적 가치관[傳統的價值觀] [词组] 传统价值观	[11]
자리순[-順] [名] 座位顺序	[1]	
자본협력[資本協力] [名] 资本合作	[4]	전통적[傳統的] [名] 传统的	[18]
자세[姿勢] [名] 姿势,姿态,架势	[1]	전하다[傳-] [动] 传递,转达	[8]
자세히[仔細-] [副] 仔细地	[5]	전형적이다[典型的-] [形] 典型的	[18]
자식[子息] [名] 子女	[12]	절 [名] 寺庙	[10]
자유롭게[自由-] [副] 自由地	[4]	절약하다[節約-] [动] 节约	[5]
자유롭다[自由-] [形] 自由,自在	[2]	절이다 [动] 腌,腌渍,腌制	[14]
자체[自體] [名] 自己,本身	[12]	절제[節制] [动] 节制	[9]
자취[自炊] [名] 自炊,自己开伙	[2]	젊다 [形] 年青,年轻	[3]
자취방[自炊房] [名] 自炊房(房东不指供饮食,由租住者自己做饭的房子)	[2]	점점[漸漸] [副] 渐渐,逐步	[12]
		점차[漸次] [副] 逐渐,渐渐	[6]
작정[作定] [名] 打算,准备	[12]	접다 [动] 叠	[9]
잔뜩 [副] 满满地	[6]	정도[程度] [名] 程度,限度	[8]

정들다[情-] [动] 产生感情	[16]
정문[正門] [名] 正门,大门	[4]
정방폭포[正房瀑布] [名] 正房瀑布	
（济州岛旅游景点）	[15]
정보[情報] [名] 信息,消息,资讯	[4]
정상[頂上] [名] 山顶	[15]
정서[情緒] [名] 情绪,思绪	[18]
정신이 없다[精神-] [词组] 精神恍惚,	
忙得不可	[13]
정신적[精神的] [名] 精神的	[11]
정절[貞節] [名] 贞节	[18]
정하다[定-] [动] 定下来	[18]
정확하다[正確-] [形] 正确;准确	[3/7]
제공하다[提供-] [动] 提供,供给	[2]
제대하다[除隊-] [动] 退伍,转业,复员	[11]
제물[祭物] [名] 祭物	[16]
제사[祭祀] [名] 祭祀	[16]
제시[提示] [名] 提示,出示	[4]
제안[提案] [名] 提案,提议	[9]
조기 축구회[早起蹴球會] [名]	
足球晨球队	[3]
조사하다[調査-] [动] 调查	[5]
조상[祖上] [名] 祖先,上代	[11]
조심하다[操心-] [动] 小心	[9]
조연 배우[助演俳優] [名] 配角	[18]
조용히 [副] 静静地,安静地	[9]
조화를 이루다 [词组] 协调,和谐,均匀	[18]
존댓말[尊待-] [名] 尊称,敬语	[11]
존중하다[尊重-] [动] 尊重,敬重	[11]
종사하다[從事-] [动] 从事	[17]
좌절[挫折] [名] 挫折	[7]
주거지[住居地] [名] 居住,居住地	[6]
주도[酒道] [名] 酒道,饮酒的礼仪	[9]
주례[主禮] [名] 主婚人,证婚人	[10]
주례사[主禮辭] [名] 证婚词,	
主婚人讲话	[10]
주말[週末] [名] 周末	[3]
주목하다[注目-] [动] 注目,关注	[18]
주변[周邊] [名] 周边,周围	[3]
주식[主食] [名] 主食	[14]
주연[主演] [名] 主演	[18]
주의하다[注意-] [动] 注意	[1]
주저앉다 [动] 瘫坐,一屁股坐到地上	[16]
줄 [名] 绳子(这里指手机链)	[13]
줄거리 [名] 梗概,大意	[18]
줄다 [动] 减少	[10]
중개소[仲介所] [名] 中介公司	[2]
중매결혼[仲媒結婚] [名] 经人介绍结婚	[10]
중요시하다 [动] 重视	[9]
즐거움 [名] 乐趣,乐事	[3]
즐기다 [动] 喜爱,享受,取乐	[3]
증가하다[增加-] [动] 增加	[12]
증폭시키다[增幅-] [动] 增加	[18]
지갑[紙匣] [名] 钱包,钱袋	[13]
지나치다 [形] 过度,过分	[9]
지내다 [动] 度过;交友,交往	[1]
지아비 [名] 丈夫(妻子谦称自己的丈夫)	[18]
지원[支援] [名] 支援,援助	[4]
지조[志操] [名] 情操,气节,操守	[18]
지치다 [动] 累,乏,疲倦	[3]
지키다 [动] 守护,看护,把守	[9]
지혜[智慧] [名] 智慧	[11]
직업관념[職業觀念] [名] 职业观念	[17]
직장[職場] [名] 职场,工作单位	[6]
직접[直接] [副] 直接,径直	[2]
진수성찬[珍羞盛饌] [名] 美味佳肴,	
山珍海味	[9]
진짜 [名/副] 真的,真正的	[5]
진학[進學] [名] 升学,升入	[1]
짐작하다[斟酌-] [动] 推测,估计	[18]
집다 [动] 夹	[9]
집단 무의식[集團 無意識] [词组] 集体	
无意识	[18]
집중력[集中力] [名] 注意力集中	[3]

낱말색인 **253**

짓다 [动] 做,盖,建	[14]
짜다 [动] 组合,配成	[13]
짜증나다 [动] 心烦,烦心	[6]
쩔쩔매다 [动] 束手无策	[7]
찌개 [名] 汤,炖菜	[14]
찌다 [动] 蒸	[14]
찢어지다 [动] 破,撕破	[12]

ㅊ

차량[車輛] [名] 车辆 [6]
차례[次例] [名] 次序 [1]
차리다 [动] 准备,摆放;置办,张罗 [9]
차원[次元] [名] 立场,角度 [4]
차츰 [副] 逐渐 [6]
착각[錯覺] [名] 错觉 [7]
착하다 [形] 善良,善 [1]
참고[參考] [名] 参考,参照 [13]
참다 [动] 忍耐 [8]
참되다 [形] 真,实在 [11]
참모습 [名] 真面目 [2]
참석하다[參席-] [动] 出席,参加 [10]
참으로 [副] 实在,真的,的确 [3]
창고[倉庫] [名] 仓库 [10]
창조적[創造的] [名] 创造,创造性 [17]
창피하다[猖披-] [形] 丢脸,寒碜 [1]
채 [名] (萝卜、黄瓜等的)丝 [14]
채용[採用] [名] 录用,录取 [4]
채팅[chating] [名] 聊天 [8]
책목록[冊目錄] [名] 书的目录 [5]
책임감[責任感] [名] 责任感 [4]
챙기다 [动] 准备,收拾 [12]
처리하다[處理-] [动] 处理 [9]
처음 [副] 初次,首次 [5]
천연적[天然的] [名] 天然 [15]
철저하다[徹底-] [形] 彻底的 [13]

첨단기술[尖端技術] [名] 尖端技术,高科技 [4]
청소부[淸掃夫] [名] 清洁工 [17]
청중[聽衆] [名] 听众 [1]
청첩장[請帖張] [名] 请柬 [10]
체력[體力] [名] 体力 [3]
체면[體面] [名] 体面,面子 [11]
체조[體操] [名] 体操 [3]
초대하다[招待-] [动] 招待,宴请 [2]
초조하다[焦燥-] [形] 焦躁,焦急 [13]
총회[總會] [名] 总会,大会 [4]
최고기온[最高氣溫] [词组] 最高气温 [6]
최소한[最小限] [名] 至少,最少 [7]
최신형[最新型] [名] 最新款 [13]
최저기온[最低氣溫] [词组] 最低气温 [6]
추세[趨勢] [名] 趋向,趋势 [12]
추수하다[秋收-] [动] 秋收 [10]
추천하다[推薦-] [动] 推荐,推举 [4]
추후[追後] [名] 以后,事后 [13]
축의금[祝儀金] [名] 礼金 [10]
축제[祝祭] [名] 庆典,盛会 [15]
충분하다[充分-] [形] 充分 [7]
충실하다[充實-] [形] 充实,结实 [18]
충실하다[忠實-] [形] 忠实,忠诚,认真 [3]
취미[趣味] [名] 兴趣,趣味 [3]
취업[就業] [名] 就业 [17]
취업난[就業難] [名] 就业难,找工作难 [17]
취직[就職] [名] 就业 [13]
취하다[取-] [动] 采取,采用 [7]
치다 [动] 打,打(字) [5]
치다 [动] 剁,切(丝儿) [14]
친절하다[親切-] [形] 亲切 [1]
친하다[親-] [形] 亲,亲密 [1]
침범하다[侵犯-] [动] 侵犯 [11]
침착하다[沈着-] [动] 沉着 [13]
칭찬[稱贊] [名] 称赞 [7]

ㅋ

칸　[名] 间,车厢　[13]
캠퍼스 커플[campus couple]　[名] 校园情侣　[10]
컬러[color]　[名] 彩色　[18]
코너[corner]　[名] 角落,边角　[16]
코스[course]　[名] 路程,路线　[15]
콩쥐팥쥐　[名]《大豆鼠,红豆鼠》（朝鲜古典小说）　[16]
클릭하다[click-]　[动] 点击　[5]
키우다　[动] 培养　[3]
키워드[keyword]　[名] 关键词,核心词　[5]

ㅌ

타원형[楕圓形]　[名] 椭圆形,卵形　[13]
타인[他人]　[名] 他人,别人,外人　[1]
탑재하다[搭載]　[动] 运载,装载　[13]
택[tag]　[名] 标记　[12]
턱　[名] 下巴　[9]
털어내다　[动] 拂去,弄掉　[9]
테크노마트[technomart]　[名] 科技市场　[12]
토끼전[-傳]　[专] 兔子传(朝鲜古典小说)　[16]
통　[副] 根本,完全　[3]
통성명[通姓名]　[名] 互通姓名　[1]
통신수단[通信手段]　[名] 通讯工具　[8]
통역[通譯]　[名] 翻译,口译　[4]
통제되다[統制-]　[动] 统治,管制,控制　[11]
통학[通學]　[名] 走读　[2]
뛰다　[动] 迸溅;逃走　[9]
특별하다[特別-]　[形] 特别　[3]
특산[特産]　[名] 特产　[15]
특산물[特産物]　[名] 特产　[15]
특이하다[特異-]　[形] 特别,特异　[1]
틀다　[动] 扭,拧,打开　[6]
하루 종일[-終日]　[词组] 一整天　[6]

틀리다　[动] 错误　[7]
틀림없다　[形] 牢靠,稳妥,准确　[18]
틈나다　[动] 有空　[7]

ㅍ

파이팅/화이팅[fighting]　[动] 加油　[13]
판소리　[名] 盘瑟里(韩国传统戏曲音乐)　[18]
편하다[便-]　[形] 方便,便利,舒服　[2]
평상시[平常時]　[名] 平常,平时,平素　[8]
평소[平素]　[名] 平常,平时　[12]
폐백[幣帛]　[名] 结婚时新郎新娘向公婆行礼　[10]
포럼[forum]　[名] 论坛,讨论会　[4]
포부[抱負]　[名] 抱负,胸怀　[1]
포장하다[包裝-]　[动] 包装,包裹　[12]
포함하다[包含-]　[动] 包含,包括　[1]
표현하다[表現-]　[动] 表现,表达　[8]
풀다　[动] 解,解开　[3]
품평하다[品評-]　[动] 评论　[18]
풋고추　[名] 青辣椒　[14]
풍경[風景]　[名] 风景,景色　[15]
풍속[風俗]　[名] 风俗　[11]
프로그램[program]　[名] 节目;程序　[3]
피로연[披露宴]　[名] 婚宴,生日宴会　[10]
피하다[避-]　[动] 避开,躲避　[7]
필요하다[必要-]　[动] 必要,需要　[8]

ㅎ

하객[賀客]　[名] 前来贺喜的客人　[10]
하도　[副] 太,过于　[15]
하숙집[下宿-]　[名] 寄宿房　[2]
학문[學問]　[名] 学问　[11]
학생증[學生證]　[名] 学生证　[5]
한국텔레콤[-telecom]　[名] 韩国电信　[13]
한껏　[副] 尽情,尽可能　[15]

낱말색인　255

한때 [名] 某一时段	[6]
한라산[漢拏山] [名] 汉拿山	[15]
한의학[韓醫學] [名] 韩医学,相当于中国的"中医学"	[14]
한참 [名] 好一阵子,好一会儿	[5]
할 수 없이 [惯] 没办法	[3]
할인점[割引店] [名] 折扣商店	[12]
함 [名] 盒子,箱子(结婚时新郎送到新娘家的柜子,柜子里装有彩礼)	[10]
합격자[合格者] [名] 合格者,及格者	[11]
항상 [副] 经常	[9]
해 [名] 太阳	[15]
해녀[海女] [名] 海女(以潜入水中取海鲜为业的妇女)	[15]
해당되다[該當-] [动] 相当于,属于	[1]
해당하다[該當-] [动] 相当	[7]
해산물[海産物] [名] 海产品	[15]
해삼[海參] [名] 海参	[15]
해치다[害-] [动] 害,伤害	[11]
행운[幸運] [名] 幸运	[13]
향상[向上] [名] 向上,提高	[7]
향하다[向-] [动] 向着,朝向	[15]
향후[向後] [名] 往后,向后	[4]
허사[虛事] [名] 落空,泡汤	[16]
해피엔딩[happy ending] [名] 大团圆结局	[18]
현금 카드[現金 card] [名] 银行卡	[13]
현황[現況] [名] 现况,近况	[4]
협조하다[協助-] [动] 协助,帮助	[4]
형제[兄弟] [名] 兄弟,姐妹	[10]
형태[形態] [名] 形态,样子,体形	[1]
혹평하다[惑評-] [动] 质疑,苛评	[18]
혼자 [副] 独自,单独	[10]
혼자서 [副] 一个人,独自	[2]
홈쇼핑[home shopping] [名] 在家购物	[12]
홈페이지[homepage] [名] 主页	[4]
화가 나다 [词组] 生气	[8]
화면[畵面] [名] 画面	[18]
화산[火山] [名] 火山	[15]
화산섬[火山-] [名] 火山岛	[15]
화상[畵相] [名] 画像;画面	[8]
화장실[化粧室] [名] 洗手间,化妆室	[13]
화해하다[和解-] [动] 和解	[8]
확률[確率] [名] 概率	[13]
확인하다[確認-] [动] 确认	[8]
환불[換拂] [名] 退款	[12]
활성화[活性化] [名] 激活	[4]
활용하다[活用-] [动] 活用,利用,运用	[4]
회원[會員] [名] 会员	[3]
후두부[後頭部] [名] 后部,车尾	[13]
휴대전화[携帶電話] [名] 手机	[13]
흉내 내다 [动] 模仿	[11]
흔들리다 [动] 摇动,被打动	[11]
흔하다 [形] 多的是,有的是	[3]
흘려버리다 [动] 丢失,掉落	[13]
흘리다 [动] 流,掉	[3]
흠[欠] [名] 瑕疵,毛病	[2]
흠집 [名] 瑕疵,伤痕	[13]
흥부전[興夫傳] [专] 兴夫传(朝鲜古典小说)	[16]
희귀하다[稀貴-] [形] 稀有的,珍贵的	[15]
희망[希望] [名] 希望	[15]
희망하다[希望-] [动] 希望,愿望	[4]
희생하다[犧牲-] [动] 牺牲	[11]
힘이 들다 [词组] 累	[10]